Tiempo de México

CIUDAD JUÁREZ

Rafael Loret de Mola

CIUDAD JUÁREZ

OCEANO

CIUDAD JUÁREZ

© 2005, Rafael Loret de Mola

D. R. © EDITORIAL OCEANO DE MÉXICO, S.A. de C.V.
    Eugenio Sue 59, Colonia Chapultepec Polanco
    Miguel Hidalgo, Código Postal 11560, México, D.F.
    ☎ 5279 9000   📠 5279 9006
    ✉ info@oceano.com.mx

PRIMERA EDICIÓN

ISBN 970-651-829-0

IMPRESO EN MÉXICO / PRINTED IN MEXICO

A mis amigos, los Silva Chacón.

A mis colegas del Diario de Juárez.

A los juarenses que lograron hacerme sentir como uno de ellos.

A Julián Sosa, Tony Hernández, Salvador Hernández,
Pedro Torres, Pedro Siller y Miguel Ángel Berumen.

A Vicente Fox, para que tenga el valor, siquiera,
de enfentar el juicio de la historia.

ÍNDICE

La puerta

Sí es cierto: hay que vivir en Ciudad Juárez para entenderla. Sentirla sobre la piel, con su profundo arraigo nacionalista y explicarla como continuidad del desierto que se bifurca hacia la frontera en donde dos culturas conviven, sin remedio, en una permanente concatenación de encuentros y desencuentros.

Vivir en Juárez es exaltación del dinamismo como esencia íntima, del frenético devenir histórico que impulsa a la nación mexicana y la decanta. Es meterse a la entraña de los contrastes que, por prolongación inevitable, son esencia y confluencia del modo de ser y de pensar de quienes abrevan en la patria para tener noción de sí mismos.

Vivir en el linde es siempre un desafío. Más aún cuando los misterios alcanzan niveles dramáticos, violentos, y provocan, sacuden y confunden a la opinión pública mundial cada vez más cercana porque la comunicación moderna rompe barreras y sustituye idiosincrasias.

Y si vivir aceleradamente justicia la plenitud de la existencia, morir por la sinrazón del odio, con brotes de misoginia o xenofobia, es alcanzar la paradoja mayor: degradar el valor de los seres humanos en donde mayor nivel ha alcanzado el carácter de los mismos para imponerse a la geografía árida, al acoso de los poderosos y a la lejanía del centralismo político que pretende guiarlo todo.

Juárez es México. La ciudad y el héroe cuya epopeya le encumbró como benemérito. El espacio y el tiempo, la paz y la guerra, la plenitud y el desenfreno. Si me preguntaran en dónde pueden crecer los conquistadores voltearía hacia Ciudad Juárez, y si la interrogante fuera dónde y cómo puede asimilarse el horror de una nación, plena en recursos y asfixiada por la impudicia, miraría hacia el mismo punto.

15

Escribir sobre Ciudad Juárez ha sido, sin duda, uno de los mayores retos de mi vida. Por aquí pasé cuando niño en aquellos días en que no podía imaginar siguiera la muerte, y por aquí camino hoy cuando la muerte es explicación de cuanto nos pasa en vida. Con esta tormenta interior inicié la andadura hacia Juárez.

Permítanme, amables lectores, generosos siempre, explicarles Ciudad Juárez. Permítanme los juarenses, igualmente sentirme uno de ustedes. Permítanme decirles a todos que de la mayor crueldad imaginable siempre es posible obtener los frutos del amor sin concesiones. Permítanme convencerlos de que el dolor, descarnado y brutal, puede ser también fuente de futuro.

Vengan conmigo a Juárez. No se detengan en la publicidad malsana ni en el morbo superficial. Entremos por la puerta que abre horizontes hacia el mañana porque no podemos legarles a nuestros hijos un mundo en donde el mal haya vencido al bien. Toquemos la aldaba, giremos la cerradura, pasemos. Vamos hacia el balcón desde donde puede verse el paso apresurado de la historia. Es suyo, nuestro, queridos lectores.

Rafael Loret de Mola

El drama histórico

Todo en Chihuahua es dorado;
doradas son sus montañas y
dorados son sus valles;
y a los soldados de Villa
les llamaban los Dorados.

A

Cada vez que mi abuela Gertrudis, Tulita, de piel blanquísima y porte siempre espigado para darle a su andar toda la nobleza de su estirpe, solía colocarme al pie de la cama, cuando niño, para iniciar el relato en la última hora del día, oteaba hacia la ventana para mirar la empinada sierra de Chihuahua y sus aristas magníficas. Ella, mujer del sureste, sin estiramientos ni recovecos fatuos, deslizaba palabras y mímica con la voz firme, enérgica, de quien sólo puede transmitir seguridad; y yo me bebía, a su lado, el paisaje fiero, casi salvaje, que templa el carácter de los hombres predestinados a vencer al desierto.

Aquél fue mi primer cuento o el que recuerdo como tal sin traicionar la memoria. Tulita estimulaba la imaginación para salir al encuentro de los sueños. Y el encanto no se rompía al despertar porque estaba allí, en el paraje árido empapado con la sangre de los revolucionarios. Sin Chihuahua y sus hijos, la patria mexicana no habría salido del marasmo de la dictadura ni del flagelo que atormenta aún la historia del presente: la dolorosa sumisión de los pueblos conquistados cuyo destino se une al de quienes les avasallan.

Y fue en Ciudad Juárez, la más norteña de las urbes chihuahuenses a las orillas del río Bravo, o Grande según le nombran los estadunidenses, donde la batalla cobró sentido, a lo largo de cuatro días de mayo de 1911, para señalar al autócrata, sin que negara su condición patriótica con él como único eje, el camino hacia el destierro. Me pregunto si me habría gustado ser testigo directo de la epopeya, elevando el espíritu sobre los miles de cadáveres marcados por la heroicidad.

Puede ser que la sensiblería de nuestro tiempo no me perdone este pensamiento. Pero lo tengo.

Marcho, otra vez, al encuentro de Chihuahua y de Ciudad Juárez. Muchas horas de carretera porque así lo quise para entrar poco a poco, sin los apresuramientos habituales de la era moderna, a la entraña del "estado gigante", el más extenso de México, y sus heredades que parecen no tener fin para los limitados sentidos de los seres humanos. Lentamente, aunque el automotor rebase los límites de velocidad, como lenta es la agonía de la frontera a lo largo de más de una década de violencia incontrolable y, para no pocos, también incomprensible. Desde 1993 y ya estamos en 2005.

Largo trayecto para recordar aquella infancia pletórica de tinta y papel. De cuando mi padre, Carlos, dirigía *El Heraldo* en Chihuahua y, de vez en vez, tomaba mi mano para llevarme a Ciudad Juárez y a su vecina, El Paso, Texas, para extender horizontes, sí, conviviendo entre dos pueblos y dos maneras distintas de sentir y recorrer la vida. En uno de esos cortos viajes, un día cualquiera pero hondamente arraigado en mí, cuando ya sabía leer, él señaló un letrero, pintado en blanco y con rústicas líneas, que decía:

"No negros —esto es, *nigros*, con el despectivo acento de los racistas— no *mexicans*, no *dogs*" (ni negros ni mexicanos ni perros).

Me quedé viendo su diestra porque no fui capaz de mantener la mirada sobre aquel aparador. No hablé, no pregunté. Pero sí sabía que aquello marcaba una profunda diferencia, muy difícil de zanjar aun cuando tanto deseara una enorme malteada de chocolate como la del aviso contiguo en la abrillantada cafetería, larga como si fuese un vagón de ferrocarril, en donde sólo podían consumir los blancos anglosajones. Pero no me sentí humillado sino digno. Ellos eran, y no nosotros, quienes se descalificaban.

El hombre de la frontera vive entre dos mundos pero sabe, vaya si sabe, cuál es el suyo. Esta condición permanece, a través de los lustros, aun frente al espejismo del triunfante consumismo estadunidense que se refleja en las aguas limítrofes y se proyecta incluso sobre suelo mexicano en donde los contrastes duelen. En ninguna otra parte del país es más hondo el nacionalismo. No puede serlo porque aquí la convivencia desigual obliga a exaltar los valores propios y a proponerlos superiores acaso porque moralmente la sed de conquista de los fuertes nunca ha sido mayor a la resistencia que se basa en las fuentes inspiradoras del terruño, los olores, los sabores, las sensaciones todas; también en el modo diferente de amar.

En mayo de 1991 la frontera también fue parteaguas. Una fotografía de Jimmy Hare (*1911, la batalla de Ciudad Juárez*, Cuadro por Cuadro, 2004) dibuja el perfil de dos razas. Al sur del Bravo, los insurrectos guiados por Francisco I. Madero, el hacendado que puso sus bienes al servicio de la Revolución para ganar la historia, se aprestan a la batalla por Ciudad Juárez, y al norte, desde la tranquilidad primermundista de El Paso, catrines y damas, vistiendo éstas con crinolinas y faldones con holanes, las sombrillas abiertas, disfrutan del espectáculo de la guerra y del folclor de la pobreza a punto de reventar. La lucha fratricida en una de las riberas mientras en la otra simplemente se pasea y se mira. Algunos texanos incluso hicieron de sus azoteas graderías para observar cómo los bárbaros mexicanos se destazaban entre sí como si la pólvora le fuera ajena a los hijos de la potencia más belicosa de todas las épocas.

Igual ayer que hoy. El Paso es la segunda ciudad más segura de Estados Unidos: en 2004 sólo hubo constancia de 11 homicidios. En Ciudad Juárez, el ultraje continúa y los asesinatos también, no sólo contra mujeres, estereotipo de la misoginia que es derivación del proverbial machismo, icono del mexicano irreductiblemente seductor, en perfecta confabulación con el sistema invariable, el vacío de poder y el desarrollo de las bandas delincuenciales sólo explicable por la complicidad entre facinerosos, policías y órganos destinados a administrar justicia por consigna.

De un lado se observa y mide; del otro se ejecuta y desafía de palabra, sólo de palabra. Es casi un lugar común sentenciar que la historia la escriben los vencedores, los fuertes, quienes sólo destacan los males ajenos para preservar sus reglas, también su idiosincrasia, de la contaminación de las desigualdades extremas que, acaso, ellos mismos generan al marcar pautas universales sin el menor reconocimiento a cuanto les es ajeno y desconocido, casi siempre por soberbia.

No podemos, entonces, situarnos en la misma línea de pensamiento, menos aún cuando los efectos de los dramas repetidos socavan también los rescoldos de una soberanía, la de México, tantas veces hollada por los desbordados afanes de dominio que vienen del norte.

"Cuando El Paso estornuda —dice el refranero vernáculo—, Ciudad Juárez se resfría."

A mí me gusta Ciudad Juárez; y también me disgusta. Alguna vez José Fuentes Mares, biógrafo de dunas y caudillos vencidos por la leyenda, explicó desde su paraje chihuahuense que a él México, el real, le parecía feo porque querría ver a la patria, siempre, con su rostro inmaculado, fresco, festivo. Como si el horror no fuera presencia sino mito y la pobreza mero pretexto para cubrir de folclor al visitante. Así, Juárez.

¿He escrito Juárez? La paradoja estimula la curiosidad: la urbe lleva el apellido del Benemérito de las Américas, el zapoteco Benito, canto de libertad entre los liberales y satán para algunos conservadores que lo fustigan, aún hoy, por haberle arrebatado al clero católico sus bienes "de manos muertas". Juárez, en el siglo XIX, invoca la justicia y la ciudad que se nombra como él, a donde llega en su huida el mayor de los vástagos de la entraña mexicana arropando a la República perseguida, es precisamente confluencia de cuanto parece confabularse contra la civilización. Pero se resiste... y por eso me gusta Ciudad Juárez.

En ruta hacia la ciudad fronteriza, conurbación que alberga a tres millones de seres separados por el origen, la nacionalidad y las distancias sociales, el horizonte se vuelve árido y, por igual, magnífico. Los extensos valles de Chihuahua, dorados claro, van quedando atrás y surgen los picos agrestes, empinados, retadores, como conjugación exacta de desafíos y conquistas. La fauna sobrecoge por la abundancia de animales predadores. Pero también las águilas se posan victoriosas sobre el cableado y los postes, señales de modernidad que surcan la naturaleza enferma, sin agua. Más allá, los bisontes, atrapados en los criaderos de Eloy S. Vallina —el mayor de los inversionistas chihuahuenses de hoy—, en donde han sido vencidos, miran hacia la carretera Panamericana y envuelven al viajero con la fascinación de lo que no es habitual. Contrastes siempre.

Viajo a Ciudad Juárez en busca de respuestas con la intención de vadear las tentaciones del simplismo y los lugares comunes. También porque no podemos ocultarnos de los escándalos que han convertido a esta metrópoli en reducto de narcotraficantes, muy bien asociados con la clase política, y de bárbaros, por supuesto misóginos, para quienes las vidas de las mujeres valen menos que lo que valían las de los negros, mexicanos y perros al otro lado del Bravo hace menos de medio siglo. Pese a ello la fascinación por Juárez, la frontera y la ambivalencia cultural se sitúa en el otro extremo, sin medias tintas.

Apenas hace unas horas, antes de meterme en la camioneta para asimilar el largo recorrido, converso con uno de los personajes que han puesto su sello sobre el destino de los juarenses. Y éste me dijo:

–La descomposición social no se desarrolla ni concluye en una semana.

Francisco Barrio Terrazas, nacido el 25 de noviembre de 1950 en Satevó, al sur de la ciudad de Chihuahua y al oeste de Delicias, carismático y provocador, de gesto duro que va volviéndose apacible en cuanto captura la atención de sus interlocutores, a veces jovial y en ocasiones áspero, cuando frunce el entrecejo para simular una mayor agresividad corporal, alto y altivo como suelen ser los originarios del norte de México, habla de Ciudad Juárez, de cuando fue alcalde de esta urbe a la que algunos sitúan entre las bíblicas Sodoma y Gomorra mientras los hijos de la cultura de la frontera, los juarenses de corazón, se dicen y sienten difamados. Y les duele.

Todos respiran el mismo aire a las orillas del río Bravo, o Grande para los estadunidenses. Por igual, emprendedores y viciosos; adalides de la política con aires mesiánicos y parias refugiados en el desierto como si trataran de imponerse un flagelo huyendo de desigualdades y afrentas sociales a lo largo de la geografía nacional: inversionistas y prostitutas, hombres cabales, también la familia "gay", y una sociedad indispuesta por la mala fama de la ciudad y lista a crecer, ¿cuando llegue el cambio?, hacia la consolidación económica.

Repaso la historia mientras voy al rencuentro con Ciudad Juárez. En el principio, hasta donde la memoria llega, tres grupos indígenas, sumas, mansos y jumanos, vencieron la hostilidad de la región sin detenerse en ella. Seminómadas, los primeros pobladores, con gran apego a la agricultura y la pesca, aprovecharon las vertientes de los

23

ríos, el Conchos más que ninguno, para adaptarse y sobrevivir. Desde entonces tal fue el desafío y, desde entonces, la tierra prohijó los afanes de conquista. Aparecieron entonces la cruz y la espada: de la mano de los guerreros españoles llegaron también los franciscanos a finales del siglo XVI. Y fueron ellos quienes, para refugiarse de las hordas bárbaras, fundaron el Presidio de Nuestra Señora del Pilar del Río del Paso del Norte (debe entenderse por "presidio" aquella ciudad guarecida con soldados, como una especie de baluarte, y no en su acepción de cárcel).

Tras la ocupación —aires de conquista al fin— por parte de las fuerzas del general Alexander Doniphan en 1846, el Tratado llamado de Guadalupe Hidalgo situó en la villa del Paso del Norte la frontera.

Y hasta allí llega, en agosto de 1865, en su amargo y largo recorrido para proteger la institución presidencial y preservar con ella la soberanía mexicana de los invasores franceses, por lo que no es admisible hablar de huida, el Benemérito Juárez quien permanece en la región hasta diciembre de 1866 influyendo decisivamente en el perfil definitivo de la población, estructurándola en "partidos", repartiendo la tierra y, sobre todo, reclamando para su país El Chamizal, símbolo material de la larga lucha por contener las ambiciones de los poderosos, integrado por 176 hectáreas que una crecida del Bravo, con el consiguiente desplazamiento de sus aguas hacia el sur, situó del lado estadunidense en 1864. La controversia dura un siglo y culmina, políticamente, con el reconocimiento a la soberanía mexicana en febrero de 1964. Tras la restauración de la República y la muerte de don Benito, ocurre el bautizo de Ciudad Juárez, exactamente el 24 de julio de 1888. La efemérides tiene una especial relevancia.

Detengo la lectura en este punto. Algo no encaja con respecto a la larga secuela de encuentros y desencuentros entre México y Estados Unidos que confluye inevitablemente hacia Ciudad Juárez y su vecina geográfica, El Paso. Fue aquí en donde se reunieron, en sendas urbes fronterizas, los presidentes Porfirio Díaz Mori y William Howard Taft, el 16 de octubre de 1909, apenas nueve meses después del estreno de éste como mandatario. Diecinueve meses más tarde, el caudillo Madero ocuparía una de las sedes que dieron marco al primer contacto directo entre los mandatarios de dos naciones tan cercanas como

24

distantes, precisamente el afrancesado edificio de la Aduana de Ciudad Juárez, detonando así la caída de la dictadura porfiriana. Y se extendería el fragor de Pancho Villa, héroe para los mexicanos y villano para los estadunidenses, como numen de las hondas diferencias.

La frontera ha sido como un refugio y Ciudad Juárez se ha convertido en un extraño botín político condicionado, claro, a la postura incondicional del gobierno de México. Pienso en ello mientras los kilómetros van pasando —son 360 entre la ciudad de Chihuahua y Juárez—, evitando someterme a la imaginación. A veces el rigor surge de los malos pensamientos, si se confirman de manera irrefutable, máxime cuando las versiones oficiales habitan en el paraíso de los lugares comunes.

¿Cuántas veces, entonces, Ciudad Juárez ha sido el epicentro de la historia de México? ¿Por qué, permanentemente, Ciudad Juárez, donde sus hijos ahora se sienten infamados, asume perfiles protagónicos notables? No es razonable hablar de casualidades ni de simples coincidencias. Por eso estamos en ruta, inquietos porque sólo en enero de 2005 cuatro asesinatos contra mujeres, y la cifra se sitúa entre 327 y 400 a lo largo de doce años de acuerdo con distintas fuentes informativas, subrayan que el reto está pendiente en el centro neurálgico de los contrastes fronterizos.

—¿Cuántos retenes ya pasamos? —pregunto al conductor de la camioneta.

—¿Desde Zacatecas? Como siete... pero ninguno desde hace quinientos kilómetros.

—El último fue el que estaba antes de Ciudad Jiménez —la más sureña de las urbes chihuahuenses. Casi uno por cada cien kilómetros. Y luego, nada. ¿No le parece extraño?

—¿Para qué lo recordó? Mire: allí está otro.

Es el kilómetro 315, entre Chihuahua y la frontera, en el crucero de Samalayuca, a menos de cuarenta de nuestro destino. Nos detienen con el interrogatorio habitual, tan sutil como las buenas maneras de un oficial sudoroso tras muchas horas de observar, a pie firme, el paso de los viajeros:

—¿De dónde viene? ¿A qué se dedica?

—Venimos desde San Miguel de Allende y soy periodista.

25

–¿Hacia dónde se dirige?

–A Ciudad Juárez.

Basta eso para que se aplique la alta psicología castrense. Nos detienen, naturalmente. El rifle del soldado de turno sirve para señalar hacia un apartado con plataformas provisionales, polvorientas y rudimentarias, y media docena de uniformados listos a escudriñar cajuelas e interiores. Desde luego, la libertad de tránsito tiene sus límites aunque la Constitución diga otra cosa. Una pizarra nos ilustra con un mensaje sin réplica posible: "Éstas son las razones por las cuales te causamos molestias".

Y debajo de la leyenda una decena de fotografías que muestran distintos automotores, abiertos, con sus dueños posando al lado de pequeños montículos de droga, al parecer cocaína, perfectamente empaquetada. Para que no quepa, digo, la menor duda.

Sopla el viento y tragamos polvo. El oficial revisa y luego los perros hacen lo propio, olfateando. Resulta tan sencillo incriminar a cualquiera arrojando los polvos escarnecidos dentro de los vehículos. No pierdo detalle y disimulo. Quizá no haya sido una buena recomendación ser periodista. El gesto de hastío del militar lo revela. Pero no pasa nada.

–¡Pueden irse! —suena la orden que luego endulza el uniformado. Feliz viaje.

Es la rutina, en sitios fijos y por ende localizables. Sólo falta que, a la manera de las casetas de cuota, los retenes aparezcan también en las guías turísticas. Digo, para facilitarles más las cosas a los traficantes que se escabullen por senderos y veredas apenas alejadas de los puntos de revisión para luego volver a las rúas principales. Lo importante, dicen, es que los militares exhiban el control aunque no lo tengan.

Y, desde luego, los soldados guardan algunos secretos. ¿Está vivo o no Amado Carrillo Fuentes, Señor de los Cielos y capo mayor del cartel de Juárez, inscrito en la leyenda negra del narcotráfico? El hombre percibió la violencia desde temprano, allá en Guamuchilito, en donde nació, una perdida ranchería cercana a Culiacán que apenas albergaba a cuarenta familias. Su biógrafo y panegirista, José Alfredo Andrade Bojorges —*Desde Navolato Vengo*, Oceano, 1999—, asevera que los viejos del lugar decían que "había nacido parado". Y Amado

26

solía rematar: "me cortaron el ombligo de un balazo y todavía me huele a pólvora, ¿quieren olerlo?". Andrade Bojorges, por cierto, desapareció apenas unas semanas después de publicar el texto citado.

El rosario de misterios parece interminable. Como una pesadilla que se repite todas las noches. Fue en Juárez desde donde el Señor edificó su imperio sin olvidar jamás sus orígenes. José Alfredo Andrade lo registró así:

> Hoy (aquella ranchería) es casi una ciudad a la que sus habitantes quisieran nombrar Guamuchilito de Carrillo, ponerle su nombre a la calle principal, tener una estatua de su benefactor en la plaza y una biblioteca con su fotografía.

Y es que las transformaciones vinieron de la mano del verdadero poder. No hubo necesidad de presidentes municipales ni comisarios ni delegados agrarios. Bastó con Amado para financiar cuanto quiso para honra de sus ancestros, desde la construcción del parque principal hasta la edificación del templo. Para quedar bien con todos, con Dios y con el diablo. El añejo paternalismo, que tan buenos dividendos políticos sigue dando a los postulantes de redentores, fue adoptado por los zares del narcotráfico cuya filosofía es simple: si la droga deja dinero, ¿por qué no salir de pobres?

Ni modo que los soldados, sometidos a ingresos ínfimos, no se planteen, de vez en cuando, la lejana aspiración de enriquecerse. Igual los oficiales que, por ejemplo, no midieron los alcances del mercado negro de armas en donde los marchantes principales fueron los guerrilleros incipientes de Chiapas, Guerrero y Oaxaca. ¿Ya lo olvidamos? Para entender el proceso de descomposición social y política del país no puede perderse de vista, entonces, cuanto sucedió y sucede en Ciudad Juárez, la frontera que no es líder en movimientos migratorios —lo es Tijuana— ni en cuanto al circulante de importaciones y exportaciones —lo es Nuevo Laredo—, pero que ha destacado sobre todas las urbes hermanas por la rutinaria asimilación de los flagelos sociales, sin excepción alguna, mientras el país parece asfixiarse. Una picadura que desde Juárez se extiende. ¿Será mortal?

El alma también enferma. Nada más ponzoñoso que el rencor

ni más doloroso que la impotencia. En 1986 las pasiones políticas se desbordaron. Desde los púlpitos corrieron los llamados en pro de la participación cívica inducida, claro, a favor de la derecha y del provocador candidato de Acción Nacional a la gubernatura, Francisco Barrio, quien solía pedir a sus simpatizantes, al pie de los templetes, que oraran antes de iniciar la perorata contra el estado de cosas. Los hijos del establishment le endilgaron un mote, el Ayatollah, para situarlo al nivel de Khomeini, el líder fundamentalista de Irán.

La purulencia llega a los comicios para facilitar el camino del priísta Fernando Baeza Meléndez. Tras los escrutinios y la declaración de victoria en pro de éste, Barrio sale a las calles amenazando con cerrar los puentes fronterizos... y los obispos de Chihuahua, Ciudad Juárez y la Tarahumara amagan con suspender los cultos. A iniciativa del primero, monseñor Alberto Almeida Merino, y bajo la presión de la feligresía, los templos cierran sus puertas. Como en los tiempos de la Cristiana —a finales de la década de los veinte con la violenta exacerbación de los fanatismos, el religioso y el pagano—, el presbiterio alega, y en ello coinciden los prelados, que se ha ofendido gravemente al pueblo.

Es entonces cuando interviene, lacónico, el entonces delegado apostólico en México, y como tal representante del papa Juan Pablo II, Girolamo Prigione Pottzi:

–Usted debe retractarse —conmina Prigione al obispo Almeida.

–Como pastor velo por mi rebaño, excelencia —responde el obispo.

Prigione no oculta su enfado. Impaciente, cortante, inflexible, apunta directo al corazón:

–¿Y si Roma manda, usted obedece?

Almeida, a quien secundan don Manuel Talamás Camandari, al frente de la diócesis de Ciudad Juárez, y don José Sánchez Llaguno, desde la Tarahumara, responde:

–Sólo así, excelencia. Si interviene Roma.

Y, por supuesto, la Santa Sede impone el silencio. Diecinueve años después, ya en el retiro, en los últimos días de su vida, monseñor Talamás aclara sólo un punto:

–A mí no me dijo monseñor Almeida que el propósito era no

celebrar misas. Yo sugerí otra cosa porque, me parecía, era bastante mejor protestar que cerrar.

Además muchos de los fieles no estaban de acuerdo, como la señora madre de Fernando Baeza, muy devota, quien preguntaba si los priístas habían quedado fuera de la Iglesia. La agitación pudo disiparse durante seis años... hasta la victoria arrolladora de Barrio en 1992.

La semilla contestataria fue sembrada años antes, al inicio de la década de los ochenta, cuando la proclama incendiaria de Barrio, el Ayatollah, animó a la burguesía juarense, unida a un amplio sector popular a pesar de los controles del régimen priísta, y la condujo a desafiar lo establecido. Cientos de militantes panistas, con mayoría de mujeres dispuestas a defender sus votos como se exalta el honor, cerraron la frontera. Los agentes estadunidenses, como otrora hicieron sus antecesores en la hora clave de la Revolución maderista, acordonaron El Paso limitándose a observar, con curiosidad creciente, la resistencia civil.

María Asunción Gutiérrez de Anda, de carrera zigzagueante entre el liderazgo empresarial y su vocación de servidora pública, dinámica, al estilo del norte, jovial y sin edad, madura eso sí por tanto caminar entre la rispidez de la rebeldía civil, me confía, en noviembre de 2003, precisamente cuando los estadunidenses celebraban el Día de Acción de Gracias:

–Yo también participé en el bloqueo. Creíamos en Barrio como un acto de fe que no admite réplica.

–¿Y ahora?

–Nadie le seguiría. Por lo menos ninguno de quienes conozco y estuvieron con él. No se puede engañar al pueblo dos veces.

La historia, desde luego, no puede terminar en este punto. Por eso viajo otra vez a Ciudad Juárez en busca de respuestas. Ya estamos cerca. Por la carretera, el polvo; arriba, el azul intenso de los mediodías claros; enfrente, los blancos fantasmas de cal señalan los últimos kilómetros. Falta poco para el rencuentro. Y, al fondo, un mensaje llena el anuncio monumental para saludar a los viajeros: "En Juárez: la mujer, nuestra fuerza".

Y más abajo la inducción política: "Chihuahua, tierra de encuentros".

Ahora sí estamos en Juárez. Con todo y su olor a carne asada y su leyenda negra. Es el mundo de la frontera, cautivador siempre. Algo así como diecinueve horas de andar por el asfalto nos separan de la capital de México. Y, sin embargo, por tantas razones, es aquí en donde se siente más el pálpito de la patria. Quizá por eso me gusta Ciudad Juárez; y también me disgusta apenas la vemos sin el maquillaje de las obras de ornato y de las inauguraciones de oropel. Duele, sí, porque es nuestro espejo.

Llegamos. Comienza la aventura.

B

—¿Qué les trae por aquí, señores?

Dos uniformados demandan la respuesta. Son elementos de la Agencia Federal de Investigaciones (AFI) quienes descienden de una patrulla pick up que se sitúa justo delante de nuestro vehículo apenas llegamos al "campo algodonero", como le dicen los juarenses, en el corazón de la zona dorada.

—¿Es territorio restringido? —devuelvo la pregunta.

—No. Pero tenemos órdenes precisas —alega el uniformado. Debemos anotar sus nombres y reportarlos.

—¿Por alguna razón en especial? —insisto.

—Ya le dije. Tenemos órdenes.

La ubicación del lugar no puede ser más comercial, por decirlo de alguna manera. Al este de la confluencia de las avenidas Ejército Nacional y Tecnológico, está la prolongación de la carretera Panamericana que une a la urbe fronteriza con la capital del Estado. El predio baldío, vigilado además por cuatro elementos de la Policía Judicial del Estado y dos más de la policía municipal, ocho en total considerando a los agentes federales que nos abordan, colinda con el Paseo de la Victoria y es relevante en la historia de la ciudad: allí fueron encontrados, entre febrero y marzo de 2003, ocho cadáveres de mujeres.

—Fíjate —me dice el licenciado Julián Sosa González, presidente de la Barra de Abogados de Ciudad Juárez, cincuentón con larga experiencia en el campo de las investigaciones judiciales—, el tráfico es intenso por los alrededores.

—Ya veo por dónde vas. No pudieron arrojarlas aquí (a las víctimas) sin que nadie viera a los responsables. Y sus restos aparecieron, por decirlo de alguna manera, en varias entregas.

–Ahora la vigilancia sobra —puntualiza Sosa. Ni modo que, con tanta publicidad que se ha hecho, otros recorran el mismo camino.

Observo el sitio: más de diez hectáreas en abandono en el corazón de la vida comercial. Una paradoja como es, de manera muy intensa, el devenir de Ciudad Juárez. Las guías turísticas destacan el lugar porque, enfrente, se alza la Plaza Juárez y más adelante el monumento al Benemérito. No hablan, claro, de las ocho cruces que se integran al paisaje urbano ni del memorial erigido en honor a las casi adolescentes halladas aquí en estado de avanzada descomposición: lo integran dos figuras, moldeadas con costales rellenos, decapitadas y con los brazos maniatados por detrás; además, una hilera de veladoras apagadas y algunas flores muertas.

Nosotros permanecemos debajo de los álamos centenarios que dan sombra y se extienden sobre la percepción cercana de la muerte y la violencia.

–Aquí están. ¿Es posible que nadie se diera cuenta? —pregunto sin esperar respuesta. Aun de noche los asesinos y sus cómplices tendrían que haber encendido las luces de sus vehículos para guiarse hasta aquí, en medio de la ciudad y, al mismo tiempo, en un descampado.

–¿Verdad que no es posible? —retoma el abogado Sosa. A menos, claro, que hablemos de complicidades. Quienes tiraron los cuerpos tuvieron que estar protegidos y no sólo por las sombras de la noche. Está muy claro.

–Sus nombres, por favor —nos recuerda el elemento de la AFI.

Los damos; los anotan. Llevamos lodo en las suelas y un enorme vacío interior. No es una historia, es un drama. La camioneta da tumbos mientras nos alejamos. Nadie habla. El silencio se funde con la cercana brillantez de los neones encendidos.

–¿Vamos a otra parte? —interroga el conductor.

–Sí. Piérdase por ahí.

Es otra cosa. Por la avenida Tecnológico llegamos al paseo Triunfo de la República. Los hoteles de franquicia se mezclan con los moteles de paso.

–¿Por aquí vamos al centro?

31

–Todo derecho desembocamos a la avenida 16 de Septiembre y a la Catedral.

Antes pasamos por el edificio de la Aduana, construida con aires europeos, al estilo del art-noveau del siglo XIX, y que fuera albergue lujoso para los presidentes Díaz y Taft, en el primer encuentro entre jefes de Estado de México y Estados Unidos, en octubre de 1909, y diecinueve meses más tarde sede del maderismo victorioso tras la estratégica toma de Ciudad Juárez, en mayo de 1911. Confluencias y claroscuros otra vez.

A unos metros, el cine Victoria que, según los historiadores, fue residencia del Benemérito Juárez durante su estadía en 1865. Y el Mercado Juárez, cerrado una vez más a causa de un incendio, favorito de los paseantes estadunidenses atenidos a los souvenirs y a las pequeñas muestras artesanales.

–¿Por qué se queman tantos edificios por aquí? —deslizo a mis acompañantes.

–Será por el descuido. O para cobrar los seguros cuando la clientela se va. Y eso pasa a cada rato.

La Plaza de Armas, de trazo irregular, es, para muchos, la verdadera frontera. Quienes vienen desde El Paso a vivirla en grande, sin temor a ser detenidos por conducir en estado inconveniente —infracción que del otro lado puede atraerles multas cuantiosas en dólares—, llegan andando hasta este punto y no avanzan más. Prefieren limitarse al jolgorio de la Avenida Juárez que los recibe con decenas de bares, cuartuchos en las plantas superiores para que desfoguen sus ansias de aventura, y comederos de tacos para compensar al organismo.

Desde el Puente Internacional Santa Fe, que se llama Juárez del lado mexicano, los turistas con unas cuantas divisas verdes se animan a dejar atrás las rígidas normas de conducta para liberarse en grande. Beben y beben hasta que no pueden más y después se pierden, entre sábanas, con las prostitutas de rostros ajados y formas exageradas, altas y embarnecidas en su mayoría, bajo la estrechez de blusas y falditas sensuales de colores chillantes.

–¿En El Paso los texanos no tienen ofertas femeninas?

–¿Putas, dice usted? Claro que sí. Pero allí no son tan complacientes y, además, están muy locas —explica nuestro amable conductor.

–¿Cómo es eso?

–Mire, aquí, en Juárez, las mujeres se venden para comprar pañales a sus hijos; allá lo hacen para sostener sus vicios. Si se trata de escoger...

A lo largo de la Avenida Juárez las suripantas entran a la subasta diaria. Los gringos —el apelativo mexicano que califica a los estadunidenses con la contracción de las voces inglesas *green*, verde en castellano como el color de los uniformes de quienes invadieron el territorio mexicano en el siglo XIX, y *go*, del verbo ir, para enfatizar que debían marcharse por donde habían venido—, se dejan llevar. Primero, acceden a México por los pasos peatonales del Puente Internacional con la mínima inversión de un *quarter* —veinticinco centavos de dólar—, y después la fiesta es suya. Para muchos de ellos México se concentra en una decena de callejuelas que delimitan la zona del libertinaje. Lo demás no les importa.

–¿Por qué los "tacos" no saben igual cruzando la frontera? —interrogo al amable conductor quien, por cierto, trabaja en Ciudad Juárez y pernocta en El Paso.

–Quién sabe. Hay taquerías —como "El Tacocote"— pero los tacos están más ricos de este lado. Será por el aire.

Y "el aire" atrae, desde el viernes y cada fin de semana, a miles de paseantes extranjeros; no sólo estadunidenses, por supuesto. Algo así como un desafío para alcanzar el trofeo de haber sentido, y vibrado, con el tercer mundo en donde el relajamiento de la autoridad, digámoslo de algún modo, posibilita los excesos y hasta los promueve. Sin los ingresos de las francachelas la ciudad podría colapsarse, más ahora cuando las maquiladoras reducen empleos para ampliar ganancias. El ahorro ofrece competitividad comercial, no equilibrio social.

A unos metros de la calle Ignacio Mejía, el Florida atesora secretos. El antro es propiedad de Rafael Muñoz Talavera, a quien se señala como uno de los narcos locales de mayor renombre aunque aceptado socialmente. Y enfrente está la discoteca Twins para que nadie se pierda. Unos metros más y comienzan, me dicen, "los sitios históricos".

–Éste es el Noa Noa. Lo van a reconstruir —apunta el conductor.

–No me lo parece. No se ve a nadie trabajando. ¿Un cortocircuito o hubo mano negra? Lo pregunto porque, con la crisis de empleos, otros tugurios pudieron ganar las preferencias de los peregrinos de la noche.

No me responden. Quienes me acompañan levantan los hombros y distraen la mirada. Al fin el conductor me dice:

—Aquí, en Ciudad Juárez, todo puede ocurrir. ¿Quiere que le presente a alguien que le podría explicar cómo se la gastan policías y viciosos para mantener sus controles?

—A eso vine, mi amigo, a recoger historias.

El encuentro con el doctor Salvador Hernández Oñate, cirujano especialista en diabetes es muy cordial.

—Aquí, el médico —aboga el conductor— fue dueño de bares y centros nocturnos hace pocos años. Y sabe mucho. ¿Verdad, mi doc?

Hernández Oñate sonríe y voltea hacia cada rincón del restaurante los Arcos en donde estamos para cenar. Nos acompañan, también, las fotografías de las celebridades que han pasado por aquí: Andrés Manuel López Obrador y los iconos de la televisión, Joaquín López Dóriga y Adal Ramones, entre otros. Relaja estar en donde han estado los importantes.

—Lo que tuve que pasar —relata el doctor—; un día me llevaron a un espectáculo de table dance. Una de las chicas me dijo que quería bailarme y me condujo hasta la parte trasera del antro, y, claro, me bailó hasta que, bueno, se le salió un airecito por detrás... Fue un duro encuentro con la realidad.

—Y ya no siguió, me imagino.

—Por supuesto que sí. Fue al baño y regresó. Pero aquello ya no me gustó.

Reímos, claro. El conductor interviene:

—Cuéntele, doc, cuando se puso a operar a las putas.

Hernández baja la vista con gesto de picardía.

—Fueron sólo tres años, pero muy intensos —justifica—; luego volví al consultorio.

—No nos hable de sus pacientes sino de las putas, doctor.

—¡Ah, bueno! Decidí intervenir en el Jocker's, el lugar aquel del table dance. Pero antes revisé a las chicas que trabajaban allí. No eran unas bellezas pero tenían lo suyo. Y les faltaba. Entonces a unas les pusimos más caderas y a otras más pecho.

—Se convirtió usted en auditor corporal.

—Y a fondo. Cuando terminamos me volví canciller y les inventé la nacionalidad que les iba mejor: brasileñas, cubanas, jamaiquinas, mozambiqueñas, italianas, españolas y hasta una que otra sueca. Aquello hizo erupción.

—Se le llenó el lugar, ¿no?

—A reventar. No sabíamos qué hacer con tanta gente. El animador era muy especial y anunciaba: "Desde las playas de Copacabana, Adelina". Y así le seguía: "Ahora, la perla negra de Zimbawe"... Y el público bramaba.

—El éxito despertó envidias.

—Todavía no. Uno de los Zaragoza —familia pudiente de la región—, me llamó un día y me dijo: "Te doy el Valentino's para que lo administres como te dé la gana". Acepté. Mi socio se quedó con el Jocker's y yo me lancé a otra aventura. Me la pasé en grande... pero también pagué un costo muy elevado.

Las mesas cercanas ya están vacías, pero los recuerdos aún fluyen:

—Abrí una papeleta de lujo para el Valentino's, allá por la carretera entre Juárez y el Porvenir. Lo llené de mariachis, cantores y bailarinas...

—Pero tus clientes querrían destramparse, ¿no?

—En gustos se rompen géneros. Y en pocas semanas puse de moda al local. Todos salían bien prendidos con la variedad de lujo. Hasta que una noche...

Era septiembre de 2000, tiempo de celebraciones y reacomodos tras la caída del muro priísta. Esa noche el Valentino's estaba abarrotado. El optimismo incontenible del ciudadano común cesó al paso de dos decenas de genízaros que se apostaron en puertas y pasillos, cerraron el sitio y procedieron contra los parroquianos, hombres y mujeres socialmente reconocidos, a quienes intimidaron con perros.

—Ésta es una revisión de rutina. Somos judiciales del estado. Les solicitamos cooperar.

Hernández Oñate intentó encararlos:

–¡De qué se trata esto! Tengo los permisos. No tienen por qué molestar a mis clientes.

–¡Usted cállese! —tronó el burócrata responsable—, vamos a proceder.

El animador pidió con aparente serenidad:

–Guarden la calma. No pasa nada. Solicitamos su comprensión...

Sin detenerse, los agentes obligaron a las parejas a separarse. A las mujeres se las llevaron al baño en donde un destacamento femenino las revisó.

–¡Desnúdense, pinches viejas!

Estrujadas, manoseadas, las damas pedían respeto. Y las agentes fueron a más. A una señora que estaba menstruando la obligaron a desprenderse de la toalla sanitaria para cortar unos pedazos para proceder al "análisis".

Enterado, el marido pretendió reclamar:

–¡Cómo se atreven, hijos de su madre!...

Se lo llevaron al traspatio y allí lo golpearon a placer.

–¡Para que entiendas quién es la ley, cabrón...!

El doctor Hernández exigió ver al responsable del operativo. Resultó ser, nada menos, el comandante Lenín, sorprendente homónimo del dirigente ruso.

–¿Por qué están procediendo así? Están molestando a familias respetables. ¿Qué pasa, comandante?

–Sólo cumplimos órdenes. Además, ya encontramos a uno de sus meseros con dos carrujos de marihuana. Vamos a cerrar el salón.

–¿Cómo? Oiga yo no puedo responder por cada empleado. Además, ni modo que con dos cigarros haga negocio.

–Eso ya no me incumbe. Vamos a proceder.

Por fin, dejaron salir a los asistentes. Ninguno pagó la cuenta y con tal antecedente nadie querría volver a pararse por allí.

–Fue una experiencia terrible. Y tuve que absorber las pérdidas.

–Te retiraste, entonces, doctor.

–Pero no sin dejar huella. Opté por denunciar los hechos a través de los medios.

En efecto, los informativos locales querían la nota. Hernández, en un principio, los eludió.

–Miren, la verdad es que ya no quiero problemas.

–Doctor, por favor. Los problemas ya los tiene. Déjenos contribuir para sanear esta porquería. ¿Le entra?

Y le entró, por supuesto. Acudió a un programa televisivo para narrar el abuso.

–No hablo por mí, sino por las personas ofendidas. Yo le pregunto al procurador, ¿cómo hubiera actuado él si a su esposa el arrancan la toalla sanitaria y la revisan groseramente? No quiero que responda como funcionario sino como hombre.

Los dueños de restaurantes, bares, salones de baile y otros antros se unieron a la causa. Por instrucciones del mandatario estatal Patricio Martínez García, el procurador Arturo González Rascón viajó a Juárez para encarar la situación.

–Todo lo que se ha dicho es falso. Y tengo un video que lo demuestra.

Las imágenes comenzaron a transmitirse. En apariencia los policías solicitaban, muy comedidos, la cooperación de los parroquianos. El video duró dos minutos cuarenta segundos. Enseguida, el procurador retomó el tema:

–¿Lo ven ustedes? A nadie se ofendió ni agredió. Los agentes llegaron y se fueron sin causar molestias mayores.

De entre el público, Hernández Oñate solicitó la palabra:

–Yo soy el empresario del Valentino's, señor procurador. Lo que acaba usted de transmitir es una farsa. ¿Quién puede creer que sus agentes iban a filmar en los patios traseros y en los baños? Tomaron lo que quisieron y lo editaron al gusto de la superioridad. Y le hago la misma pregunta que formulé por televisión: ¿cómo reaccionaría si a su esposa la desvisten y la manosean? Dígamelo ahora, ante testigos.

No hubo, por supuesto, aclaración ni indemnización alguna. Pero los operativos cesaron. A Hernández Oñate, gracias al respaldo de los Zaragoza, le fue bien porque evitó ser arrollado por la prepotencia aunque perdiera el estatus de empresario.

–Me divertí —concluye el doctor Hernández—, y luego volví a lo mío, a la consulta, a mi profesión. Pero nadie me quita lo bailado.

Entre el deber y el destino se interpone el gobierno, la masa burocrática, que sólo suele preservar al incondicional y al cómplice.

37

–¿Por dónde queda la "casa de adobe"? —inquiero a mis amigos.

–¿La de Francisco Ignacio Madero?

–Esa misma. Desde donde se fraguó la primera toma de Juárez, frente al Bravo y a unos metros de la frontera con Texas y Nuevo México.

–Hay que ir hacia el oeste siguiendo el río, por la avenida Malecón y atravesando El Chamizal. La casa ya no existe, pero sí su rastro.

Y allí vamos como quien busca el origen para explicarse el destino. En el centro, las falenas inician el ritual cotidiano, maquillaje en ristre, para saciar el hambre. Por la calle Mariscal, el deterioro de las fachadas no es indicativo de lo que pasa dentro de los antros.

El humo intenso de los pollos asados no es suficiente para resguardar la visión del primer mundo. Desde este punto se observa el *downtown* de El Paso con una decena de edificios que no rebasan los quince pisos y el agitar de la bandera de las barras y las estrellas como triunfante llamado al espejismo de la sociedad de consumo por antonomasia. Los lupanares de Ciudad Juárez parecen rendirse, lúgubres y carcomidos, a la realidad de la hegemonía sin contrapesos. Bienvenidos los dólares a cambio de que los mexicanos valgan bien poco cruzando "el puente".

Transitamos, otra vez, por la calle Ignacio Mejía y su canal infestado de basura, hasta desembocar en uno de los grandes atractivos de los paseantes del "otro lado": el Gimnasio Municipal en el que, cada sábado, las peleas de box y lucha disparan la adrenalina que luego se vuelca, y revuelca, por las rúas cercanas. El rodeo por el primer cuadro finaliza cuando enfilamos hacia el Viaducto Díaz Ordaz —nombre emblemático de la "guerra sucia" de los sesenta y la consecuente matanza de Tlatelolco— como puntualización de los excesos políticos; y, al fin, bordeamos el malecón a la par con el cauce del Bravo que va convirtiéndose en arroyo, casi sin agua porque los estadunidenses determinaron canalizarla, con obras de infraestructura paralelas al río limítrofe, para luego alquilarla a los vecinos tercermundistas. De nueva cuenta, la justicia de los poderosos.

La mancha urbana no cesa ni pierde intensidad aunque sí maquillaje. Ya no hay luces de neón ni espectaculares con los rostros de los bienamados precandidatos a la presidencia. La miseria, poco a poco, va quedándose con la perspectiva. El serpentear de la amplia avenida de acceso no disimula el deterioro que le da marco: hacinamientos, unos sobre otros, en las laderas de los montículos. El humo es distinto y proviene de la ladrillera de Juárez. Por la otra margen del río, el Grande, los *freeways* concentran luces y los rugidos de los automotores de no sé cuántos caballos de fuerza.

–¿Estamos cerca? —pregunto al joven historiador Miguel Ángel Berumen, autor y editor de volúmenes espléndidos, con multitud de gráficas de cada época, quien amable nos ofrece su guía.

–Casi llegamos —responde, mientras observo el caminar triste de las muchachas que apenas levantan la mirada.

No hablamos mientras la visión de la miseria nos absorbe. El polvo envuelve el horizonte que se pierde hacia Texas en donde vigila y aguarda la Border Patrol, la patrulla fronteriza especialista en sorprender a los "mojados" que ya no lo son porque los cruces se han quedado sin agua. Los gabachos, los del lado estadunidense, les llaman mejor, simplemente, indocumentados.

–¿Ves esa gasolinera? —señala Berumen, casi emocionado. Es un monumento histórico.

Me cuesta trabajo entender la ironía. Supongo que el expendio aquel, sobre el lado derecho de la avenida hacia el oeste, tendría relevancia por alguna conexión con el gasoducto y sus riquezas. Pero no. Es una construcción simple, casi un tejabán en el que las bombas con el sello de PEMEX, la paraestatal del petróleo, no dejan de trabajar.

–Ésa es —prosigue Berumen—, en donde está la gasolinera, la Alameda de las Moras. Y ni siquiera hay una placa conmemorativa.

Los cronistas de la época calificaron como la Alameda de la Paz al sitio, conocido como Las Moras, en donde, por primera vez, el gobierno del general Porfirio Díaz, a través de su representante, el licenciado Francisco S. Carvajal, nacido en Campeche y quien sería designado presidente interino de la República años más tarde —en julio de 1914— precisamente tras la caída de Victoriano Huerta, accedió a negociar con los maderistas José María Pino Suárez, Francisco Vázquez Gómez y Francisco Madero padre, entre el 3 y el 4 de mayo de 1911, apenas veintiún días antes de la renuncia de don Porfirio, el 25 de ese mes, y el consiguiente triunfo de la Revolución.

–Bastó a Madero —sugiero a Miguel Ángel—, con una batalla central, una sola, la Toma de Juárez, para derribar a la dictadura de Díaz.

–Hubo otras batallas —recuerda Berumen—, como las de Ojinaga —también en la frontera entre Chihuahua y Texas— y la de Parras, Coahuila. Pero la estrategia se concentró en Juárez.

De hecho, la preocupación de don Porfirio sólo fue explícita cuando Madero, por consejo de Pascual Orozco, brillante estratega militar, optó por instalar su cuartel general en la confluencia exacta de los límites entre Texas, Nuevo México y la república mexicana, en medio de ladrilleras y con la vista puesta hacia territorio texano, en donde el revolucionario solía pernoctar en algunas ocasiones.

Un camino maltrecho, polvoriento, de intenso gris, nos lleva por la que fue senda de los caudillos del siglo antepasado. No existen más constancias que los legados de los fotógrafos de la época, muchos de ellos corresponsales de diarios estadunidenses seducidos por el gran "espectáculo" revolucionario. Al interesar a éstos, siempre distantes respecto del vecindario del sur, ganó Madero la credibilidad necesaria para el reconocimiento internacional posterior.

El contraste es extremo. Del lado mexicano, terregales; del estadunidense, vías rápidas que los juarenses humildes observan con displicencia. Por aquí, el asfalto herido por las lluvias y la negligencia oficial; allá, infraestructura de concreto, puentes, rieles y ferrocarriles de carga en constante tránsito.

Atravesamos una barriada a la que se le quedó el nombre del organismo que la fundó: la Asociación Nacional de Productores de Algodón (Anapra) que edificó caseríos para dar albergue a sus trabajadores. La pizca, sin embargo, resultó tan insuficiente que ahora es referencia para explicar la miseria de los miles de moradores quienes, además, todos los días observan, de reojo, el devenir de la exultante sociedad de consumo estadunidense. Desde cualquier rincón y cualquier ventana se divisa El Paso y desde allí sólo se mira el folclor de la pobreza extrema, un espejo, sí, del tercermundismo atávico.

–Éste es el punto —nos dice, al fin, el historiador Berumen luego de veinte minutos serpenteando por la colonia Anapra.

El sitio estremece, como si ayer mismo hubieran salido de aquí los revolucionarios hacia la conquista del mando de la República depauperada por los enfrentamientos fratricidas y la prolongación oficiosa de los autoritarismos. Como si hoy, en este mediodía del frío febrero de 2005, las sombras bajo los álamos, en el corazón de la plazoleta que establece todos los límites concebibles, fueran los espíritus de cuantos vibraron en el mismo espacio, hace casi un centenar de años, exigiendo justicia, el anhelo inalcanzado.

Estamos, sí, en el centro de una breve explanada en donde sólo la imaginación y la nostalgia cubren los espacios vacíos. Menos mal que hay testimonios gráficos para atemperar la sensación de soledad. El entorno exalta cuantos límites podamos concebir. Los históricos, como parteaguas incontrovertible entre la vieja dictadura y la bisoña revolución que luego sería traicionada; los sociales, reflejos del contraste entre el paraíso consumista y el agobio de la impotencia económica; los geográficos, en fin, porque el río Grande se pierde hacia el norte y deja de ser frontera para dar paso, en el vértice mismo que fue hoguera de emancipación, a los obeliscos, exactamente 276, dispuestos en hilera para señalar el fin del suelo mexicano.

El Cerro del Cristo Rey, también limítrofe, da marco a la perspectiva. Hacia el norte, Texas, con su río Grande, casi seco hacia los afluentes mexicanos; por el oeste, en donde comienzan las mojoneras sobre la aridez de la tierra y las aristas montañosas, Nuevo México; por el este, entre columnas de polvo y humo de ladrilleras, Ciudad Juárez; y al sur, más allá de la sierra y hasta donde la vista alcanza, México, la patria con historia que lleva, desde aquí, casi una centuria defendiendo su soberanía.

—¿Sientes la energía del lugar? —pregunta Berumen. Sólo pisando esta tierra es posible entender cómo se dieron los hechos. Madero era un perseguido y también en Texas había una orden de aprehensión contra él. Al situarse en este punto, en caso de ser requerido por las autoridades texanas o presionado por los "federales" mexicanos, habría podido optar por internarse a Nuevo México: le bastaba dar veinte pasos desde su centro de control. ¡Y tenía hasta teléfono!

La "casita de adobe", cuartel maderista que sólo tenía dos cuartos, uno de los cuales compartía Madero con su esposa Sarita, exhibía,

41

a la derecha de la estrecha puerta que daba acceso al interior, el sello de la compañía telefónica, The Tri State Telephone Bell Co., que había instalado una terminal, entre construcciones paupérrimas, para servir a los revolucionarios. No había muchos aparatos en Ciudad Juárez entonces, pero Madero tenía el suyo gracias a la simpatía despertada por él entre los observadores foráneos.

Una "casita" que resultó, sin duda, el vestíbulo para acceder al Palacio Nacional tras la partida del general Díaz. Dos fueron las claves: la singular situación geográfica y el uso de la comunicación moderna, del teléfono como arma irreductible, para estrechar contactos, periodísticos y militares, quizá en ese orden, antes de la batalla definitoria.

–Hoy sólo queda este busto —indica el historiador con cierto dejo de pesadumbre. Y la historia, claro.

El bronce perfila los rasgos del caudillo sobre un pedestal carcomido. Dos coronas de flores muertas plantean lo efímero de la gloria terrena. Y la ausencia de una placa conmemorativa —"se la robaron", me dicen—, muestra la negligencia que entrampa, cada vez más hondamente, los vasos comunicantes de una nación. Un pueblo sin memoria es pasto para conquistadores y aventureros.

–En 1911 éste era el Rancho Flores continúa Berumen. Había casas de adobe, como la que dio refugio a Madero, de ambos lados de las mojoneras. Eran para obreros que servían a las viejas ladrilleras, vinculados por el esfuerzo no por la nacionalidad.

Entendemos, al fin. Es éste una especie de vértice que se abre hacia el suelo mexicano desde las dos fronteras, la natural, con Texas, y la política, con Nuevo México. No hay duda; los revolucionarios se protegieron con la escenografía, sí, pero también gracias a la tolerancia, quizá el aval, de los estadunidenses. De otra manera, ¿se habrían animado las damas y los catrines de El Paso a acercarse al río, pasar el puente colgante, ya desaparecido, y curiosear, a sus anchas, delante de los alzados quienes, por lo visto, no les imponían temor alguno a pesar de sus cananas, sus rostros agrios, fustanes y escopetas?

–No te olvides que desde las azoteas de los hoteles de El Paso —el Sheldon y el Paso del Norte, como se llamaban entonces—, los texanos pudieron asomarse al gran balcón de la revolución.

La guerra como montaje de un gran espectáculo. Igual ayer que hoy, en la escenografía de la convulsión chiapaneca hacia donde confluyen, con sus cámaras y micrófonos, cuantos buscan el apreciado souvenir de los neozapatistas que engendraron la única guerrilla pacifista de que se tenga memoria.

Así lo indicaba, claro, el aviso colocado en las afueras del Hotel Paso del Norte sobre cuyo *roof garden* medio centenar de turistas, tocados con sombreros de carrete, texanos y boinas, las manos en los bolsillos y algunos con binoculares, atestiguaban en lontananza las balaceras:

"El único hotel en el mundo —rezaba el eslogan— que ofrece a sus huéspedes un sitio confortable para ver la Revolución mexicana."

En el crucero de todos los límites, la ironía no podría ser mayor.

C

Ciudad Juárez. Pese a la animación urbana, los silencios se extienden. Las cruces, por rúas y cementerios, dan presencia a los muertos. Y éstos hablan a través de las historias que cuentan, por todos los rincones, quienes saben de la violencia, la perciben, y al mismo tiempo pretenden suavizarla con el acento del hastío.

Explica el doctor Salvador Hernández Oñate:

—Jamás he atestiguado una balacera. Eso es cosa de los narcos y sus vendettas. Quienes no tenemos nada que ver con ellos estamos fuera y no tenemos por qué correr peligros. Ésta es mi ciudad, en donde vivo. Y se le ha difamado injustamente.

Quienes escuchan asienten con la cabeza. Afuera de la cafetería del hotel en donde estamos, sobre la Avenida Triunfo de la República, bautizada así acaso para situar el corazón de la urbe a la par con sus raíces, el movimiento es normal: decenas de trucks, camionetas de carga con matrículas texanas, y no pocos automóviles reforzados con carrocerías espectaculares y motores de alta tracción. No hay atascos pero sí es incesante el rumor de las máquinas.

—Lo que sucede —continúa el doctor Hernández—, es que están matando a Ciudad Juárez. Las maquiladoras se han ido. De acuerdo con las estadísticas del Seguro Social se han perdido 180 mil empleos en los últimos años por esta razón. Yo calculo que esto refleja apenas

43

la tercera parte del problema: por cada plaza que cierra hay otros dos trabajadores que se quedan sin ingresos, aquellos que proporcionaban servicios a los asalariados, entre ellos hasta los marchantes de "burritos".

–¿La pobreza como detonante?

–También la hipocresía. Muchos "chavitos", entre 16 y 20 años, se dedican a cruzar drogas a Estados Unidos. Es fácil descubrirlos porque, de un día para otro, comienzan a ir a los grandes malls del otro lado a comprarse ropa de marca, coches del año y todo lo que quieren. A algunos de ellos los matan y luego sus padres exigen a las autoridades que esclarezcan los crímenes. ¿Por qué no decían nada cuando sus hijos les daban "lana" a montones? Ni modo que no supieran de dónde venían esos billetotes, pero se hacían de la vista gorda para beneficiarse también.

La cadena crece a diario. Cada eslabón se forja entre la miseria por la ausencia de oportunidades y el libertinaje para obtener dinero fácil sin sopesar los riesgos. La muerte acecha pero, dicen, es peor vivir con la asfixia de la impotencia en un mundo consumista, globalizado, en donde el estatus económico es lo único que importa. Y tener más que el vecino, naturalmente. Muerte en vida o muerte de a de veras.

El doctor Hernández gesticula, habla sin parar, como si tuviera prisa de librarse de cuanto sabe:

–Hace como un mes, un chamaco llegó a mi oficina con ganas de comprarme mi truck. La verdad es que la tengo muy bien arregladita y equipada. Le dije que no se anduviera con vaciladas. ¿De dónde iba a sacar lo que cuesta? Él insistió y me dijo: "usted póngale nada más el precio". Pero no quise vendérsela. Dos días más tarde leí en el periódico que habían encontrado dos cadáveres en la cajuela de su camioneta. Mi secretaria fue la que se dio cuenta: "es la misma en la que vino aquel muchacho, ¿se acuerda?".

–Menos mal, doctor, que nunca ha atestiguado un acto de violencia en Ciudad Juárez.

Hernández asimila la ironía como si tragara un hueso duro de roer. Le incomoda, claro, no poder reflejar su propia angustia sin menoscabo del entorno que ama porque siente suyo. Es espejo de una dualidad que acompaña siempre a los juarenses que deben acostum-

44

brarse a convivir entre dos mundos con distintos basamentos sociales, quizá también con una doble moral. Y, sin embargo, es en la frontera en donde el nacionalismo se percibe y absorbe con mayor fuerza. Un sello en el alma que induce, mueve, justifica.

–¿Sabe usted? —continúa el doctor Hernández. Todos por aquí hemos tenido amigos narcos. Estudiamos en las mismas escuelas, convivimos en los mismos sitios. Noviamos y nos emborrachamos juntos. Ni modo de negarlo. Hasta que cada quien siguió con su vida.

El doctor guarda silencio por unos instantes. Repasa con la mirada hacia la ventana; cuenta con los dedos y alza las cejas para enfatizar con un gesto lo que sigue:

–La verdad es que 90% de mis antiguos amigos narcos ha muerto violentamente. Y los que quedan a lo mejor no tardan en alcanzarlos. Así es la ley entre ellos.

Vidas cortas pero intensas. Es fácil construir la falsa heroicidad, imitable claro, a partir de la leyenda. Lo demás es todavía más sencillo: coptar las ambiciones jóvenes para multiplicar la cobertura del vicio sin que la merma en las infanterías modifique los escenarios en donde los detentadores del verdadero poder se mantienen en su propio Olimpo.

La profesora Rita Laura Segato, del Departamento de Antropología de la Universidad de Brasilia en un apretado ensayo, "Territorio, soberanía y crímenes de segundo Estado: la escritura en el cuerpo de las mujeres asesinadas en Ciudad Juárez", habla sobre los tabúes habituales y explica:

–Existen dos cosas que en Ciudad Juárez pueden ser dichas sin riesgo y que, además, todo el mundo dice —la policía, la Procuraduría General de la República, la fiscal especial, el comisionado de los Derechos Humanos, la prensa y las activistas de las organizaciones no gubernamentales (ONG). Una de ellas es que "la responsabilidad —se refiere a los asesinatos de mujeres— es de los narcos..." y la otra es que "se trata de crímenes con móvil sexual".

Esto es como si se tratara de meros lugares comunes, de referencias simplistas, para atajar la curiosidad pública y encasillarla en lo

45

recurrente, lo cotidiano, lo normal diríamos. Y nadie va más allá porque la suelta de demonios, a cada rato, pone en jaque a los habladores, a quienes investigan y a cuantos buscan alguna historia para contar. Como ésta.

Sucede también que los más avezados periodistas que han surcado aires y desiertos para intentar llegar a conclusiones creíbles centran sus afanes, precisamente, en cuanto toca a las mujeres asesinadas desde 1993 y al cartel célebre que emergió ese mismo año por obra y gracia del capo mayor, Amado Carrillo Fuentes, si bien cuantos conocen de cerca la verdadera red criminal, con algunos de los cuales he conversado, niegan, en voz baja se entiende, la versión oficial. Y nada más parece importante salvo la recreación del mayor de los folclorismos: los hacinamientos humanos a unos metros de la frontera mexicana con la mayor potencia del orbe.

Para quienes llegan a Ciudad Juárez la carga misógina es argumento de fondo; para cuantos ya están aquí ni siquiera las estadísticas reveladoras fundamentan la exacerbación de las vías escandalosas para denigrar la ciudad y su área de influencia, desmadejándola, como si se tratara de dejar en la soledad del desierto, sin agua ni cobijo, a la intemperie, a un niño ultrajado.

¿La verdad? ¿Quién es posedor de ella? ¿Peritos o periodistas? ¿Juarenses o enviados corporativos? ¿Fiscales especiales o familiares afrentados? Cada quien narra cuanto le conviene y soslaya aquello que le molesta. La perversidad suele estar, siempre, en el lado contrario. ¿Cómo desentrañarla sin caer en las medias mentiras o en las inducciones de la doble lectura?

–El gobierno no es que no quiera; más bien no puede resolver todos los asuntos.

Habla monseñor Renato Ascencio León, tercer obispo de la diócesis de Juárez, en funciones, originario de León, Guanajuato —hasta el segundo apellido delata sus orígenes—, alto, como si fuera norteño, garboso a pesar de sus 66 años y cortado a la medida de una ciudad sin reposo. No lo quieren los fieles que extrañan al antiguo pastor, Manuel Talamás Camandari, noble conductor de almas sobre los barruntos de tormenta y constructor de la sede del Gobierno Eclesiástico de la Diócesis, título que ostenta el moderno edificio en donde despachan los altos preceptores. El amplio recibidor, en donde brilla el mármol, termina en una escalera de caracol, muy amplia, que exalta el protagonismo.

El obispo Ascencio llegó a Juárez en noviembre de 1994, el año marcado por la barbarie política en México —el magnicidio de Luis Donaldo Colosio, aspirante priísta a la Presidencia, en marzo de ese año, modificó perfiles y circunstancias—, y también por el inicio de la secuela de crímenes que convertiría a la metrópoli fronteriza, ante la opinión pública mundial, en una especie de puerta hacia el infierno.

—¿Cómo Sodoma y Gomorra, monseñor?

—De ninguna manera. Por causa de doscientos hijos malos no puede decirse que estemos en una ciudad perdida.

—¿Qué pasa entonces?

—Los problemas de Ciudad Juárez son como los de cualquier parte: reflejan la pérdida de valores, las deformaciones sociales que confinan a la conciencia colectiva.

—¿Como en cualquier parte, monseñor?

—Sólo que aquí la conflictiva se ha magnificado por la impunidad.

Otra vez, la defensa deviene de un reflejo instintivo. La violencia vista como un tumor al que es factible extirpar aunque parezca maligno, fatal. La sociedad debe salvarse sin rendirse ante la leyenda negra que avanza por causa del interés mediático, uno de los nuevos jinetes del Apocalipsis, contra el que no ha encontrado antídoto alguno.

Explica monseñor Ascencio León que quizá la lejanía de Ciudad Juárez con respecto al centro de la república extiende una cierta sensación de aislamiento. En alguna ocasión reprochó al obispo Samuel Ruiz García, convertido en una especie de icono bajo los reflectores del Ejército Zapatista de Liberación Nacional (EZLN), su escasa preocupación por los crímenes contra mujeres.

—Yo te he mandado varias misivas —le dijo— para solidarizarme con tu lucha por los derechos indígenas. Y de ti no he recibido ni una sola cartita.

Ruiz García, quien había acudido a El Paso para perderse por los malls —¿quién niega el derecho de vestir bien a los religiosos de prosapia?—, pareció incomodarse con el reproche y sólo respondió, lacónico:

47

–Bueno, la verdad, es que hemos estado en otros asuntos.

Recuerda monseñor Ascencio que, a diferencia de la postura de don Samuel, indiferente para cuanto acontece fuera de la cerrada zona del conflicto alrededor de San Cristóbal de las Casas, un buen número de obispos mexicanos definieron cuál debía ser el interés del Episcopado. Por ejemplo, monseñor Ulises Macías Salcedo, de la diócesis de Hermosillo, Sonora, fue directo al respecto:

–¿Qué debemos hacer en Chiapas? —planteó. Lo primero es comprometernos con nuestro pueblo.

En otra perspectiva, el Episcopado mexicano no parece tener prisa para definirse, abiertamente, sobre los sucesos de Juárez y el empecinamiento oficial por reducir el espectro criminal, o suavizarlo cuando menos, para eludir responsabilidades.

–No todas las víctimas fueron prostitutas. Nada de eso —puntualiza monseñor Ascencio. Éste es uno de tantos lugares comunes.

–¿Por qué lo dice, excelencia?

–Porque me consta. En 1998, una joven catequista, íntegra y dedicada, que vivía allá por Lomas del Poleo, fue hallada muerta. La tiraron en el valle. Y es que los casos no responden al mismo patrón de conducta.

–Lo que me dice, señor obispo, no coincide con cuanto sostienen algunas organizaciones civiles ni los investigadores, mexicanos y foráneos, que han venido por aquí.

–Pero es verdad. Puedo hablarle de dos casos concretos: una de las víctimas apareció en el desierto y luego se supo que la había asesinado su hermana, por celos; de no haber estado volcada la atención sobre los crímenes seriales, su expediente habría sido uno más.

–¿Y el otro?

–Un chico mató a su compañera y fue descubierto en el momento en que la introducía en la cajuela de su automóvil. Si no lo hubieran visto seguramente el cadáver habría aparecido en algún tiradero, como tantos.

Son excepciones, sin embargo, aun cuando las estadísticas puedan acomodarse a los intereses de cada cual. Una muestra: en agosto de 2004, la directora general del Centro Nacional de Equidad, Género y Salud Reproductiva, Patricia Uribe Zúñiga, afirmó, categórica, que

Chihuahua no estaba considerada entre las entidades con mayor violencia contra mujeres. Aun cuando en esta entidad es donde se concentra la alerta.

(Las estadísticas oficiales revelan que sólo en el Distrito Federal, entre 2001 y 2004, 415 mujeres jóvenes fueron asesinadas. Esto es en la tercera parte del lapso que concentra los feminicidios en Ciudad Juárez. Además, en la capital del país, 33 mujeres de la tercera edad se convirtieron en víctimas de la violencia en el mismo periodo. Realmente significativo por el silencio y la recurrencia.)

–¿Es ésta una sociedad misógina? —pregunto al obispo Ascencio.

–Yo creo —responde, lacónico.

–¿También la Iglesia en cuanto a que se niega a las mujeres la posibilidad de ser ministras de culto?

La interrogante tensa el ambiente. Pese a ello, el obispo de Juárez sólo entrecruza las manos, mueve la cabeza y responde, convencido:

–Cristo, nuestro Señor, instituyó así la Iglesia. Pese al inmenso cariño que guardaba por su madre, no hizo partícipe de este privilegio a la Virgen María. Marcó con ello las reglas.

La infalibilidad del papa en materia de fe y dogma, una tesis sustantiva del Derecho Canónico si bien controvertida en los planos simplemente humanos, no facilita el discernimiento de la cuestión, si bien, como es palpable, abre una enorme zanja entre los seres humanos, de ambos géneros, por la reconocida tendencia a la igualdad sin diatribas. Y cuando se habla de una sociedad enferma es indispensable encontrar los orígenes del mal, sobrellevando incluso el agobio de la conciencia.

Sobre el mismo tema escucho un pronunciamiento similar, del obispo emérito don Manuel Talamás Camandari, nacido en Chihuahua en junio de 1917 y con fama de gran conversador a pesar de los inevitables estragos de la edad. Caminando con dificultad, ayudado por un bastón y por la hermana Esperanza Salzíbar, vistiendo modestamente con un suéter tejido a mano y desteñido, el alto prelado, ya en el retiro, nos brinda la hospitalidad de su casa el 26 de enero de 2005, aprestándose a recorrer los últimos cien días de su existencia —la vida se le escapa el 10 de mayo—, y accede, dulcificando el semblante, casi beatífico, a intervenir en la polémica:

49

–Las mujeres tienen su propio sitio en la Iglesia. Lo mismo que los sacerdotes.

–¿Lo dice usted por el celibato, excelencia?

–Éste es un testimonio que no se impone, se escoge. Es muy hermoso porque implica una renunciación para servir mejor al pueblo. Y con él se adquieren más libertades. ¿Se imagina a un sacerdote que anduviera por allí con una "mocosa" y sus hijos?

–Pero hay tentaciones, excelencia...

–¿Y los casados no las tienen? ¿Cuántos matrimoniados son adúlteros? No puede creerse entonces que el celibato engendre las tentaciones. Luego hay religiosos que renuncian a sus votos se casan y se descasan.

En una esquina de la apretada sala en donde conversamos, quizá en su último encuentro con un periodista, monseñor Talamás atesora una de sus pertenencias más queridas: la silla episcopal —o "trono" en la definición eclesiástica—, tallada en madera y con relieves que exaltan la vida del alto prelado; el remate es el lema del obispo: *Deo Populo que Fidelis*, esto es "Fiel a Dios y al pueblo". Una proclama que se antoja política. Monseñor Talamás apunta:

–La verdad es que no hay nada más movedizo que un pueblo. Por eso es apasionante servirlo aunque primero es necesario entenderlo.

–¿Usted comprendió a la grey de Juárez?

–Fui obispo por 35 años, hasta el 16 de junio de 1992. Exactamente a las nueve de la noche de ese día, fecha y hora exactas en las que nací 75 años atrás, anuncié mi renuncia de acuerdo al Derecho Canónico. La firmé delante de los fieles. Casi un mes después llegó la aprobación de la Santa Sede. Y, por supuesto, siempre conté con el pueblo. Permanecí en una sola diócesis. No como otros —sonríe, divertido— que son adúlteros.

–¿Cómo es eso?

–Siempre se decía que los obispos contraían matrimonio con sus diócesis y sólo a ella se debían. Durante el Concilio Ecuménico Vaticano II les comenté: si así son las cosas, hay muchos adúlteros que se cambian de diócesis a cada rato. Tenía una doble intención, claro.

–Usted sí se arraigó, señor obispo.

–Estuve y estoy encantado con la gente de aquí. Cuando me designaron obispo todo el pueblo estaba disponible para estructurar el gobierno diocesano. En unos cuantos días teníamos casa, seminario y oficinas. Y ya ve usted: el obispado, ¿lo conoce, verdad?, es uno de los mejores edificios de Juárez. Lo construyeron el ingeniero Adolfo Álvarez y la arquitecta Sánchez Cordero.

—Habrá costado una fortuna, excelencia.

—Pues no se crea. Invertimos un millón doscientos mil pesos incluyendo la pavimentación de la parte trasera. Todos ayudaron. El alcalde de entonces, Francisco Villarreal, nos daba cincuenta mil pesos mensuales. Y con tanta gracia fui muy meticuloso con los detalles. Es un lugar magnífico.

Y sí, lo es, en contraste con buena parte de la ciudad atrapada por precaristas y trashumantes abandonados a su suerte cuyo único solaz es el balcón que tienen enfrente: El Paso, con sus grandes avenidas y vías de acceso.

—La gente —abunda monseñor Talamás— es muy trabajadora y generosa. Es una comunidad sencilla, sin ínfulas, comprometida con su ciudad.

—¿Violenta también?

—No, definitivamente no. Si me lo pregunta no me explico todo eso de los asesinatos de mujeres. Lo que pasa es que como no están resueltos quedan las dudas.

No deja de parlar el obispo emérito. Lo hace desordenadamente, como le vienen las ideas a la cabeza. Salta de un tema a otro, y luego regresa al anterior con la frescura de quien, con 88 años a cuestas, soslaya el dolor sin aferrarse a la vida. Misticismo al fin.

—Menos mal —apunta monseñor Talamás— que a mí todo eso de los feminicidios no me tocó.

—¿No notó, en su tiempo, el proceso de descomposición social?

—Yo creo que el único zapato que nos aprieta es aquel que traemos puesto. Bueno, al presidente Vicente Fox le aprietan las botas.

Un salto y ya estamos hablando de política. De los frenos del mandatario mexicano porque el congreso ya no accede a aprobar todas sus iniciativas; de sus buenas intenciones y de la incomprensión. Revela, claro, sus inclinaciones, hacia la derecha claro, como confluencia natural de una larga lucha por la vindicación de los derechos electorales.

–¿No percibe usted al presidente atrapado, vacío?

–Igual que Poncio Pilatos. Cuando llevaron a Jesús ante él los sacerdotes ya habían manipulado a la multitud. Por eso prefirieron a Barrabás y no al Salvador.

–Desde luego, monseñor, la democracia no siempre es santa. La paradoja de la plebe condenando a un inocente a instancias de unos cuantos que pretendían resguardar el templo rebosante de fariseos, sigue teniendo vigencia. Y de nada vale que Fox se lave las manos como Pilatos.

–Pero en otras ocasiones funciona. Hace años, cuando gobernaba la diócesis, instituí un diálogo abierto cada martes. Acudían todos los sacerdotes para tratar todos los problemas. Y los resolvíamos. Yo sólo intervenía cuando, de plano, se desviaban y se iban por las ramas.

–Un ejercicio democrático, monseñor.

–Que dio buenos resultados, la verdad.

El obispo Talamás está relajado, contento. Sólo mueve, de vez en vez, las piernas, extendiéndolas para flexibilizar las rodillas que le molestan. No deja de sonreir aun cuando la plática toma giros inesperados.

–Se me ocurre, excelencia, que los obispos deben permanecer célibes y así evitar cuanto sucedió al señor Fox luego de sus esponsales civiles con Marta Sahagún Jiménez.

–¿Lo ve usted? El celibato tiene sus ventajas.

–Pues debiera partir de aquí una iniciativa, monseñor: que los presidentes asuman también el celibato. Si los sacerdotes lo reconocen para servir a Dios, ¿no deben hacer lo mismo los políticos dispuestos a salvaguardar a la patria? Es la misma línea de pensamiento.

Ríe monseñor Talamás, a carcajadas, y asiente con la cabeza sin agregar una sola línea. No cae, desde luego, en la provocación. Me alegra recordarlo así, indiferente a su propio sufrimiento y a la cercanía de la muerte. No podemos saber, en ese encuentro entrañable, ni él ni yo, cuándo será el desenlace. Confieso, eso sí, que en este momento temo no volver a verlo, como sucede. El 10 de mayo se aleja materialmente de esta tierra con el fervoroso cobijo de la feligresía. El obispo emérito resiste hasta el final, sin mostrar el menor agobio de ansiedad ni darse por vencido ante las tenazas del dolor. Lo percibo tan cercano.

En el momento último de nuestra charla, le cuento, aprovechando el momento, una experiencia reciente, en mayo de 2004, cuando invitado por los franciscanos acudí al Convento de la Cruz, en Querétaro, a dialogar sobre política. El encuentro fue rico en experiencias para mí. Delante tenía a medio centenar de San Franciscos de Asís en potencia, y cada uno examinaba y medía con la mirada, cobijados todos bajo sus atuendos humildes —sotana café con cordeles y el toque de las sandalias, como renuncia a cualquier huella de modernidad.

—¿Usted cree —me preguntó uno de los religiosos— que si Fox no se hubiera casado habría tenido otra dimensión histórica?

—El problema no es que se haya matrimoniado sino que lo haya hecho con una mujer ambiciosa, pretendida mecenas de los pobres a imitación de Evita Perón, la de Argentina, y eficaz, como aquélla, para encaramarse en el poder.

Observo a monseñor Talamás que se queda serio. Me mira profundamente y se reclina sobre el bastón como si quisiera hacerme una confidencia:

—A lo mejor tienen razón los hermanos franciscanos.

Y vuelve a reir el alto prelado, antes de retirarse, con pasos muy cortos, apoyándose en la hermana confidente, a sobrellevar su agonía.

¿Celibato presidencial? Líbreme Dios de los malos pensamientos. Ya estamos hablando como misóginos. Pretendía encontrar una de las fuentes de la deplorable devaluación social de la mujer ante los ojos de los machistas que pretenden exaltar su varonía violentándola, y henos aquí sopesando las ventajas de la privación sexual, una soberana hipocresía en mí que, por otra parte, explica, sin remedio, la causa primaria de los abusos por parte de los predadores con sotanas. Cuando los extremos se tocan...

Al obispo en funciones, monseñor Renato Ascencio León, le cuestiono sobre las actividades concretas del episcopado.

—¿Qué hacen ustedes, monseñor?

—Insistir en recuperar los valores, desde el seno familiar, por medio del Evangelio.

Las oraciones, sin embargo, se sitúan en otro plano, el espiritual para los creyentes, y el drama social, en cambio, está frente a nosotros, incrustado en una comunidad afrentada por una ausencia más palpable: la del gobierno en cada uno de sus niveles y escenarios. También

53

la erosión moral de la Iglesia, así sea por causa de unos cuantos como sostienen sus defensores, cimbra por dentro a una sociedad formada, en buena medida, en la doctrina católica como gran sustento interior. Recuérdese la expresión de Juan Pablo II durante su primer periplo por tierra mexicana, en enero de 1979: "México, siempre fiel". Y de esa fidelidad ancestral, bajo el manto de la fe guadalupana, surge la profunda confusión por el comportamiento escandaloso de los ministros —algunos, dicen— de la Iglesia.

–A mí me alegan —acepta el obispo Ascencio—, constantemente: "no queremos dejar solas a nuestras hijas". Pero no se han alejado de la Iglesia. En la asamblea diocesana, por ejemplo, más de 1,300 personas dialogamos sobre un área específica: la situación de violencia en nuestra ciudad. Hay preocupación pero igualmente se buscan soluciones bajo la guía espiritual.

Crece la paradoja. La sociedad se desangra por la ausencia de principios rectores pero no mengua el fervor de la feligresía, entre la cual, sin duda, también hay víctimas... como la catequista ultrajada que es, por sí sola, prueba fehaciente de que no todas las asesinadas, desde 1993, son falenas.

–Queremos hacer institucional —asevera el obispo Ascencio León— nuestra participación en la búsqueda de la verdad.

–Pero, ¿tiene usted idea de en donde comenzó el drama?

–No puedo precisarlo.

Desde luego, una postura precipitada del gobernador Patricio Martínez García, quien concluyó su mandato en octubre de 2004—, podría haber sido uno de los detonantes. Él dijo al iniciar su periodo: "ni una muerta más". Fue parte de una rebatiña política con su antecesor —el panista Francisco Barrio— a quien le endilgaba la responsabilidad. Y después los crímenes siguieron y se extendieron.

–¿Qué hacer, excelencia?

–Estamos organizando las cruzadas "por la educación de valores" con una importante participación.

Monseñor Ascencio desvía la mirada hacia la pecera de su oficina, justo a un lado del escritorio. Una enorme cruz preside el lugar.

–¡Se habla tanto! —exclama, de pronto, el obispo Ascencio. En noviembre de 2003, como presidente de la Comisión Episcopal de Movilidad Humana, asistí, en Trento, a un congreso. Y durante dos días la televisión italiana estuvo divulgando una versión, bastante torcida por cierto, sobre los feminicidios. Todos querían que yo les diera respuestas.

—¿Y se las dio?

—No las tengo aun cuando he platicado, de manera extraoficial, con las autoridades al respecto. También las fiscales especiales y las comisionadas han venido a verme gentilmente.

Pero, por lo visto, no hay conclusiones precisas porque los intereses no confluyen hacia el mismo punto. Desde luego, la especulación, cuando no está movida por subterfugios perversos, es hija de la desinformación. Hay tantas versiones porque son múltiples los vacíos que no cubren las sesgadas indagatorias.

—Pero usted no está con los brazos cruzados, excelencia —le digo al obispo Ascencio.

—Claro que no. Estamos organizando grupos de reflexión, de meditación. Con mujeres, claro. Son retiros de tres días que se encaminan a los temas que duelen. Es una manera de subrayar que no están solas, ni excluidas de la preocupación de la Iglesia. Esto es, además, consecuencia de un hecho incontrovertible: la mujer, con cuanto ha pasado, ha sido afectada en lo general. No podemos separar a unas y otras.

Hasta allí llega la Iglesia cuyas funciones, desde luego, no pueden coincidir con las policiacas. Con todo, la misoginia flota en el ambiente y ello da lugar a la permanente reflexión aunque ésta se dé con ayuno de autocrítica. Se reconoce la descomposición social, no así la pobre valuación de las mujeres en el seno de la Iglesia en donde no comparten, ni pueden aspirar a ello en el mediano plazo, las funciones del ministerio exclusivas de los apóstoles.

—¿Usted ya leyó el *Código Da Vinci* de Dan Brown, excelencia? —pregunto a monseñor Ascencio.

—Lo estoy comenzando, apenas. No he descubierto nada nuevo —apunta sin gran convencimiento y cierto dejo de impaciencia.

Hago el apunte para dar proyección a la polémica sobre la marginación histórica de María Magdalena, vista como la deidad femenina en una perspectiva contraria a la católica, con relación a los apóstoles de Jesús de Nazaret, argumento que habilita a los defensores del estado de cosas a justificar la exclusividad de los hombres para oficiar las misas y celebrar la Eucaristía, el misterio mayor del dogma.

Sobre el particular, el controvertido Girolamo Prigione, unas semanas antes de dejar la Nunciatura Apostólica en México, a finales de 1997, fue tajante al pronunciarse:

–Los apóstoles, todos, fueron hombres. Y la mujer, entonces, debe asumir el papel sagrado que se le otorgó.

–¿La procreación, excelencia?

–No sólo eso. María, la madre del Creador, es quien señala la misión del género femenino en esta tierra: sobre todo la formación moral. Pero tampoco se segrega a nadie de la Iglesia porque las religiosas, al servicio de Dios, son muchas veces heroicas sin necesidad de ser oficiantes de culto.

–¿No hay posibilidades de modernizar la doctrina al respecto?

–Me parece que nadie puede enmendar la palabra de Dios. Y ésta es muy clara.

Una especie de "pecado original" que pende sobre las mujeres aunque sean ellas quienes demuestren mayor fe cristiana, aunque se niegue su igualdad con respecto a los privilegios de los hombres.

–¿Para qué quiere? — deslizó, con ironía, uno de los franciscanos del Convento de la Cruz, en Querétaro. Si se les deja oficiar misas al rato van a querer gobernarnos y también a la Iglesia. Como la señora Marta —de Fox—, ¿eh?

Contrastes y claroscuros siempre, como parte del atávico perfil de los mexicanos. Observo un grabado de época, copia del mural atribuido a José Guadalupe Díaz Nieto, de cuando el Benemérito Juárez llegó, luego de cruzar el desierto en su carruaje, a Paso del Norte y fue exaltado por la cálida bienvenida de autoridades y lugareños. Detrás de una manta pintada con el fuego desbordante de la pasión nacionalista, ¡Viva Juárez!, la Misión de Guadalupe, al lado de la cual se construiría después la catedral de la ciudad, inmaculada por su blancura, parece aislada del tumulto. Nadie merodea a su alrededor bajo la euforia de la convocatoria presidencial. Juárez y la Iglesia integrados en el mismo dibujo pero sin amalgama alguna. El hombre, reformador que combatió contra los privilegios del clero; la institución, erguida al paso de las centurias. El juego de luces otorga mayor brillantez al templo como para subrayar lo efímero del poder terrenal; pese a ello, el recinto de oración está solo.

Así, la historia de México y la de Ciudad Juárez, a las que no puede aplicarse el estricto sentido de la lógica. Quizá por ello, casi como una llamada de atención, el obispo Renato Ascencio León, quien vino desde el Bajío, el solar de los cristeros del siglo XX y los foxistas del XXI, reclama para su diócesis un trato digno:

–Ciudad Juárez atesora grandes valores. Muchas cosas positivas. Sus mujeres y sus hombres velan porque sus hijos crezcan en todos los aspectos. Y esta vitalidad surge del espíritu cristiano.

Un espíritu que, por supuesto, se conjuga en el nombre de la urbe entrañable: Ciudad, por su dinamismo y desarrollo; Juárez, para honrar al mexicano que es símbolo de la victoria de la República incluso sobre los fanatismos todavía no extintos. Ciudad Juárez, entre el alma liberal y el espíritu cristiano.

Monseñor Ascencio, remata al fin:

–Si fuera verdad todo lo malo que se cuenta sobre Ciudad Juárez, dígame usted por qué sigue llegando tanta gente.

Pero también se va. El maestro e historiador Pedro Siller Vázquez, de charlar siempre enriquecedor, me revela una confidencia, casi a media voz:

–En Juárez tenemos los panteones con el menor número de muertos por metro cuadrado.

–¿Y eso por qué?

–Porque los emigrantes siempre se llevan a sus muertitos a la tierra de donde vinieron. Ni la muerte los arraiga.

Vuelven sobre sus pasos en la búsqueda de la redención.

D

En la residencia del Arzobispado de Guadalajara, sobre la calle Morelos de Tlaquepaque, el cardenal Juan Sandoval Íñiguez sentencia:

–La Iglesia no está contaminada por el narco. Conozco a los obispos y todos son gente de Iglesia, bien intencionada. Otra cosa es que se nos acerque un capo y solicite servicios eclesiásticos o dé limosnas. Esto sí puede ser.

El cardenal viste informalmente, con chamarra de gamuza, pantalón de casimir y botines de cuero, en la fresca mañana jalisciense del último día de febrero de 2005. De mediana estatura, gruesos labios y mirada inquieta, nerviosa, el alto prelado, designado arzobispo en mayo de 1994 para sustituir al también cardenal Juan Jesús Posadas Ocampo, acribillado a tiros en el aeropuerto de Guadalajara en la mañana del 24 de mayo de 1993, da la impresión de que no recuerda nuestra cita, confirmada tres semanas atrás, aun cuando accede gustoso a sentarnos a su mesa para desayunar, frutas y huevos revueltos acompañados con tortillitas hechas a mano por las hermanas a cargo de la amplia y ajardinada casona cuya remodelación costeó el antiguo inquilino sacrificado —una inversión, según las reseñas de entonces, de cerca de un millón de dólares. Atestiguan un matrimonio devoto, un amigo del cardenal y el párroco de San Pedro, la jurisdicción en donde estamos.

–Usted, eminencia —formulo el trato correcto al príncipe de la Iglesia—, ¿recibió alguna vez donativos de los narcos?

Silencio. El cardenal fija los ojos en su anillo pastoral y entrecruza las manos como si quisiera iniciar una oración.

–Nunca recibí a algún narco. Bueno, sólo una vez vino a visitarme la madre de los Arellano Félix. Quería convencerme de la inocencia de sus hijos con relación al crimen contra el cardenal Posadas. Nada más. Como pastor es mi deber confortar a quienes se acercan a mí.

–Entonces, el extinto Ramón Arellano Félix y su hermano Benjamín —éste confinado en el penal de La Palma, en el Estado de México, desde marzo de 2002—, ¿no tocaron a su puerta?

–No, se lo aseguro. Sólo hubo contactos esporádicos con algunos enviados que traían el mismo mensaje: "dígale al papa que nosotros no fuimos".

Los Arellano Félix, jefes del célebre cartel de Tijuana, allá donde extiende sus dominios uno de los más poderosos clanes políticos de México, el de los Hank Rohn, herederos del profesor Carlos Hank González, sí visitaron, en cambio, al entonces nuncio apostólico, Girolamo Prigione, el 13 de diciembre de 1993 (*Los cómplices*, Oceano, 2001), gracias a la intermediación del padre Gerardo Montaño y, por supuesto, de quien encabezaba a la diócesis de Tijuana, el obispo Carlos Emilio Berlié Belauzarán. enviado tiempo después a la Arquidiócesis de Yucatán. Según explicó Prigione la aparición de los célebres capos, considerados los más buscados en la lista de las corporaciones estadunidenses, provocó una reunión urgente en la residencia oficial de Los Pinos, ya entrada la noche, con el presidente Carlos Salinas de Gortari y el procurador general, Jorge Carpizo MacGregor quien, presuroso y agitado, se presentó en pijama. No hubo negociación alguna salvo para posibilitar el retiro de los mafiosos de la Nunciatura.

—Usted, eminencia —sugiero al cardenal Sandoval Íñiguez—, exonera a los obispos. Pero, ¿y los sacerdotes?

—Ellos, pobrecitos, no saben. No son como los periodistas, como usted, que andan picando piedra. Ni modo que les anden preguntando a quienes les dan limosnas si son narcos o no.

—Pero, quizá lo intuyen, eminencia, sobre todo si se trata de óbolos cuantiosos.

—Para ellos el dinero siempre lo provee Dios para canalizarlo hacia la caridad. De allí no pasan.

Es una tesis antigua que posibilita, sin agobio moral, convertir los recursos "malos" en "buenos" con el maquiavelismo característico de cuantos justifican el fin sin importar los medios.

—¿No ha sido la jerarquía católica demasiado blanda con los narcotraficantes, eminencia? Me pregunto si no sería conveniente, para zanjar la cuestión sobre las cercanías de los mafiosos con los ministros de culto, un pronunciamiento firme, incluso para excomulgar a los narcos a sabiendas del daño que causan.

—Pudiera ser —responde el cardenal Sandoval sin dar mucho énfasis a sus palabras. En la diócesis de Occidente, aquí en Jalisco, ya se aplica la pena de excomunión contra los secuestradores. Hay que endurecerse ante estos criminales.

—¿Los narcos o los secuestradores?

—Bueno, ya se comenzó con los secuestradores, expulsándolos de la Iglesia.

El cardenal Posadas, nacido en Yahualica, Jalisco, en 1943, ha visto transcurrir su carrera episcopal entre dos sedes con gran relevancia en la geografía del narcotráfico. Ordenado sacerdote en 1957, fue designado rector del Seminario de Guadalajara, luego de fungir como vicerrector por casi nueve años, en 1980; y con este cargo fue enviado, como obispo coadjutor, a Ciudad Juárez, en 1988, convirtiéndose en el segundo obispo titular de esta diócesis, tras el retiro de monseñor Manuel Talamás, en julio de 1992. Menos de dos años después retornó a Guadalajara como arzobispo.

–¿Va con frecuencia a Ciudad Juárez, eminencia? —inquiero a Sandoval Íñiguez.

–No he dejado de ir. Dos o tres veces al año.

–¿También a El Paso?

–Sí, también. Tengo buenos amigos por allí y me invitan con frecuencia.

–Cuando usted fue obispo de Juárez, el narcotráfico ya había sentado sus reales en la ciudad. ¿Qué recuerda al respecto?

–Algo escuchaba, de lejos. Bueno, sí sabía de las ejecuciones y todo eso. Recuerdo, por ejemplo, el caso del padre Madrigal, a quien asesinaron a mansalva de un balazo en la frente. Él vivía en una casita, por el rumbo de Zaragoza, con un matrimonio amigo. A lo mejor los esposos tenían algo que ver con el narcotráfico. Eso se dijo.

–¿Y el padre?

–Él no. Fue sólo una víctima de la cercanía con aquel matrimonio.

El 10 de diciembre de 1990, el sacerdote Guillermo Madrigal Arias y los esposos Lilia Sánchez y Rigoberto Betancourt fueron acribillados en su domicilio de Ciudad Juárez. El religioso llegó al hogar cuando los sicarios ultimaban a la pareja y fue rápidamente silenciado. Dos días después, la Policía Judicial del Estado de Chihuahua detuvo al presunto responsable de los hechos, el guatemalteco Juan José González Ordóñez, inscribiéndolo dentro del cada vez más contaminado clima de violencia. El obispo titular de la diócesis, todavía en esos días monseñor Talamás, hizo enérgicos pronunciamientos al respecto:

–Está creciendo en Juárez —dijo— la falta de respeto a la vida humana. Y no queremos sólo enfatizar el crimen contra el padre Madrigal, porque no estamos privilegiando ningún caso, sino también los asesinatos de los esposos Betancourt y todos los demás.

Explicó el obispo, además, que de acuerdo con los informes periodísticos a lo largo de 1990 se habían provocado 855 muertes violentas por ejecuciones o "accidentes" prefabricados. La alerta estaba encendida y así la dejaron bajo el imperio de la impunidad.

–¿Qué fue lo que usted vio y vivió en Juárez, eminencia? —retomo el diálogo con el cardenal Sandoval.

–Un muy serio desfasamiento cultural. Poco a poco noté que hasta la feligresía le daba más importancia al Día de Acción de Gracias, una costumbre anglosajona, que al aniversario de la Virgen de Guadalupe.

–Pero también se palpa un más acendrado nacionalismo, eminencia, entre los juarenses más arraigados.

–Es cierto. Y existe una razón histórica. Desde el Paso del Norte se organizaron las avanzadas para colonizar Texas, Colorado, Arizona y Nuevo México. Los misioneros salían de Paso del Norte, de lo que es hoy Juárez, para ampliar sus deberes apostólicos. Y los misioneros fueron siempre mexicanos mártires.

–Y luego los texanos hasta se quedaron con el nombre de la ciudad.

–Así es. El Paso actual se llamaba Franklin y cuando se decide bautizar a Ciudad Juárez con este nombre, ellos se apoderan del antiguo. Y allí comienza la paulatina desintegración cultural.

Sandoval Íñiguez no es hombre que mida sus expresiones. Más bien no se detiene en prejuicios ni en valores entendidos. Da la impresión de que le agrada polemizar aun a sabiendas de comprometerse con versiones incómodas que pueden encender los ánimos de otros. Seguro de sí, enérgico al hablar, sabe también atajar las provocaciones:

–¿La violencia en Juárez tiene un origen misógino, eminencia?

–No —responde, seco. En parte va con el narco. Todo eso de los asesinatos de mujeres tiene que ver con la exaltación desmedida de la pornografía, de eso que llaman el sexo duro, de los videos sucios que exaltan la vileza humana, con determinadas características para halagar a los viciosos.

–¿Los narcos proveen de estos elementos?

–Puede que sean los operadores. Hay mucha complicidad en esto. Fíjese, en alguna ocasión la policía de Juárez hizo un experimento. Prepararon a un agente joven, de buen ver, para que se hiciera pasar por un seductor. El plan era que invitara a subirse a un coche último modelo a las mujeres que viera. ¿Y sabe una cosa? De cincuenta muchachas, aceptaron treinta y ocho. ¿Qué le parece?

61

–Usted dígame, eminencia.

–Que hay una considerable pérdida de valores. Por aquí debemos empezar.

En los primeros meses de 2002, el cardenal Juan Sandoval Íñiguez fue acremente señalado, a la par que el empresario José María Guardia López, amigo muy cercano del religioso, por presuntas vinculaciones con el narcotráfico. El exprocurador general de la República, Jorge Carpizo MacGregor, nacido en Campeche y doctor en derecho constitucional, utilizó el mismo argumento para intentar minar la postura del prelado respecto de sus dudas razonables sobre el asesinato de su predecesor, monseñor Posadas Ocampo, sin aceptar la tesis oficial sobre una confusión provocada por el alocado enfrentamiento entre dos bandas de narcotraficantes, la de los hermanos Arellano Félix y la del sinaloense Joaquín Guzmán Loera, el Chapo.

El 19 de junio de 2002, cuatro exprocuradores más, Diego Valadés del Río, Humberto Benítez Treviño, el panista Antonio Lozano Gracia —primero de tal filiación en incorporarse a un gabinete presidencial, el del doctor Ernesto Zedillo Ponce de León— y Jorge Madrazo Cuéllar, se sumaron a la tesis de Carpizo quien, además, la divulgó en un libro, *Asesinato de un cardenal* (Nuevo Siglo, Aguilar, 2002), en contraposición a otro, *Sangre de Mayo* (Oceano, 2002), de Héctor Moreno Valencia y José Alberto Villasana, prologado por el propio cardenal Sandoval Íñiguez, en el que se consolidan las acusaciones sobre la cómoda negligencia oficial y las sospechas acerca de que el crimen pudo ser confluencia de una conjura política.

El 28 de mayo de 2003, el agente especial del FBI, Hardrick Crawford, radicado en El Paso, negó, enfático, cualquier implicación del cardenal Sandoval y el empresario Guardia López con el narcotráfico. Y fue a más cuando aseguró, de acuerdo con una nota del *Diario de Juárez*:

–La sola mención de estas dos personas y su supuesta relación con el crimen organizado coloca en riesgo mi reputación y la de la agencia (el FBI).

Meses después, el agente Crawford fue separado. El cotidiano *El Paso Times* aseguró que la decisión se había dado "abruptamente". El licenciado Eduardo Salmerón Díaz sobre el particular me envió un mensaje, por la vía cibernética, en estos términos:

Ahora se sabe, y lo que nos falta por saber, que la esposa del agente Crawford trabajó como consultora ejecutiva del señor Guardia López en Ciudad Juárez. Trabajar no es un delito, pero cuando existen riesgos tan finos en una relación de trabajo de este tipo es mejor no arriesgarse porque la gente se puede confundir.

El licenciado Salmerón Díaz concluye, sarcástico:

Una cosa es clara: el cardenal Sandoval Íñiguez está en el ojo del huracán desde hace tiempo y ojalá que, por el bien de la institución que representa, los rumores de sus supuestas relaciones con personajes relacionados con el crimen organizado no pasen de eso. Recomendaría que la Iglesia tuviera compasión de él, y de ella misma, y le dieran (al prelado) varios años sabáticos en algún lugar muy alejado de la civilización y de las tentaciones mundanas, que se eligiera alguna ciudad donde el crimen organizado no opere a sus anchas como (sí ocurre) en Ciudad Juárez o Guadalajara, lugares por coincidencia, pura y santa por supuesto, donde en la última etapa de su vida eclesiástica le ha tocado predicar el Evangelio a nuestro querido cardenal Sandoval.

Por el amplio pasillo colonial que comunica las antiguas instalaciones de la casona de Tlaquepaque, en donde habitaban los responsables de la arquidiócesis de Occidente antes de construirse el moderno edificio al otro lado del predio, con el luminoso comedor, abierto hacia el jardín, un bronce del cardenal Sandoval Íñiguez saluda a los visitantes. Por las paredes cuelgan dos fotografías del prelado: una con el papa Wojtyla y otra con la madre Teresa de Calcuta. Y siguiendo la ruta hacia el refectorio, observamos sendos óleos de la francesa Santa Teresita del Niño Jesús y del padre Pío, el monje capuchino milagroso.

En la parte central del corredor destaca el escudo del cardenal con su lema que es, en sí, un símbolo: *Servus*.

—Una síntesis, eminencia, muy apretada —le digo a monseñor Sandoval señalando al blasón. Usted sería un buen "cabeceador" de diarios. Servus como decir, simplemente, siervo.

63

–Es mejor interpretarlo como "servidor", para que no suene muy peyorativo —explica el cardenal.

–Sin duda, un mensaje con gran acento político, eminencia.

Sonríe Sandoval Íñiguez pero no abreva en la insinuación. Antes de centrarse en nuestra conversación, despacha presuroso al enviado de una nueva parroquia quien le extiende una invitación. El cardenal eleva ligeramente el tono para que todos a su alrededor escuchen:

–Cada semana me piden que abramos tres o cuatro parroquias más. Y luego se quedan solas. Y es que en el campo no hay nada que hacer por falta de recursos, de insumos, de apoyos del gobierno. Luego algunos se preguntan el porqué del éxodo hacia las ciudades.

Una de las discretas, eficientes hermanas, le ofrece al cardenal el auricular para que responda a una insistente llamada telefónica:

–Es René, desde Culiacán, eminencia.

Sandoval se aleja unos pasos, hacia el patio desde el que le cubren los sostenidos chillidos de cuatro pericos, entre ellos el ya muy conocido Sócrates, favorito del prelado y quien, casi siempre, desayuna como un comensal más. A la distancia vemos sonreir al cardenal, afable, gesticulando afirmativamente. Unos instantes después, vuelve a la plática.

–La miseria en el campo, eminencia, me hace reflexionar —apunto— sobre la ruinosa clandestinidad en la que se desarrolla el tráfico de estupefacientes. Ruinosa por los costos humanos y la complicidad de tantos sectores, especialmente el aparato gubernamental. ¿Usted se inclinaría por la legalización del consumo de drogas para desmantelar los cuadros de la violencia?

Sandoval no duda al responder:

–No, de ninguna manera. Sería como darle una pistola a un niño.

–¿Se extendería la drogadicción, entonces?

–No sería moral y sí muy peligroso. Es muy fácil enganchar a los inocentes. Por eso los "puchadores" siempre ofrecen la primera dosis gratis; después, los "clientes" la piden con desesperación. ¿A dónde iríamos a parar?

–Quizá, eminencia, se desarticularían las bandas al reducirse los costos...

–Qué va. Con un producto más barato el mercado se ensancharía. Resultaría contraproducente.

El cardenal parece dubitativo. Reflexiona en silencio, sin dejar de mirar a sus contertulios. Como si, de alguna manera, los psicoanalizara para conocer sus intenciones. Bueno, cuando menos las del escritor.

–Me quedó una duda, eminencia.

–Pues que no le quede ninguna. Dígame.

–Cuando le visitó la madre de los Arellano Félix, ¿como religioso usted los perdonó?

–Se lo dije a ella: el perdón lo daría si dejan de ser narcos.

Muy serio, el cardenal Sandoval desvía el rostro, apartándolo brevemente de la controversia incómoda, sin eludirla. Como un respiro, diríamos.

–Hábleme de Ciudad Juárez, eminencia.

–Le voy a decir lo que me gusta y lo que no me gusta de Juárez. Me gusta la gente y el invierno; no me gusta el calor y el polvo.

Otra vez los profundos contrastes. El clima extremoso y la paradoja de ser servidor de la gente entre el polvo que levanta la miseria, la rodea y la asfixia.

–¿Y la violencia, eminencia?

–Los de Juárez no tienen la culpa de ella. Han sido invadidos por quienes vieron la posibilidad de colocar sus mercancías, buenas y malas, en Estados Unidos. La ciudad se convirtió en una especie de puerto hacia el gran país del consumo. ¿Usted sabe cuándo comenzó a desarrollarse a gran escala el narcotráfico? Durante la guerra de Vietnam.

–En Sinaloa, eminencia, aseguran que comenzaron a expandirse los cultivos de amapola y mariguana por causa de la demanda estadunidense en el fragor de la segunda guerra mundial. Los soldados la necesitaban y así florecieron los plantíos en Badiraguato, la capital de la mariguana. Hay quienes la nombran Mariguanato.

–Ahoya yo soy quien le pregunta a usted —replica el cardenal Sandoval—, ¿cuándo se va acabar con el narcotráfico?

–Quizá sólo cuando hipotéticamente deje de ser negocio —respondo con poco convencimiento.

–Más fácil: cuando Estados Unidos y Europa consideren que es un riesgo serio para su supervivencia. ¿O vamos a creer que las potencias, de verdad, no saben en dónde están las drogas y cómo reducirlas?

–Usted, eminencia, vio crecer el fenómeno en Ciudad Juárez desde su llegada.

–Es un decir. Más bien en esos tiempos ni la prensa hablaba mucho de los narcos y los carteles. Hasta que comenzaron las ejecuciones.

Está claro que sin destinatarios no habría tráfico de estupefacientes. También que sin la cercanía con Estados Unidos, el gran consumidor, Ciudad Juárez, no habría crecido, en los últimos tres lustros, al amparo de los carteles. Una urbe para migrantes y para el espejismo de lo que se entiende como el éxito: la acumulación de posesiones para señalar cuánto se vale.

～

Recuerdo la conversación que sostuve, en El Paso, claro, con Diana Washington Valdez, reportera de *El Paso Times*, a quien su periódico comisionó, en 2002, para escudriñar las razones de la violencia incontrolable en Ciudad Juárez. Desde que concertamos nuestro encuentro intuí el valor de las distancias, las fronterizas también:

–Tendrá que ser aquí, en El Paso. Yo no voy a Juárez. No, desde julio de 2004.

–¿La han amenazado?

–De eso no voy a hablar por ahora. Necesito tenerle alguna confianza.

La señora Washington, maestra e investigadora —hasta la fecha mantiene su cátedra en la universidad local—, de mediana estatura, morena, delgada, con rasgos indígenas y una abundante cabellera que se extiende hasta la cintura, casi nunca deja aflorar una sonrisa; si acaso un esbozo cuando la plática fluye hacia la ironía o lo grotesco. Es seria y le gusta serlo. Acudo a verla porque, tiempo atrás, leí una síntesis de su obra *Harvest of Women* o *Cosecha de Mujeres* (Oceano, 2005) en la que, entre muchas revelaciones macizas, plasmó lo siguiente:

> Las investigaciones mexicanas federales contienen relatos de oficiales y otras personas que facilitaban orgías donde se ultrajaba a mujeres que aparecían muertas después. Los investiga-

dores dicen que algunas de esas personas también participaban en los asesinatos. Entre los apellidos que funcionarios estadunidenses y mexicanos conocen de personas que supuestamente podrían saber de los hechos o podrían estar involucrados están: Molinar, Sotelo, Hank, Rivera, Fernández, Zaragoza, Cabada, Molina, Fuentes, Hernández, Urbina, Cano, Martínez, Domínguez y otros.

–¿Cómo se observa desde El Paso cuanto sucede en Ciudad Juárez? —le pregunto.

–Con alarma. No se puede creer lo que pasa allí.

–¿Qué es, en concreto, lo que causa esa alarma, Diana?

–Las sospechas que existen sobre policías y políticos de allá, la falta de voluntad para esclarecer los asesinatos de mujeres, la impunidad. Insisto: la falta de voluntad, no de capacidad.

–¿Se siente usted más segura en El Paso?

–Por supuesto. Aquí no llegan los ejecutores.

–¿No hay casos de feminicidios del lado estadunidense?

–Algunos. Recuerdo a Carylin Martínez, paseña, a la que matan en Las Cruces, muy cerca de la Universidad de Nuevo México. Su cadáver fue encontrado en el desierto, varios meses después de su desaparición.

–¿Entonces, Diana, no estamos ante un fenómeno exclusivo de Ciudad Juárez?

–La diferencia es que aquí se detuvo y sentenció a los culpables: uno estadunidense y otro "gabacho" —de origen mexicano pero avecindado en Estados Unidos. Hubo otro caso, en 2002; el de una universitaria.

Me detengo en este punto. En México también se ha señalado a varios presuntos responsables —ya hablaremos de ellos—, sin que la sociedad se dé por satisfecha. Al contrario: cuando alguien es confinado surgen más y más interrogantes. En Estados Unidos, en cambio, los expedientes se cierran en cuanto terminan los juicios respectivos. No hay nada más. El asunto, por supuesto, tiene que ver con la credibilidad.

Fue, entonces, cuando inquirí a la diestra reportera:

–¿De verdad usted cree que de este lado, en Estados Unidos, no funcionan los carteles?

La señora Washington exhala un suspiro, quizá incómoda, y apenas susurra la respuesta:

–Debemos entender que hay ciertos arreglos también. O permisos.

–Usted sabe que, en México, el discurso oficial siempre apunta hacia lo mismo cuando se trata de responder a las autoridades estadunidenses que levantan sospechas: ¿por qué nadie habla de las redes de distribución en el territorio estadunidense como si el tráfico concluyera en la frontera?

–Hay pactos también. La contaminación llega también a la DEA, al FBI. También aquí, en El Paso, se han registrado unos cuantos "levantones" (secuestros destinados a amedrentar).

–Pero estamos hablando de la segunda ciudad más segura de Estados Unidos. Dicen que sólo la supera Hawai.

–Lo que sucede es que la violencia no se proyecta a El Paso porque se quieren evitar broncas (los responsables). En México, sólo puede explicarse lo que ha pasado considerando que el cartel de Juárez es el consentido, el más protegido.

Deduzco, por tanto, que la protección no se diluye en la frontera sino, por el contrario, se hace más efectiva y discreta. El conductor del vehículo en el que me traslado no puede reprimir una sentencia después de nuestra primera charla con la señora Washington:

–¿A poco no puede alguien venir a El Paso para hacerle daño a esta mujer? No entiendo cómo se siente tan segura aquí si cualquiera puede cruzar el puente y encontrarla de este lado. Hay algo que no le quiere decir, ¿no cree?

El Paso, por supuesto, tuvo una perspectiva distinta. En el recuento histórico, la concatenación de los usos inmorales del poder, traiciones incluidas, amén de la ambición de los estadunidenses, fueron cauce amplio para la desintegración del territorio mexicano. En 1819, la Corona española, en franca retirada estratégica, cedió el territorio de Florida a Estados Unidos de América con la condición de conservar bajo su dominio la provincia de Texas. El espejismo duró apenas poco más de dos décadas: en 1845, Estados Unidos se anexó Texas, en 1847 invadió México y en 1848, bajo los auspicios del presidente James K. Polk, onceavo en la lista de los mandatarios de su país, se consumó el despojo al fijarse la nueva frontera, perdiendo México la mitad de su territorio mediando tan sólo una "indemnización" por quince millones de pesos.

Y fue El Paso la piedra angular para los límites territoriales. Así lo determinó el Tratado de 1848 para fijar una línea, desde este punto, que se extendiera hasta occidente a partir del río Grande. Cuando Benito Juárez llegó a esta frontera, en agosto de 1865, sólo le quedaba a México la denominación El Paso del Norte, que varió para honrar al Benemérito mientras Franklin, la población limítrofe, se convertía en El Paso. Casi todo se perdió, menos la esencia nacionalista.

Cruzo ahora el Puente Internacional Córdoba-Américas, al este de Ciudad Juárez, dejando atrás El Chamizal, la única porción de tierra que pudo recuperar México tras un siglo de negociaciones. El *freeway* de seis carriles amplios y el devenir constante de automotores con mucha mayor potencia de la que pueden utilizar por los límites de velocidad, desemboca hacia la 54 Street. Y de allí a la autopista federal número 10 que arranca desde California y desemboca en la Florida.

♌

—¿Y esa calle? —pregunto al conductor al leer la referencia.

—Es la que conduce al *downtown* —responde. Desde aquí se puede observar la visión que tienen muchos texanos sobre México: la colonia Anapra.

—La calle se llama Porfirio Díaz —retomo. Y es que aquí, en El Paso, el general-dictador fue recibido por el presidente William Taft en 1909.

—¿Ya ve? Aquí se acuerdan más de eso que de aquel lado. Aunque le voy a decir, también en Juárez hay una calle que se llama así, atrás de la antigua Central de Abastos.

Curiosamente no hay ninguna avenida que lleve el nombre del presidente Taft, abolicionista, quien además engendró una reforma agraria favorable para la comunidad negra que todavía enfrenta los rastros del racismo.

El "paraíso", visto así por quienes observan desde la miseria que desgarra por dentro y no permite la libertad, no es tal como lo pintan. También aquí el dolor de la pobreza es palpable aun cuando parece dosificado. Algunas covachas enmarcan el acceso flamante al corazón de la ciudad texana. Me detengo en ellas. Son los traspatios de una veintena de casas en hilera, humildes sí, pero no paupérrimas.

–No siempre las apariencias confirman la verdad —apunta nuestro conductor.

Llegamos a Main Street y nos encontramos con el primero de los edificios del primer cuadro. En la planta baja, una sucursal del American Bank; en los pisos subsecuentes, las oficinas del *Diario de Juárez*. Los propietarios son mexicanos, claro, y les alquilan a los banqueros de Texas. Bajo del vehículo y camino hacia el vestíbulo. No sé por qué, no me lo pregunten los lectores, me llena una sensación de orgullo contenido. Como si aquellos metros nos vindicaran a todos los que nacimos mexicanos, extendiendo nuestra cultura, y nuestras noticias, más allá de la línea divisoria.

La percepción, desde aquí, es diferente, desde un horizonte propio de cazadores. De los que vienen a cazar dólares para sostener a sus familias que se han acostumbrado a percibir el abandono como una migaja de liberación; y también de aquellos que, con la altanería de los poderosos, cazan seres humanos preservando su territorio para cerrar el círculo de la economía esclavista: ¡Cuánto ahorro por la contratación de mano de obra barata! ¡Y cuánta energía para perseguir a los indocumentados y así justificar a los patrones que pagan menos por desafiar, dicen, a la migra!

De esto converso, sin dejar que se nos escape un segundo, con Oswaldo Rodríguez Borunda, director del *Diario de Juárez*, triunfador —y con un buen capital atesorado— tras seis décadas bien vividas, con intensidad, en el vértice de dos culturas. Delgado, de rostro afilado y gesto siempre impaciente si bien cortés:

–Estoy a punto de realizar un sueño —me dice el editor. Voy a inaugurar el *Diario de El Paso*. ¿Y sabes para qué? Porque es necesario contar las historias que por aquí se soslayan: las de los inmigrantes mexicanos y las de los "farderos", tantas veces vejados y olvidados. Para ellos ha sido el silencio siempre; ya va siendo hora de que hablen también.

Desde su penthouse de El Paso, Rodríguez Borunda domina una perspectiva espléndida: a sus pies, la moderna ciudad estadunidense; y a lo lejos, como guardián de una soberanía siempre hollada, el lábaro tricolor mexicano ondeando desde el asta monumental, el único legado de la última administración federal priísta, la de Ernesto Zedillo.

–Cuando era niño —cuenta Oswaldo— siempre me gustó este edificio, uno de los primeros que se erigieron en la zona. Invertí y me fue bien y así pude adquirirlo.

Bajamos a la calle y me conduce, rumbo al sur, casi en el linde fronterizo, hacia los talleres de los que será el nuevo cotidiano. Una hectárea entera fincada ya con altos muros y una moderna fachada alberga a decenas de obreros, de origen mexicano por supuesto, que se esmeran en dejar las rotativas a punto.

–El jefe, mi hombre de confianza, tiene conmigo más de treinta años —abunda Rodríguez. ¿Qué te parece?

Las instalaciones están listas. Incluso una sala con aparatos sofisticados para enlazar, por radio, a los diarios hermanos. Espacios abiertos, amplios.

–¿Sabes una cosa? —interroga el editor y él mismo contesta. La competencia, *El Paso Times*, sólo comenzó a publicar notas sobre Juárez cuando la curiosidad mundial cayó sobre los asesinatos de mujeres. Hace dos años cuando mucho. Antes, no existíamos para ellos.

–¿Y cuál es tu percepción sobre el fenómeno?

–¿El de las mujeres? Pienso que muchos han hecho negocio exagerando los escándalos.

–Hay casi cuatrocientos cadáveres, Oswaldo. No es un asunto menor, creo. Y se menciona a miles de desaparecidas.

–Mira: la violencia urbana no es exclusiva de Juárez. Si hacemos una radiografía superficial, considerando una población de un millón en Juárez y de medio millón en El Paso, la distancia no es tanta. Trescientos veinte crímenes contra mujeres en doce años allá contra, aproximadamente, unos cincuenta homicidios en El Paso. La desproporción no es tanta como se ha manifestado. Pero la atención mundial está puesta sobre nosotros.

Las cifras no son exactas. Cada organización no gubernamental, cada agencia investigadora, cada instancia policiaca, cada periódi-

71

co, maneja los números a su entender o según sus intereses y tendencias. Las listas son tan poco precisas que se ha enjuiciado a presuntos culpables a pesar de que los cuerpos de las víctimas no han sido plenamente identificados. Es parte del drama social.

–¿Y cómo han reaccionado los competidores, Oswaldo?

–Muy mal. Quizá esperan que demos un traspié porque las reglas por aquí son muy rígidas. Preguntan cómo hemos podido invertir, insinúan sobre conexiones subterráneas. Pero no dicen más, no demuestran nada y optan por no publicar cuanto asumen de palabra.

Regresamos al *downtown*. Y de allí camino, deseoso de capturar la añeja atmósfera de una ciudad construida casi al estilo del viejo oeste —la leyenda de Billy the Kid abre el fuego de su historia y las Colts .44 forman parte del legado—, sobre Mills Street. Llego a la Plaza de los Lagartos, nombrada así porque, hasta la década de los cincuenta, un par de estos reptiles solían distraer a la chiquillería. Me pesa mucho confesar que alguna vez los vi. Cuestiones de la edad. Ahora sólo el monumento abre las fauces mientras en las bancas descansan dos decenas de compatriotas.

–Es curioso —le digo al conductor que me acompaña por el recorrido peatonal—, en San Miguel de Allende, que es fragua de la Independencia nacional según recuerda el eslogan local, los que descansan en la plaza principal, frente a la gótica parroquia, son estadunidenses jubilados que han integrado allí su segunda colonia más numerosa, en el centro de México. A cambio, los mexicanos les ganamos sus espacios en El Paso.

Entro al vestíbulo del Camino Real y la sorpresa aumenta. Ni un rincón queda libre bajo los auspicios de The Gallery que renta un local interior. Tres coloridos retratos, de 90 centímetros, exhiben a tres figuras emblemáticas: Emiliano Zapata, Martin Luther King y César Chávez, guía moral de los chicanos. Son obras de Wilfredo Cabrera y están tasadas entre diez y doce mil dólares. Y junto a éstas, una decena de litografías de Dalí, Picasso, José Luis Cuevas, compiten con un dibujo a lápiz del Doctor Atl y sendos óleos de Diego Rivera y Raúl Anguiano. ¿Los precios? Hasta 45 mil dólares. Una visión más intensa que la de un museo.

Como no accedo al nivel de los compradores me conformo con ir al bar Duomo, bajo una cúpula recargada de vitrales exquisitos. Ahora sí estamos en el primer mundo de la mano del capital mexicano. ¿No es esto magnífico? Y allí me encuentro, por segunda vez, con Diana Washington.

–La composición de El Paso ha cambiado —me dice la señora Washington. Ahora estimamos que 80% de la población está integrado por migrantes mexicanos. Y algunos ya tienen posiciones de liderazgo.

–Son otros tiempos, desde luego. Todavía recuerdo mis paseos infantiles por acá y la discriminación que se vertía sobre los avisos de las cafeterías y las tiendas, negándoles la entrada a los mexicanos.

–Así fue. Y no olvide que también por aquí hubo grandes movilizaciones del Ku-Klux-Klan a favor del poder blanco. Las cruces se encendían con fuego todos los días. Allá, por la década de los cincuenta, los mexicanos no sumaban más de la mitad de la población.

–Algunos rescoldos racistas quedarán.

–No, porque ahora los mexicanos son mayoría. Recuérdelo.

Diana medita cada respuesta y mueve la cabeza impulsándose hacia delante, ganando seguridad.

–Dígame usted, Diana, ¿por qué se ha dado esta ambivalencia, distorsionadora, entre las autoridades de Juárez y las de El Paso? Lo digo porque, en realidad, la impunidad no se queda en la ribera sur del Bravo.

La señora Washington, quien no quiso hablarme de su familia por razones de seguridad, palmea ligeramente antes de animarse a deslizar una tesis peligrosa:

–Coincido —me dice con voz muy baja— con un autor francés que aventura una posibilidad: quizá se dio un acuerdo secreto, binacional, entre las familias más poderosas de Juárez y el gobierno estadunidense para que no tuviesen mayores problemas para pasar la droga hacia el territorio estadunidense.

–¿A cambio de qué, Diana?

–Bueno, se dice que fluyó ayuda muy importante, fondos millonarios, hacia las guerrillas desestabilizadoras.

La CIA, desde luego, sabe de estas cosas. De los "contras" de Nicaragua, por ejemplo, y de tantas aventuras transnacionales.

73

E

Asevera el investigador Pedro V. Siller Vázquez, catedrático de la Universidad Autónoma de Ciudad Juárez:

"Los lazos familiares permiten a los políticos situarse en un bando y otro según les convenga. Y en Chihuahua tales vínculos han sido muy fructíferos."

Siller, incisivo y dinámico, de pensamiento claro y sentencias cortas, cincuentón y casi calvo, dispuesto por entero al debate de cuanto en el pasado tiene relevancia para entender el presente, abreva en uno de los grandes mitos sobre el poder en la región:

A principios del siglo XX se decía que don Luis Terrazas Fuentes era propietario de la mitad de Chihuahua. Otros aseguraban que sus heredades se extendían a nueve millones de hectáreas —entre las veinticuatro millones que integran el estado gigante. Desde luego fue el mayor terrateniente de su tiempo y la Revolución maderista le perdonó.

La Enciclopedia de México precisa que los territorios del gran latifundista llegaron a sumar dos millones 580 mil hectáreas. Un país dentro de otro si bien no podía exclamar que en sus dominios no se ocultaba el sol, como advertía Carlos I de España con la sed insaciable de los conquistadores. En los suyos, eso sí, podría invocarse la lucha social como sustento de progreso sin necesidad de justificar ideologías. De hecho, don Luis, nacido en Chihuahua en 1829 y muerto allí mismo casi un siglo después, en 1923, fue un notable anfibio de la política y de la guerra, fiel a Juárez y a los liberales de entonces e incluso opositor al general Porfirio Díaz quien, sin embargo, lo respetó durante las tres décadas de su paternal autocracia.

Nemesio García Naranjo, pensador brillante si bien estigmatizado por haber fungido como secretario de Educación bajo las órdenes del Chacal Huerta en 1913, sintetizó la paradoja de esta manera:

Parece una ironía tremenda, pero los generales Díaz y Terrazas, que se habían beneficiado con el distanciamiento, se perjudicaron recíprocamente con la reconciliación. ¿Por qué? Sencillamente, porque las responsabilidades políticas de la dictadura fueron cargadas en la cuenta de don Luis, y las responsabilidades del latifundismo exagerado y absorbente, fueron anotadas en la contabilidad histórica de don Porfirio.

Sin la amalgama de dos familias emblemáticas, los Terrazas y los Creel, herederos de los primeros, la conformación social, política y económica de Chihuahua no sería como hoy la conocemos. Don Luis, varias veces gobernador, lo mismo bajo el juarismo que durante el porfiriato, legislador en repetidas ocasiones y estratega militar que alternó sus mayores fracasos con exultantes victorias, fue lo mismo patrón y benefactor, altruista y acumulador de riqueza, combativo y gregario, vanguardista en la aplicación de leyes sociales y comerciante ambicioso. Y don Enrique C. Creel Cuilty, yerno de don Luis, nacido en 1854 también en Chihuahua, no le fue a la zaga en cuanto a riquezas y espíritu emprendedor. Dos hombres y sus circunstancias paralelas en medio de una Revolución que apenas alteró el curso de la historia.

García Naranjo, bajo la fascinación de Chihuahua como centro neurálgico de pasiones y encuentros que perfilaron al México contemporáneo, explica:

¿Por qué la insubordinación en Chihuahua fue la única que prosperó? Por la sencilla razón de que en aquella vasta extensión territorial, las asperezas de la sierra, la población escasa y la falta de caminos, ponían a los descontentos en situación de esquivar fácilmente los golpes de la dictadura. Por otra parte, los hombres del norte, aunque menos cultos y refinados que los mexicanos del centro y del sur, son de más voluntad y acción, y persistieron más que los otros antigobiernistas en el movimiento de rebelión.

Los vínculos familiares fueron, además, definitorios. Contra la superficial creencia de que el llamado de Madero a la emancipación surgió del imperativo de repartir con justicia la tierra, se evidencia una realidad insoslayable: Madero, el revolucionario, también fue terrateniente y jamás alzó el acero frente a Terrazas aun cuando éste optara

75

por el refugio del autoexilio, en Estados Unidos, mientras pasaba el fragor de la insurrección. Pero ni él, ni los suyos, ni sus vastas propiedades, fueron afectados.

"Cuando Madero funda el Partido Antirreleccionista —cuenta el historiador Siller—, quienes le organizan la primera cena para recaudar fondos y destinarlos a su campaña proselitista, son los Zuloaga, descendientes del abigarrado general Félix María."

Anfibio también, Félix María Zuloaga, nacido en Sonora en 1803 pero avecindado en Chihuahua desde niño, lo mismo defendió en 1841 a Antonio López de Santa Anna, el dictador a cuyo saldo final se adjudica la pérdida de la mitad del territorio mexicano, que combatió a los conservadores. En 1858 fue designado presidente interino de la República si bien al consolidarse los liberales fue perseguido al involucrársele en el asesinato del prócer Melchor Ocampo. Luego buscaría pactar con los franceses invasores durante el llamado Imperio de Maximiliano de Habsburgo.

Cuenta la historia que el interinato de Zuloaga, en un México hondamente dividido, se dio a la par con la asunción de Juárez a la Primera Magistratura, en diciembre de 1857, luego de la torpe maniobra de Ignacio Comonfort, presidente en funciones, quien abrogó la Carta Magna desconociéndose a sí mismo. Comonfort, compadre de Zuloaga, fue protagonista, de hecho, de un autogolpe de Estado que bifurcó la vida institucional del país. Por una parte, Juárez y los liberales, siguiendo el mandato constitucional, accedieron a la jefatura del Estado; por la otra, Comonfort y Zuloaga pretendieron armar un gobierno paralelo.

Zuloaga fue llamado el Rey de las Burlas por su propensión a caer en las trampas que le tendían. Y también le endilgaron otro apodo, Cinco de Oros, dada su empedernida afición a la baraja. Católico devoto, obligaba a sus ministros a oír misa todos los días antes de iniciar las audiencias del día. Sus biógrafos, Alejandro Rosas y Juan Manuel Villalpando, en su obra *Los presidentes de México* (Planeta, 2001), narran lo siguiente:

Quiso volverse un hombre popular explotando los sentimientos religiosos de los habitantes de la ciudad de México, de modo que concurría con frecuencia a las funciones de iglesia; visitaba a menudo a la Virgen de Guadalupe y comulgaba en público.

El cartabón, con el hálito de los conservadores de hoy en día, no ha variado gran cosa. Tampoco la fórmula aristocrática para asegurarse, armando nexos familiares, los controles del poder sin detenerse a causa de periodos y ciclos extintos. Zuloaga fue un experto en esta materia y logró estrechar vínculos con don Luis Terrazas:
"A Félix María —resume el historiador Siller— le bastaba con acercarse a uno y otro clan, los Terrazas o los Madero, para garantizar su propia permanencia."
La historia se encierra, no pocas veces, en los acuerdos suscritos en la intimidad. En ciudades pequeñas, es cierto, se facilitan los vasos comunicantes. Todos se conocen y es ciertamente menos complejo estructurar, a conveniencia de los intereses económicos, los árboles genealógicos y los currículos políticos.
Con dinero de los Zuloaga —agrega Siller—,

se financia el levantamiento de Francisco Villa contra Pascual Orozco en 1912 y luego, tras el asesinato de Madero en febrero de 1913, el movimiento constitucionalista que derrocó a Victoriano Huerta, el usurpador.

Por supuesto, hay compensaciones y de gran importancia. Cuando brotó la rebeldía y México despertó del letargo porfiriano, larga etapa caracterizada por la sumisión de los débiles y el afrancesamiento de la alta sociedad, los revolucionarios pagaron sus facturas pendientes:
"Villa, dueño del norte del país a partir de 1912 y hasta 1916, no toca siquiera las haciendas de Zuloaga ni ejecuta a Luis Terrazas Cuilty luego de aprehenderlo."
El hijo de don Luis era, en sí, un símbolo de cuanto el movimiento emancipador se proponía combatir: el acaparamiento de tierras y riquezas en detrimento de miles de familias reducidas a la servidumbre. Fusilarlo habría sido un acto de coherencia de acuerdo con los criterios de entonces reducidos por la violencia. No había lugar para la filantro-

pía política en el espíritu bravío de un antiguo gavillero redimido por la lucha social. Y, sin embargo, Villa perdonó al catrín, al junior.

Tampoco Madero rompió el orden constitucional, una consecuencia natural de los movimientos revolucionarios. Tras la toma de Ciudad Juárez y la casi inmediata renuncia del general Porfirio Díaz, asumió la titularidad del ejecutivo el abogado Francisco León de la Barra, cuyo interinato de menos de un semestre, entre mayo y noviembre de 1911, sirvió para la convocatoria a elecciones constitucionales que modificaron el perfil político del país con la asunción del caudillo. Fue un tránsito institucional aun cuando la gesta emancipadora fundamentara su razón de ser en el exilio voluntario del dictador.

Lo anterior converge hacia los desencuentros entre Villa y Orozco, nombrados así considerando su peso histórico más que la jerarquía militar ostentada en su época, cuajados ambos a la vera de don Abraham González Casavantes, descendiente de una familia adinerada de Ciudad Guerrero, en donde nació en 1865, pero venida a menos mientras se cimentaba el cacicazgo de los Terrazas. Quizá en este antecedente recala la fuerza de la convocatoria revolucionaria de González a quien Madero comisiona para fundar el Partido Antirreleccionista del que fue presidente. Luego, don Abraham sería el mayor impulsor del maderismo y gobernaría Chihuahua en tres distintas etapas, como mandatario provisional, interino y finalmente constitucional. Murió asesinado pocos días después del sacrificio de Madero en febrero de 1913.

Horas después de la toma de Ciudad Juárez que, como ya hemos dicho, resultaría definitiva para finiquitar el gobierno porfirista, Orozco, secundado por Villa, entonces su subordinado —don Abraham fue quien invitó a Pancho para que se sumara a la cruzada revolucionaria redimiéndolo de su vida de cuatrero—, plantó cara al caudillo Madero reclamándole por no haber mandado a fusilar al general Juan J. Navarro, a cuyo cargo había estado la plaza conquistada, de acuerdo con el subversivo Plan de San Luis que advertía cuál sería la suerte de los militares que ejecutaran a los revolucionarios. Y, para el caso, sobre la conciencia del general Navarro pesaba la ejecución de un tío de Orozco, Alberto de nombre.

Además, Villa y Orozco le exigieron, de una vez, los pagos atrasados para la tropa que comenzaba a inquietarse. Madero, furioso, destituyó a Orozco luego de que éste se ostentara como "el jefe militar" de la insurrección y le dijo, de acuerdo con la versión del investigador Siller (*Materia de sombras*, Cuadro por Cuadro, 2001):

> ¡Pero qué jefe de la Revolución es usted! No, no. Mire, Pascual: la Revolución la he hecho yo[...] y a mi familia le ha costado todo. Usted no es más que uno de mis soldados.

Para finiquitar la cuestión, Madero giró un cheque respaldado por el City Bank de El Paso señalándole que contaba con algunos recursos adicionales, medidos, para mantener a su ejército de prolongarse el conflicto. También es un hecho que los pertrechos de los revolucionarios fueron adquiridos en "La Popular", la más concurrida tienda de El Paso. Los hilos conductores son obvios. Además, Madero solía pernoctar en el Hotel Sheldon, de la misma ciudad fronteriza, a donde se trasladaba todos los días después de dejar a sus mandos militares rodeando la histórica "casa de adobe" al pie de las mojoneras situadas entre Chihuahua y Nuevo México.

Villa creyó en Madero; Orozco, no. Y las sendas se bifurcaron. Pascual, el estratega, se situó del lado de la contrarrevolución y brindó su apoyo al Chacal Huerta apenas unos días después de los crímenes contra el presidente Madero y el vicepresidente José María Pino Suárez. Y Pancho lloró al pie de la tumba del caudillo luego de provocar la renuncia de Huerta y recuperar la ciudad de México.

Siller pone en labios de Orozco, más bien de su espíritu, la siguiente reflexión:

> De los ocho nombrados —en el gabinete de Madero luego de su entrada triunfal a la capital—, sólo teníamos noticia de que habían sido partidarios de la Revolución don Emilio y don Francisco Vázquez Gómez, a quienes les tocó Gobernación y Educación respectivamente, y el ingeniero Manuel Bonilla a quien dejaron en Comunicaciones. Los otros cinco provenían del antiguo equipo porfirista. Eran los mismos contra los que habíamos luchado y yo no hallaba cómo explicárselo a nuestra gente.

José Vasconcelos, maestro de América, plantea a su vez la gran paradoja de la Revolución:

La figura de Madero avergüenza a tantos que se sienten redentores, sin prejuicio de la ignorancia y la deshonestidad que los marca. ¿Cómo podrían aquellos que de la Revolución han sacado fincas en el campo, palacios en las ciudades, haberes en los bancos, mirar de cara la imagen de quien a la Revolución sacrificó fincas bien habidas, dineros ganados con el trabajo honesto?

Tras la lucha armada y la sangre derramada, la subasta económica. ¿Acaso fue el rencor lo que llevó a Abraham González a encender la hoguera con el propósito de combatir al cacicazgo de los Terrazas? Madero, al formar su gobierno provisional en Ciudad Juárez, sólo designó a González gobernador de Chihuahua cuando antes se comprometió a hacerlo vicepresidente. Al marginarlo de su gabinete en principio —luego lo llevaría momentáneamente a la Secretaría de Gobernación entre noviembre de 1911 y febrero de 1912, sólo cuatro meses—, el caudillo buscó la manera de conciliar el poder político, por él atesorado, con el poder económico que jamás dejó de estar bajo la férula de Terrazas.

No hubo, por tanto, un cambio radical sino una continuidad pulcramente matizada por los cronistas de la época cuya grandilocuencia premian los empeños de Madero y desdeñan sus ambiciones. Para eso, claro, requirió el paisaje chihuahuense, arrancado del desierto estéril por la tenacidad del emprendedor visionario, tanto como para sopesar los riesgos extremos de enriquecerse frente a la miseria de los demás, para justificar su epopeya, anunciar al mundo, a través de los diarios estadunidenses, la brillantez de su aureola, y luego asumirse pacifista para terminar protegiendo los intereses de los grandes capitales a los que había opuesto el fragor de los menesterosos.

El cacicazgo chihuahuense no le perdonó la osadía. De allí el patrocinio que los Zuloaga, ramificación de los Terrazas, brindaron a la asonada encabezada por Huerta y gestada por el embajador estadunidense, Henry Lane Wilson, digno antecesor de todos los intervencionistas, que confluyó hacia la barbarie y el fin del maderismo. La pauta fue dada por la ambición de unos, susceptibles de ser corrompidos, y las disponibilidades ilimitadas de otros, los financieros con manos ocultas.

De no existir ciertos resabios históricos, irreconciliables, entre el espíritu liberal y el alma conservadora de los mexicanos, siempre fluctuantes, Chihuahua podría ser nombrada Terrazas como otras entidades recogen el apellido de los héroes libertarios. ¿Por qué Coahuila no se llama Madero para así honrar al "apóstol" de la Revolución nacido allí, en la Hacienda del Rosario? Es posible que la explicación no sea otra sino la eterna disputa por los réditos, políticos y sobre todo económicos. La Independencia, alcanzada por México en 1810, fue otra cosa: la urgente consolidación de una nación amante de su libertad. La Revolución, un siglo después, significó la polarización entre familias de distinto signo, incluso confrontadas en el seno de cada una, alertadas y unidas por las ambiciones de largo alcance. Las diferencias políticas eran y son como las de los vecindarios, exaltadas siempre por la soberbia.

Las vertientes económicas llevaron a la administración del general Díaz a privilegiar la construcción de la red ferroviaria nacional como uno de los signos más evidentes del progreso. Y ello significó el auge económico de Chihuahua y, específicamente, el de los dueños de la tierra:

Por la vía Chihuahua-Ciudad Juárez-Madera —resume el investigador Siller, casi asfixiado por la ansiedad—,

se transportaban al día, nada menos, un millón de pies cúbicos de madera. Esto representaba unos cincuenta vagones cargados hasta el tope. Y desde El Paso seguía la ruta hasta llegar a Sydney, Australia, uno de los puntos más alejados del suelo mexicano.

El mundo entero, ilimitado, puesto al servicio de los terratenientes. ¿Quién podría osar arrollarlos, en tales circunstancias, sin ninguna garantía a futuro para sostener a un país desgarrado por la guerra? Habría sido tanto como negarle destino a una República en donde la estabilidad se entiende a partir del vasallaje. Sin la adormecida conciencia de los pueblos conquistados, sumisos como tales, la correlación entre los ricos todopoderosos y los pobres impotentes jamás habría desembocado en la formación de un país que entiende la libertad como simple aval de supervivencia aunque los desequilibrios sean hondos e injustos los horizontes para unos y otros por las dramáticas distancias sociales.

Por eso la Revolución se gestó en Chihuahua y se hizo grande como las extensas heredades de los Terrazas cuyas herencias siguen teniendo vigencia en el México de hoy, si bien con connotaciones más discretas y menos explosivas. En cualquier otro sitio el camuflaje no habría servido como tampoco sería efectiva la tremenda dualidad de quienes alzaron sus voces contra la opresión dejándose conducir, veladamente, por los intereses multinacionales prodigados entonces desde los miradores y las azoteas de El Paso. Sin esta estratégica conurbación, Madero sería tan sólo una anécdota.

¿Cómo pudo un solo hombre acaparar tantas tierras y labrar una incalculable fortuna bajo el incandescente sol del desierto? Si bien don Luis Terrazas Fuentes heredó de su padre, Juan José, criollo y aventurero, su afición por la ganadería y algunos caudales, el numen de su riqueza está en la acertada especulación visionaria. El escaso valor de la tierra en Chihuahua, atenaceada por las frecuentes incursiones de las tribus indígenas, como los apaches asentados en Nuevo México y Texas, y un gigantesco territorio casi despoblado, invitaba a extender heredades y sueños aventureros. Se pagaba poco por mucho y ello incluía la barata mano de obra de cuantos buscaban refugio para sus azarosas existencias.

Los Terrazas, además, fueron guerreros implacables contra las "hordas" salvajes y sus victorias acumularon, rendimientos al fin, seguridad para sus vastas heredades. Don Luis, a lo largo de sesenta años, compró y acumuló al grado de que sus propios capataces, al verlo recorrer sus tierras con planta de monarca, solían decir:

"No es que don Luis sea de Chihuahua; más bien Chihuahua es de él."

Y este personaje, habilidoso y maniobrero, de mente clara y espesa barba para acentuar su toque aristocrático, solventó con éxito los cambiantes vientos de la historia. Cuando Benito Juárez receló de él, dando oídos a quienes señalaban al cacicazgo como fuente de vasallaje y oscurantismo, fue liberal y leal a la causa hasta la muerte del Benemérito; y al estallar la Revolución maderista optó por trasladarse a El Paso y alquilar todo el piso superior del Hotel Sheldon, el mismo en donde pernoctaría el caudillo Madero durante los álgidos días de la toma de Ciudad Juárez, antes de comprar una mansión en el centro de la urbe. Con él, los grandes capitalistas chihuahuenses, sus socios los más, fincaron en un fraccionamiento residencial de Sunset Heights. La paradoja es que, de inmediato, los emigrantes bautizaron a una de las rúas con el nombre de Porfirio Díaz a quien Terrazas se había opuesto por defender a don Benito.

Los cruzamientos familiares, sin duda, posibilitan las mudanzas políticas. También las herencias, con las que se materializa la ilusión por la eternidad. No hay mayor tentación que la posibilidad de trascender a la propia época enlazando a varias generaciones. Y eso fue lo que logró Terrazas al señalar hacia Enrique C. Creel quien contrajo nupcias con Ángela, la sexta en la lista de los catorce vástagos de don Luis, tan audaz como él y forjado en la disciplina y el empeño.

Al igual que su suegro, Creel Cuilty fue varias veces diputado, representando a Chihuahua y a Durango en distintas ocasiones, y gobernador interino de la primera entidad, remplazando precisamente a su padre político en 1904, y más adelante con el carácter de constitucional para el periodo marcado por la insurrección, de 1907 a 1911. Hábil comerciante, pulcro diplomático —fue embajador de México en Estados Unidos, intérprete en el encuentro entre los presidentes Díaz y Taft y canciller en la fase final del porfiriato desempeñando este cargo de manera simultánea a sus tareas de mandatario estatal—, y empresario exitoso, Creel dio mayor brillantez a la estrella de los Terrazas.

De ese clan —apunta el investigador Siller— desciende Santiago Creel Miranda (secretario de Gobernación durante el periodo de Vicente Fox, de diciembre de 2000 hasta junio de 2005, con proyección hacia el futuro).

Creel Miranda, quien nació en la ciudad de México en diciembre de 1954, es bisnieto de Enrique C. Creel y de doña Ángela Terrazas Cuilty, hija de don Luis. Los vasos sanguíneos estrechan las historias como si el tiempo, en su recorrido a través de casi dos centurias, nos volviera a situar en el punto de partida: la conquista del poder bajo el peso de los legados insondables.

"Si yo pudiera decir donde se inicia el camino de la democracia en nuestro país —declaró Creel Miranda al *Diario de Chihuahua* en octubre de 1994 en su calidad de consejero ciudadano del Instituto Federal Electoral—, diría que se inició con la afrenta de 1986 en Chihuahua; luego seguiríamos con la afrenta de 1988."

Cifraba entonces el impulso democrático primigenio en la vigorosa batalla por la gubernatura entre el priísta Fernando Baeza Meléndez, tío de José Reyes Baeza Terrazas —gobernador de Chihuahua desde octubre de 2004—, y el panista Francisco Barrio Terrazas. Ninguno de los citados, por cierto, está emparentado directamente con el terrateniente emblemático ni con su descendiente Creel Miranda. La coyuntura planteada es parte de la larga crónica de encuentros y desencuentros en la cúpula del poder real. En cambio, los clanes se quedan.

Ahora los Creel poseen extensas nogaleras alrededor de Ciudad Jiménez, al sur de la capital chihuahuense, amén de proyectar y administrar parques industriales, y los Terrazas son los principales accionistas de Cementos de Chihuahua. Nada comparado con las fortunas de sus antepasados.

Los hilos conductores no terminan allí. Algunos de los descendientes del caudillo Francisco Ignacio Madero, inmersos en la permanente controversia de los tiempos modernos, han hecho carrera política bajo signos distintos: Francisco José Madero González, sobrino del revolucionario, fue gobernador sustituto de Coahuila en 1981, y Pablo Emilio Madero Belden, hijo de Emilio Madero González, hermano mayor del anterior, figuró como candidato del PAN a la Presidencia de la República durante los comicios federales de 1982. Todavía más: Gustavo Enrique Madero Muñoz, chihuahuense y sobrino nieto de don Francisco, preside —en 2005— la Comisión de Hacienda de la Cámara de Diputados a la que accedió como miembro de la fracción parlamentaria panista.

Las ramas se tocan entre sí y, al mismo tiempo, parecen bifurcarse al calor de las rencillas partidistas. Vicente Fox Quesada, al asumir la Presidencia de México en diciembre de 2000, luego de abanderar al PAN en una justa que tomó impulso por la convocatoria hacia un cambio estructural, manifestó su respeto por la figura del mártir Madero al tiempo que, con sigilo, los operarios de la residencia oficial de Los Pinos mudaban los cuadros del Benemérito Juárez hacia rincones menos visibles que los del despacho presidencial. Fue, entonces, cuando Santiago Creel optó por exhibir, en el antiguo Palacio de Covián, sede de Gobernación, el lienzo con la imagen de don Benito, retirado por órdenes de Fox, en un sitio de privilegio:

–Yo soy juarista —dijo, como si se tratara de una expresión de fe republicana sobre el fragor de la derecha victoriosa.

De nuevo los contrastes. Creel Miranda, de mediana estatura, ojos claros y cabellera y barba rubias, amante de la charrería y de los toros —en sus años mozos quedó subyugado por el arte de Cúchares—, ofreció sus buenos oficios como abogado para que Fox trabajara, justo a tiempo, en la iniciativa de reformas constitucionales destinadas a posibilitar a los mexicanos, hijos de extranjeros, su acceso a la primera magistratura. La injusta segregación, derivada de la eterna confrontación entre conservadores y liberales, pretendió atajar las ambiciones políticas de los descendientes adinerados de tantos inmigrantes con buena fortuna. Y para Santiago fueron las compensaciones: perdió la jefatura del gobierno en el Distrito Federal por apretado margen en 2000 pero fue designado responsable de la política interior de México, una condición cercana a la de jefe del gabinete presidencial aun cuando esta figura no existe en la legislación mexicana.

Hombre de sentencias cortas y estrategias de largo alcance, una especie de corredor de fondo de la política que sólo se impacienta en los metros anteriores a la meta, Santiago Creel redime los claroscuros de sus antepasados, y los de la historia, cuando observa las derivaciones amargas de una democracia bisoña y como tal susceptible de sufrir purulencias engañosas:

–En México —me dijo en marzo de 2004—, el gobierno conspira contra el cambio.

Significaba con ello la ineficacia de los contrapesos por las resistencias sectarias, viscerales las más. Sin embargo, en una nación que se pretende plural, ¿no son más saludables las diferencias partidistas que las coincidencias lacayunas? Pese a ello, el alto funcionario, con evidente proyección a futuro, observa el hecho, nada menos, como una especie de conjura dispuesta para hacer abortar a un régimen ayuno de resultados, descompuesto por la impericia política y voluble al extremo de proponer un cambio y luego incordiarlo, en los hechos, con la consolidación de la continuidad financiera.

Escucharlo fue como tomarle el pulso a un presente que no se desliga del pasado. Y no puede haber separación porque los vínculos comprometen y entrelazan a los actores de hoy con los intereses de ayer. De allí la clave para intentar comprender la geopolítica chihuahuense y dentro de ésta la de Ciudad Juárez. Él mismo, heredero de

85

los mayores capitales del norte del país, cobijado bajo los signos de la redención social que no llega prolongándose la aureola de las apariencias, es prueba fehaciente de las contradicciones. ¿No fueron derrotados los latifundistas? ¿Y después de ellos los posrevolucionarios corrompidos? ¿Cómo ahora se plantea la vuelta a los orígenes sin que, en ningún momento, los grupos dominantes hayan sido llamados a cuentas?

La paradoja se explica, como toda la larga crónica del México independiente —¿lo ha sido, de verdad, alguna vez?—, por la persistencia de quienes labraron fortunas y poder sin perder de vista las distancias sociales que elevan los riesgos y promueven estallidos. Calcularon bien, nada menos que un siglo por delante, porque conocían a México y, sobre todo, a los mexicanos. Midieron, asimilaron y proyectaron... sin perder la brújula ni siquiera durante las tormentas.

Y la coyuntura se extiende, vigorosa, hacia el territorio de Estados Unidos, sólo una vez hollado por un ejército extranjero como desigual compensación, si tal pudiera ser, a la larga tradición invasora de la poderosa nación norteamericana. Ocasión única y por ende excepcional que exalta la leyenda de Pancho Villa, desacreditado a los ojos de los historiadores anglosajones y elevado a la heroicidad por los mexicanos. Su nombre, con letras de oro, forma parte de la letanía sagrada del Congreso de la Unión, y para otros es sólo un estigma.

–La incursión de Villa a Columbus, Nuevo México —cuenta el historiador Miguel Ángel Berumen—, fue exagerada por la prensa estadunidense. En realidad, el general revolucionario, muy disminuido entonces por sus derrotas en Sonora y la pérdida de Ciudad Juárez, fue a reclamar las armas por las que ya había pagado a un comerciante del lugar.

Si bien es cierto que Villa no era de quienes aceptaban un timo, mucho menos por parte de un gringo, también lo es que en, enero de 1916, sus tropas, comandadas por Pablo López y Rafael Castro, asaltaron un tren de pasajeros y mataron a quince estadunidenses, mineros que laboraban en Cusihuiriachic, Chihuahua, cerca de la estación de Santa Isabel. La alerta, por tanto, ya había cundido entre las autoridades estadunidenses.

El 9 de marzo del mismo año, los Dorados de Villa ingresaron a territorio de la unión americana, prendieron fuego a algunas casas de Columbus, derrotaron a la escasa guarnición militar que ahí se apostaba, saquearon el almacén del armero que se había negado a entregarles los pertrechos ya pagados y regresaron a suelo mexicano no sin antes atacar el ferrocarril que hacía la ruta entre Douglas, Arizona, y El Paso, Texas, en el que viajaban, desde Sonora, algunos de los invitados a los segundos esponsales del general Álvaro Obregón con la señorita María Tapia Monteverde, entre ellos el licenciado Luis Cabrera, quien luego representaría al gobierno en funciones de las negociaciones de paz, y Roberto Pesqueira. Una afrenta que refrendó la enemistad mortal entre Villa y Obregón.

La reacción fue desproporcionada, como lo había sido la crónica de los acontecimientos: sin mediar aviso alguno, el 15 de marzo cruzó la frontera hacia México un destacamento militar estadunidense bajo el mando del general John J. Pershing con el alegato de perseguir y asegurar a los "asaltantes" villistas que el gobierno de Venustiano Carranza parecía incapaz de reducir. Carranza, desde luego, protestó pero no pudo evitar la invasión. Y la llamada Expedición Punitiva, sin alcanzar éxito alguno, mantuvo su presencia en México durante casi once meses, hasta el 5 de febrero de 1917, la fecha en la que en Querétaro se firmó la nueva Constitución General de la República Mexicana.

Fue patente el derecho de los fuertes contra las limitaciones de los débiles. Y también, cabe destacar, el recurso extremo de éstos para defenderse, igualando fuerzas con la sorpresa, de los abusos infringidos. Sin justificar el uso de la violencia, tal no podría entenderse en una sociedad civilizada, los villistas de ayer, guerrilleros por esencia, aguijonearon la soberbia de los poderosos, quienes nunca ponderan sus propias culpas, y, sin saberlo, proveyeron de un antecedente a los terroristas de hoy que volcaron sobre Nueva York, en el amargo amanecer del 11 de septiembre de 2001, toda la furia contenida por décadas.

El proceder de los estadunidenses no ha variado un ápice. Lo mismo consideraron justa la intervención de los "punitivos" de Pershing, para vengar la humillación sufrida por los "bandoleros" de Villa, que persiguieron, en el amanecer del tercer milenio, a los fundamentalistas de Al Quaeda por Afganistán y aprovecharon la controversia para posesionarse del petróleo iraquí pretextando la vigencia de una tiranía por ellos mismos subsidiada. Pero, contra el rencor no hay amparo posible... aunque los fuertes siempre cobren de más.

Hay episodios que conmueven y exaltan la nacionalidad como premisa libertaria. El grito catártico de Pablo López, el asaltante del tren de Santa Fe, herido en Columbus y refugiado en la Sierra de la Silla, resume el fuego interior de los combatientes, con todos sus excesos a cuestas, incapaces de soportar el vasallaje. Desangrado, solo, rodeado por militares de dos naciones que le buscaban, convertido en presa valiosa para cifrar la esperanza de la reconciliación binacional, asediado y, al fin, encontrado, López gritó a sus captores:

–Bueno, aquí estoy. Si son gringos no me rindo; si son mexicanos me entrego.

Llevado al paredón, Pablo López expresó su última voluntad:

–¡Retiren de allí a ese gringo que me está viendo! Esto es entre nosotros.

Obtuvo así el rebelde, bandolero feroz, quien en su lucha interna pretendía haberse ganado el derecho a una vida sin limitaciones, su vindicación moral. Porque, en cualquier circunstancia, sólo hay justicia en cuantos defienden su suelo, su hogar, su patria. ¿Y lo de Columbus? Fue también una respuesta contra la suficiencia de los ricos por exaltar, como trofeos, las humillaciones hacia aquellos que suponen inferiores. No hay justificación, pero puede explicarse.

También es factible llegar al heroísmo cuando el deber se entrelaza con la propia conciencia. En El Carrizal, a unos cuantos kilómetros de Villa Ahumada, al sur de Ciudad Juárez, una célula del ejército invasor pretendió avanzar por capricho. Y a su encuentro salió el teniente coronel Genovevo Rivas Guillén, de las fuerzas armadas del gobierno mexicano, quien pidió razones al capitán Charles T. Boyd, al mando de la patrulla:

–Estamos buscando —alegó Boyd— a un negro desertor.

–Pues yo tengo órdenes de no dejarlos pasar.

Boyd, furioso, ordenó a los suyos ponerse en línea de fuego, listos para disparar. Rivas, con prudencia, llamó a su jefe, el general Félix U. Gómez, cuyos argumentos, en pro de la integridad territorial mexicana, tampoco fueron escuchados. El militar estadunidense, ensoberbecido por su superioridad numérica y su formación de conquistador, gritó:

–¡Paso sobre sus balas...!

La batalla fue encarnizada. Boyd fue muerto de un tiro sobre su ojo izquierdo y también el general Gómez sucumbió al iniciarse la refriega. Finalmente, los mexicanos, menos de la mitad que los estadunidenses, lograron la victoria e hicieron correr a éstos. Un acto relevante porque antepone el valor de la soberanía como elemento primordial para la resolución de los conflictos internos. Y, además, exalta el patriotismo y el valor para contrarrestar el poderío ajeno. El gobierno de Carranza, que había situado a Villa entre los desalmados, no cedió al chantaje ni a la prepotencia extranjera. Pero, ¿por qué nadie recuerda y enaltece esta gesta, tan vigorosa y enaltecedora como la defensa de Puebla en mayo de 1862? ¿Acaso para no incordiar al poderoso vecino que usurpa para sí la denominación del continente entero, América?

Meses después —en septiembre—, en Atlantic City, las delegaciones de los gobiernos de México y Estados Unidos conferenciaron para encontrar "una salida" al conflicto. El Primer Jefe, Carranza, no cedió un milímetro: cualquier negociación tendría que darse luego de la salida de las tropas invasoras del suelo mexicano. No hubo acuerdo, ni tratado, ni firma alguna. Los estadunidenses no aceptaron condiciones pero, finalmente, ordenaron el repliegue sin que los expedicionarios de Pershing hubieran cazado a su presa mayor.

Mientras, Villa, recuperado de sus heridas —permaneció varios meses escondido en una cueva de la Sierra del Oso a cuyo pie acamparon las tropas de Pershing— y con los pertrechos tomados a sangre y fuego en Columbus, ocupó dos veces Chihuahua y conquistó la plaza de Torreón, cuando aún los invasores merodeaban. Luego su estrella comenzó a declinar aun cuando se había convertido en un símbolo de la resistencia y del honor nacional. Pero no hubo perdón para él.

Reza el canto, casi un himno, que resume el orgullo de la región:

Yo soy del mero Chihuahua,
del Mineral del Parral...

Y Parral, al sur de la capital de la entidad heroica, ganó su sitio en la historia cuando acogió al guerrillero genial, Francisco Villa, e hizo suya la última fase de la vida de éste, en el retiro, y su muerte como confluencia exacta del espíritu rebelde, siempre perseguido y cuyo silencio es clamor en las crónicas del pueblo que no olvida. Para compensarlo, el gobierno entregó a Villa la propiedad de la Hacienda Canutillo, en Durango, muy cerca de la ciudad de Parral, Chihuahua. El cansado revolucionario cambió entonces el alazán de los corridos populares —el "Siete Leguas" que enalteció la inspiración de la célebre Bandida Graciela Olmos—, por un automóvil y convirtió a Parral en su destino urbano.

Hasta allí arribaron, en julio de 1923, los sicarios. ¿Fueron armados por Obregón, el enemigo mortal instalado en la Presidencia, o por contrato de los del norte, heridos en su suficiencia inalterable por aquella afrenta de Columbus? La revisión no llega hasta este punto. Cuanto se sabe es que un puñado de sujetos, agraviados por la impunidad que cobijaba a Villa, tomó la vida de éste. Desde la ventana superior de una casona situada sobre la calle Guanajuato, justo enfrente de la Plaza Juárez —otra vez, el referente ineludible—, dispararon al paso del vehículo que manejaba el propio revolucionario. Lo acribillaron junto a sus acompañantes. Uno de los asesinos, Jesús Salas Barraza, confinado por breve lapso, ocupó después, con todas las bendiciones del sistema, una curul en la cámara de diputados en donde hoy resalta, brillante, el nombre del excepcional revolucionario, su víctima. Las paradojas no terminan.

Cada año, en Parral, el pueblo recuerda. La cita es el 20 de julio. El escenario, el mismo en donde la venganza inexplicada, ésta sí impune, detuvo el andar de los Dorados. Todo allí es devoción cívica. Cientos, miles quizá, se arremolinan para recrear el momento fatal, como si aquel instante, que privó a los mexicanos de un símbolo, no hubiese pasado y permaneciera en una dimensión a la que sólo es posible acceder si se cree en la luz del caudillo y no en su sombra. Hasta allí llegan paseantes e historiadores, curiosos y, de vez en vez, hasta algunos estadunidenses. Y todos callan cuando, otra vez, se escuchan las detonaciones y la desgarrada voz de una mujer que avisa, desgarrada por la pena, a ésta y a las generaciones por venir:

–¡Han matado al general...!

90

Llanto en los rostros, dolor en las almas. Fuerza en la expresión; emoción en la piel enchinada. Los extranjeros miran, otra vez, como también lo hicieron desde las azoteas de El Paso; los mexicanos, vibran y esconden la mirada empañada. Ésta es la historia que no se puede contar porque es necesario vivir para entenderla. Y hasta quienes no saben, no me pregunten por qué, la llevan dentro si son hijos de esta tierra entrañable, sagrada.

–¿Quieres visitar Columbus? —me pregunta el conductor.

Vamos por supuesto. Medio centenar de millas desde El Paso. El pueblecillo apenas alberga a mil 700 habitantes y es cruce fronterizo animado por el folclor y el recuerdo del general Villa. No hay duda de que el sitio es peculiar en cuanto a ser, en el mundo, el único sitio en donde se venera la imagen de un invasor. Por supuesto, los réditos comerciales son atractivos, un valor intrínseco en el mayor mercado de consumo del globo terráqueo. El memorial del general es punto de encuentro que da forma a sendos museos, uno sobre la incursión villista en 1916, y otro sobre la posterior expedición punitiva comandada por Pershing. Todo se vende. Del otro lado, en Puerto Palomas, Chihuahua, la dinámica mercantil deriva de los visitantes estadunidenses. En Columbus, son más los peregrinos mexicanos. Contrastes, otra vez.

–Aquí le enseñan a uno —remata nuestro conductor—, hasta dónde se bañó Pancho Villa.

–Si es que se bañó, desde luego.

Volvemos a los hilos conductores de la historia. En El Paso se honra a Porfirio Díaz, el autócrata que desató una revolución, con el nombre de una calle. Quizá el antecedente resuelve el enigma.

–Mire, por aquí se llega a Fort Bliss —señala el conductor cuando atravesamos El Paso, de regreso.

Todo mueve a la paradoja. Por Porfirio Díaz Street doblamos hacia el baluarte militar que sirvió, asimismo, como mortaja para el exiliado general Victoriano Huerta, confinado por haber incumplido las leyes de neutralidad estadunidenses al pretender conjurarse, desde El Paso, contra el gobierno mexicano.

Huerta, alcohólico, fue abandonado a su suerte. Enfermo de cirrosis hepática debió ser operado en un hospital cercano al fuerte y fue, entonces, cuando los médicos observaron, pasmados, el temple del viejo y taimado soldado quien, luego de rechazar la anestesia, permaneció sereno, sin dar señales de sufrimiento, mientras le abrían las carnes. García Naranjo, su leal ministro de Educación, narró el pasaje:

> Los cirujanos quedaron asombrados de que rechazara el anestésico y, no obstante la tortura que sufría, se mantuviera en una inmovilidad estoica mientras el bisturí se abría paso a la víscera delicada[...]

Para recuperarse volvió a Fort Bliss en calidad de prisionero. Y sus custodios siguieron ofreciéndole las bebidas que solicitaba con vehemencia hasta que el alcohol terminó su depredación. ¿Quiénes saldaron con su muerte las viejas facturas? No olvidemos los financiamientos subterráneos que posibilitaron la asonada de febrero de 1913 desde los latifundios de Chihuahua. ¿Acaso Huerta pretendió extender los chantajes bajo el sopor etílico que estimulaba su locura por volver al poder? No fueron pocos quienes respiraron cuando el general, al fin, calló definitivamente el 13 de enero de 1916, apenas dos meses antes de la incursión villista a Columbus.

Seguimos el repaso en ruta por la línea divisoria, en donde los teléfonos celulares se vuelven locos porque entran y salen de redes distintas, casi a la par con las unidades rebosantes de radares de la Border Patrol, la compañía que es amalgama de otros destacamentos célebres por su puntería para "asegurar" indocumentados:

–También no muy lejos de aquí sucumbió Pascual Orozco —apunto. Lo acribillaron los rangers estadunidenses cuando pretendía cruzar la franja fronteriza.

Mala trastada le jugó el destino al bravo chihuahuense Orozco. Estratega brillante, se ostentó como jefe militar de la Revolución maderista ante la sorna del verdadero caudillo. Y terminó sus días sirviendo al mayor de los traidores de la historia de México, el Chacal Huerta. Lo mataron los cazadores de hombres de la frontera, muy cerca de Ojinaga, por el rumbo de un paraje llamado Bosque Bonito. A él y a cinco más listos a seguir combatiendo por una causa perdida, la de la contrarrevolución. Debía ser para los ilegales mexicanos que se introducen subrepticiamente a la unión americana, llamados también "espaldas-mojadas", un auténtico icono... siquiera para perturbar a los vecinos.

–Y todos llegaron a El Paso —pienso en voz alta mientras el conductor me mira de reojo. Díaz, para inaugurar los encuentros entre mandatarios de México y Estados Unidos; Madero, con el propósito de sacudir a la opinión pública estadunidense y hacer válida la insurrección que finiquitó al porfiriato; Huerta, matador de hombres y héroes capaz de usurpar el mando que el pueblo había depositado en el Apóstol de la Revolución; y Orozco, el gran equivocado quien no supo entender jamás dónde termina la pureza y comienza la tontería.

✍

Las paradojas se extienden. Los Terrazas y los Creel tienen hoy descendencia política, incluyendo a los herederos del apellido Madero. Los restos de don Porfirio, muerto en el exilio en París, siguen al otro lado del oceano esperando una imposible vindicación aun cuando se exalta su figura muy cerca de la frontera. La Revolución, que "degeneró" en gobierno como decían los bravos Dorados de la División del Norte, devino en un México de caudillos a quienes remplazaron, de nueva cuenta, los caciques. Y todavía permanece la larga, dos veces centenaria ya, disputa entre conservadores y liberales.

El devenir de los mexicanos sigue estando unido, indeclinablemente, a la amarga sentencia del general-dictador en la hora de su destierro:

Me voy —dijo don Porfirio en la escalinata de acceso al vapor Ipiranga—, dejando a México muy lejos de Dios y muy cerca de Estados Unidos.

En Ciudad Juárez, centro neurálgico de la epopeya nacional, amalgama de culturas y desafíos, el pasado parece estar vivo, presente. Paradoja al fin... hacia el futuro.

F

A cambio de perder la mitad de su territorio, por la guerra en 1848 y por la negociación inmoral en 1853, México logró, a lo largo de un siglo de querellas diplomáticas, la devolución de El Chamizal. Si comparamos la porción con las dos millones 580 mil hectáreas que llegó a poseer un solo hombre, Luis Terrazas Fuentes, sabremos valorar la diferencia. Hoy, El Chamizal, emblema de nacionalismo, es feudo de Ciudad Juárez que se asoma, bajo el pendón tricolor, a la mayor potencia de todas las épocas.

¿Cómo comenzó la desintegración de la patria mexicana? Podemos situarla en una fecha precisa, el 25 de agosto de 1829, cuando el entonces ministro de Estados Unidos en México, Joel R. Poinsett, extendió al presidente de México, Vicente Guerrero, a quien después traicionaría, una oferta que creyó irrechazable: cinco millones de dólares a cambio de Texas. Entre los dos personajes, el yucateco Lorenzo de Zavala, nacido en Conkal en 1788, mediador con cálculos visionarios, comenzó a labrar así su camino hacia la vicepresidencia del estado que la dictadura de Antonio López de Santa Anna perdería dieciocho años después. Cuentan que Santa Anna, Alteza Serenísima como se hacía nombrar, estaba dormido a la hora de la batalla crucial.

Curiosa figura la de Zavala, confusa como lo es la crónica de aquellos días y como también nos resulta el voluble comportamiento de héroes y antihéroes sobre una geografía igualmente extremosa. Liberal, masón, formó parte de los "sanjuanistas", llamados así por haberse conjurado en el popular barrio de San Juan, en Mérida, precursores de la Independencia nacional al amparo de la Constitución de Cádiz que los conservadores no fueron capaces de asimilar, luchó y fue confinado durante tres años en el negro castillo de San Juan de Ulúa, en Veracruz. Ferviente federalista, fundó periódicos, gobernó el Estado de México, promovió el motín de La Acordada que sirvió para la asunción presidencial de Guerrero, y luego, lisonjas de por medio, puso a la nación, desde el Ministerio de Hacienda, en manos del inescrupuloso estadunidense Poinsett cuyos alientos mesiánicos, en aprovechamiento inmoral de la inestable economía de un país desangrado y débil, le hacían ponderar el sueño de ser emperador.

Y fue Lorenzo de Zavala, avecindado en Texas en la fase terminal de su existencia, quien encabezó las primeras comisiones de colonos que intentaron, primero, motivar al gobierno de Santa Anna a fortificar aquella extensa región, impulsándola, y luego, al percibir el desdén oficial, optaron por fraguar la separación de México y la anexión a Estados Unidos. Hombre de dos patrias, de dos culturas, pero ideológicamente incorruptible aunque ello nos parezca, como cuanto hemos narrado, paradójico. Texas y Nuevo México se perdieron porque Santa Anna no quiso gobernarlas a plenitud y cuando, al calor de la insurrección, pretendió hacerlo, fue demasiado tarde para su aureola.

Santa Anna sentenció:

—No ha habido ningún secreto: la dictadura la ejercí por voluntad de la nación.

Pero no fue la nación la que le impulsó a canjear La Mesilla, ambicionada por los estadunidenses de Nuevo México en busca de los mejores asentamientos para extender las vías ferroviarias, por un puñado de billetes. El autócrata pidió cincuenta millones de dólares, le ofrecieron diez y le dieron siete. Y cien mil kilómetros cuadrados pasaron a manos estadunidenses para agregarse a los dos y medio millones de kilómetros cuadrados cedidos bajo presión en 1848. No sólo eso, en el tratado correspondiente, firmado en diciembre de 1853, se reveló al gobierno de Washington de la obligación de impedir las incursiones de indios hacia México y se le concedió la posibilidad de que sus mercancías y hombres pudieran transitar libremente por el istmo de Tehuantepec por el camino que debería construirse.

México, por tanto, quedó en la indefensión ante las turbas indígenas perseguidas por los estadunidenses para extinguirlas. ¿Quién podría calcular entonces que, al paso de los lustros, serían los mexicanos quienes emigrarían hacia el norte en busca de las oportunidades de trabajo que su patria no les dio? La diferencia estriba en que en el siglo XIX el suelo de Chihuahua perdió valor comercial —y de allí la capacidad de Terrazas para acapararlo—, y en contraste, desde el segundo tercio del siglo XX, el sur de Estados Unidos pudo elevar la competitividad de sus cosechas gracias a la mano de obra, barata y depauperada, de los "espaldas-mojadas". Los anglosajones ganaron dos veces.

Las deudas y la corrupción, confluencias de una administración negligente incapaz de aprovechar la inmensa riqueza natural de una región privilegiada, llevaron a México a la asfixia, primero, y a la derrota militar, después. Así, cuando en 1848, el expansionista mandatario estadunidense, James K. Polk, el más joven de cuantos habían ocupado el cargo hasta entonces —tenía 49 años cuando ganó las elecciones—, finiquitó su mandato, pudo expresar, orgulloso, que legaba a su nación el doble de territorio que tenía al hacerse cargo él del poder.

La suerte nunca estuvo del lado mexicano: de haber ganado los comicios el rival de Polk, Henry Clay, o incluso de no haber obtenido aquél la candidatura demócrata venciendo a Martin Van Buren, la incorporación "automática" de Texas a la unión americana no se habría dado. Tanto Clay como Van Buren consideraban tal posibilidad una agresión contra México que desembocaría, sin remedio, en un odio mortal de los mexicanos con el permanente desasosiego de los estadunidenses. Con Polk se definió el perfil del gobierno de Washington que aún ahora perdura, ajeno, claro, al equilibrio basado en el respeto a las soberanías ajenas.

Cuando Juárez llegó al poder, en diciembre de 1857, los hechos se habían consumado si bien las deudas seguían siendo un tremendo lastre para el gobierno de México. Tanto que, a iniciativa del Benemérito, el patriota liberal Melchor Ocampo, uno de los ideólogos de las Leyes de Reforma que habilitaron comercialmente los bienes del clero, "de manos muertas" por lo improductivas, llevó la representación del gobierno mexicano para negociar con el estadunidense, a través de Robert H. Mac Lane, un tratado que permitiría a la potencia norteña operar en territorio mexicano, en distintos puertos y cruceros, como si fuera propio. Tan desproporcionado parecía que el senado estadunidense jamás lo ratificó.

Más allá del estigma por la asfixia financiera, don Benito hizo del nacionalismo su mayor parapeto y de la resistencia su gran escudo. ¿Cómo explicar su disposición para dar en prenda la soberanía nacional, mediante un convenio inescrupuloso, a favor de la política expansionista de Estados Unidos? Una razón, si cabe: ante el acecho de las potencias europeas —Francia, Gran Bretaña y sobre todo España— que reclamaban pagos con réditos inmorales al régimen republicano, obviamente descapitalizado por la guerra civil que siguió a los vaivenes de la Constitución liberal de 1857 —promulgada, luego desconocida y más tarde reinstalada—, no tuvo otra alternativa que tender un puente, discutible si se quiere pero salvador, hacia los ambiciosos vecinos. Además, claro, de una explicable resistencia íntima contra la nación que había avasallado a los indígenas, de los que él provenía, por casi cuatrocientos años. Juárez lo explicó así:

Es un mal grave ciertamente tener que contender la guerra con una nación extranjera, pero el grado de ese mal disminuye siendo la España la que nos ataque, porque sostiene una causa injusta, y porque la lucha a que nos provoca servirá para unir estrechamente al partido liberal y para extirpar de una vez todos los abusos del sistema colonial, afianzando para siempre en nuestro país la Independencia, la libertad y la reforma.

Y no fue España la que inició el camino hacia la invasión sino Francia. Más aún, el alto comisionado español, el conde de Reus, general don Juan Prim, alegando la moral histórica y pese a tener bases para reclamar las deudas vencidas que la moratoria decretada por el gobierno juarista pretendía volatizar, optó por retirarse de Veracruz, en donde habían anclado las armadas de las tres mayores potencias europeas, convenciendo a los británicos a proceder de la misma forma. Sólo Francia persistió hasta la instalación del espurio imperio de Maximiliano, hermano del embajador austriaco Francisco José, de la mano con los conservadores apátridas.

Al arribar Juárez a Paso del Norte, en agosto de 1865, en el Castillo de Chapultepec pendía el pabellón de los Habsburgo. Y, cuando el presidente debió internarse en Texas, ello llevó a exclamar al emperador de facto:

¡Mexicanos! La causa que con tanto valor sostuvo don Benito Juárez había ya sucumbido no sólo a la voluntad nacional, sino ante la misma ley que este caudillo invocaba en apoyo de sus títulos. Hoy, hasta la bandería en que degeneró dicha causa ha quedado abandonada por la salida de su jefe del territorio patrio.

Pero no fue así. A don Benito sólo le separaba el puente fronterizo que cruzó varias veces instalando la sede de los poderes de la Unión en el edificio del correo en Ciudad Juárez. Físicamente situado tan lejos del centro neurálgico de la nación y tan cerca de Estados Unidos. La tabla de salvación para el mandatario peregrino no podía ser otra sino canalizar las ansias de dominio de los estadunidenses. Y, sin embargo, fueron ellos quienes eludieron aprovecharse del débil acaso para no confrontar al poderío del viejo continente por el botín mexicano. Juárez se quedó solo, con la banda tricolor sobre su pecho, con el único aliento de su carácter indomable.

Sobre la resistencia de Juárez, el conservador García Naranjo, en su prólogo a la obra de José Fuentes Mares, *Y México se refugió en el desierto* (Editorial Jus, 1954), escribió:

> Juárez era un hombre difícil, dificilísimo, y esto lo saben mejor los liberales que los conservadores. Amaba la República intensamente, pero imponía la condición de que él era el único que debía gobernar. Por eso cuando se encontraba en su camino con alguien que podía ser su rival, procedía a destruirlo sin disimulos ni complacencias. Por eso chocó con todos los titanes de la República.

Una herencia que, por desgracia, sigue intacta en los políticos de hoy, conservadores y liberales, desde y para el poder, cuya obcecación sectaria no es sino consecuencia de la añeja intolerancia entre adversarios ideológicos. También explica el temperamento voluble de los actores de la vida pública, con frecuencia mutantes entre un extremo y otro con tal de oponerse siempre al rival, descalificándolo para exaltar el maniqueísmo personalista: las virtudes son las propias; los defectos sólo los ajenos.

Las distorsiones frecuentes anclan en la conciencia colectiva y obligan a ésta a definir simpatías por reflejo de la rendición incondicional a determinada figura y no mediando el debate ponderado sobre los vaivenes sostenidos de cada protagonista. Los juicios sumarios hacen lo demás. Por ejemplo, sobre el Benemérito no hay medianías, pese a ser encarnación misma de la República: se le exalta o denigra de acuerdo con la perspectiva dicotómica de cada mexicano. Como los extremos, los argumentos no se polarizan, más bien se atraen.

–Si Juárez —afirma el historiador Miguel Ángel Berumen—, no hubiese instalado en Paso del Norte su gobierno, quizá la querella sobre El Chamizal no habría sido prioritaria.

El presidente, desalojado de la capital del país, itinerante, sin más prenda que el fervor nacionalista y el imperativo de consolidar la

Independencia como él mismo señalaba, encuentra en una fortuita causa natural, similar a otras anteriores borradas de la memoria, la desviación caprichosa del Bravo, el argumento central para defender la integridad territorial de México, y con ella su soberanía, poniendo límites a los poderosos vecinos incentivados, a su vez, por la presencia ilegítima de los invasores franceses. Tal fue el entorno.

Precisamente en los días finales de su estadía en Paso del Norte, que sería Ciudad Juárez para honrar cuanto desde allí dispuso, don Benito instruyó a su representante en Washington para que sostuviera el derecho de posesión sobre la franja que accidentalmente, sin mediar más guerra que la de la naturaleza, había quedado al norte del Bravo. Como respuesta, en una actitud opuesta a la justeza con la que no se aprovechó la debilidad financiera de México para exaltar ambiciones injerencistas, el Departamento de Estado estadunidense alegó que los límites los fijaba, y fijaría, el cauce del Bravo. Esto es como si se tratara de una suerte de intervención de la Divinidad para premiar a una de las dos naciones.

Me dicen los historiadores:

–Y no fue sino hasta el 24 de junio de 1910 —esto es 46 años después de la crecida del río Grande—, cuando la querella quedó sujeta a una comisión internacional de arbitraje.

Detengámonos en la fecha. La nación mexicana se agitaba entonces por el frenesí de "la bola", como llamaron entonces a las revueltas contra la dictadura. Precisamente, en ese mismo mes de junio de 1910, de manera abrupta, el gobierno porfirista canceló los actos proselitistas del Partido Antirreleccionista, mandó aprehender a Madero y ordenó su traslado a San Luis Potosí; y se consumó así, al fin, el fraude electoral que concedió al general Díaz un nuevo mandato de facto.

¿Acaso el viejo dictador, ansioso por la vindicación histórica, reparó y estimuló la controversia como una reacción ante los apoyos subterráneos que recibía Madero por parte de los estadunidenses? ¿Fue ésta la gota que derramó el vaso para comenzar a observar a Díaz ya no como un estadista modernizador sino como un autócrata decrépito? El encuentro único entre Taft y el cansado oaxaqueño que pudo ganarse la condición de revolucionario —de haber concluido el Plan de la Noria contra Juárez, adherido al poder, sólo interrumpido por la muerte de éste en 1872— y acabó expatriado si bien reconocido por las potencias europeas que le acogieron.

Es fama que, al llegar al viejo continente, desterrado, don Porfirio fue honrado en infinidad de ocasiones. En París, al visitar en el Hotel de los Inválidos la tumba de Napoleón —cuya descendencia financió la aventura de Maximiliano—, el general Niox, custodio del lugar, le ofreció la espada del emperador que es blasón de los franceses y le dijo:

"Ningunas manos mejor que las de usted deben tocar esta gloriosa arma."

Como si con ello se cerrara el círculo. No obstante, fue en Alemania donde la presencia de Díaz exaltó la devoción entre los autócratas de la época. Al asistir, entre el público, a las maniobras del ejército germánico, a las afueras de Berlín, acompañado de su esposa Carmelita Romero Rubio y de su hijo Porfirio, entre otras parejas de la alta sociedad mexicana, fue reconocido por el káiser Guillermo II quien, de inmediato, solicitó su presencia en la tribuna de honor. Complacido, Díaz se descubrió ante el jefe del Estado alemán y éste, conmovido, exclamó:

"Cubríos. Soy yo quien debe estar descubierto ante el más grande estadista de América."

El finiquito a su largo mandato se dio entonces, parafraseándolo, muy lejos de Estados Unidos y muy cerca... de Europa. Espiritual y materialmente. ¿Cuál fue el costo que para ello debió pagar México, infiltrado por los representantes de Washington que lo mismo abogaron por el maderismo y financiaron la contrarrevolución de Huerta? Los saldos hablan por sí solos.

Don Porfirio, sin embargo, no pudo atestiguar, en el poder, el laudo derivado del arbitraje internacional sobre El Chamizal emitido el 15 de junio de 1911, apenas tres semanas después de su renuncia y cuando los estertores políticos cubrían todos los rincones, entre el temor y la esperanza. Reconocida la razón de México, Estados Unidos sencillamente la ignoró.

Medio siglo después, exactamente 51 años, el 30 de junio de 1962, en una perspectiva distinta y propósitos equidistantes, bajo la exaltación de las cordiales relaciones binacionales, la Casa Blanca y su perentorio huésped, entonces John Fitzgerald Kennedy, aceptaron el laudo y consiguientemente, en una declaración conjunta, los mandatarios de ambas naciones, el citado Kennedy y Adolfo López Mateos, en la ciudad de México, saludaron la reincorporación teórica de El Chamizal como una prueba incontrovertible, feliz, de que la frontera más transitada en el mundo sólo estrechaba cercanías y ya no ahondaría diferencias. Eso se dijo, cuando menos.

Para López Mateos, desde luego, ésta fue la medalla que justificó y exaltó sus aplicaciones internacionales, sobre todo su insistencia por colocar a México en la geopolítica internacional aun cuando la pretendida diversificación no fuera sino un argumento retórico para matizar la perseverante injerencia de Estados Unidos en los asuntos de su vecino del sur. La aristocrática pareja presidencial estadunidense, con la radiante Jacqueline Bouvier seduciendo con su buena dicción en castellano, despejó con su simpatía, así fuera por breve lapso, los antiguos rencores.

Quiso el destino que durante el periodo presidencial de López Mateos, entre 1958 y 1964, tres mandatarios estadunidenses le estrecharan. Primero, Dwight David Eisenhower, Ike, héroe de la segunda confrontación mundial; luego, Kennedy, muerto en Dallas en noviembre de 1963 bajo el oprobio de una conjura; y, finalmente, Lyndon Baines Johnson. Un republicano seguido por dos demócratas con connotaciones distintas: la economía de la posguerra y el sacudimiento del racismo marcado por la filosofía de la integración para consolidar la fortaleza nacional. Y aún considerando que Johnson fue vicepresidente durante la gestión de Kennedy, se hicieron evidentes las extremas bifurcaciones entre sendos personajes. Y, sin embargo, don Adolfo, viajero y seductor incansable, atenaceado por la jaqueca permanente y los reacomodos globales, salió bien librado; no por obra de la casualidad, además.

Fue muy significativo que, para celebrar la asunción de López Mateos a la primera magistratura, en diciembre de 1958, la Casa Blanca enviara una delegación de primera encabezada por el secretario de Estado, John Foster Dulles, y el doctor Milton Eisenhower, hermano del presidente, amén del embajador Robert C. Hill. Vínculos estrechos en lo político y lo personal en una época en la cual el rígido protocolo

101

no posibilitaba dedicatorias mayores. Foster Dulles, por cierto, haría célebre una de las sentencias que han marcado, desde entonces, la moral estadunidense: "Estados Unidos no tiene amigos; sólo intereses".

Relevante aserto si repasamos el contexto en el que vibra la exaltación de la amistad como fundamento central para superar las diatribas, prejuicios e incluso discriminaciones de otras eras. El presidente Eisenhower, al visitar México por tercera ocasión, el 19 de febrero de 1959, luego de recorrer en un paseo triunfal las rúas del puerto de Acapulco, volcado de manera tumultuaria para saludar a los mandatarios "amigos", expresó, contundente, a su colega mexicano:

> Tenemos con ustedes una frontera muy extensa. No queremos jamás ver esa frontera defendida por cañones o por otras máquinas de guerra. Queremos que esté resguardada por la amistad que se anida dentro de los corazones de su pueblo y del nuestro. Quiero asegurarle, señor, que no sólo yo sino todo el pueblo de Estados Unidos desearía que yo dijera a usted hoy: esperamos confiados y oramos porque esa amistad entre nuestros dos pueblos crezca siempre, para que podamos ser más fuertes en la libertad, en la justicia, en la prosperidad, en la felicidad de cada individuo[...] hasta el más alejado poblado de nuestras dos naciones.

Amistad y alianza. Para que no hubiera duda, el general que fue exaltado como comandante supremo de las naciones aliadas durante la segunda guerra mundial, se hizo acompañar por su hermano Milton y su hijo, el mayor John Eisenhower. Como en familia, dos meses después de la llegada al poder de don Adolfo. ¿Los acuerdos binacionales? Las conclusiones versaron sobre el imperativo de construir la Presa del Diablo sobre el Bravo, para garantizar el abasto de agua a lo largo de la frontera; elevar la cooperación en cuanto a la producción de algodón y para combatir el gusano barrenador. Sustentaron, igualmente, que el desarrollo económico debía ser el objetivo central para la colaboración entre los dos países.

¿Una cortina de humo con el color de la cortesanía diplomática? Desde luego, los fuertes, que sólo tienen intereses, nunca han dejado de pasar las facturas. Y López Mateos, visionario sin duda, parecía dispuesto a pagarlas con tal no sólo de impulsar a su país sino también para hacer relevante su gestión, propósito esencial en quienes, al escalar la dura cuesta hacia el mando, se planteaban como prioridad "ganar la historia", hacerla suya, conquistando así la inmortalidad. Se decía entonces para explicar el carisma de López Mateos:

–El presidente no quiere una casa en Las Lomas —la colonia aristocrática por antonomasia en la ciudad de México— sino una estatua sobre el Paseo de la Reforma, reminiscencia mexicana de los Campos Elíseos parisinos.

El cauce eufórico de la amistad llegó a la apoteosis el 9 de octubre del mismo año, 1959. Ocho meses después del cálido despliegue de Acapulco, López Mateos arribó a Washington en medio de pronunciamientos populares insólitos. Miles se reunieron para darle la bienvenida en ruta hacia la Casa Blanca con escalas en el Memorial de Lincoln y en el Cementerio de Arlington en donde el visitante rindió honores al "soldado desconocido".

Luego, Chicago y Nueva York, a donde llegó el martes 13. Las crónicas de la época subrayan no sólo la calidez de los encuentros sino, sobre todo, la convocatoria popular. Más de trescientos mil neoyorquinos, con fama de ser fríos y calculadores, se desbordaron por las calles para agitar las banderas de los dos países y vitorear al mandatario mexicano como jamás se había hecho en el pasado. Los residentes latinos, emocionados hasta las lágrimas, siguieron, sin importarles los cambios extremosos del clima, el derrotero de la comitiva por el centro de la Babel de Hierro. López Mateos parecía un héroe mítico, como el legendario aviador Charles Lindbergh —merecedor de un homenaje similar—, en su papel de protagonista principal.

De retorno al hogar, luego de prolongar su periplo por Canadá, don Adolfo y los suyos hicieron una escala más, precisamente en Austin, la capital de Texas, tantas veces añorada desde su secesión. Fue el 18 de octubre. Tras el ceremonial en el aeropuerto, López Mateos correspondió a la generosa invitación de un texano distinguido quien, poniendo a su disposición siete helicópteros para que la comitiva pudiera viajar cómoda, le abrió las puertas de su rancho: el senador Lyndon B. Johnson, demócrata a diferencia de Eisenhower. El anfitrión ampliaría su convocatoria al expresidente Harry S. Truman, el mismo que ordenó lanzar sobre Hiroshima y Nagasaki sendas bombas atómicas en 1945, cuya relación con su antecesor no era precisamente encomiable.

¿Atamos cabos? La distinción excepcional a un senador, aunque estuviera en alza política y fuera señalado como un probable competidor por la Casa Blanca —al final sería compañero de fórmula de Kennedy en 1960 y sustituto de éste en 1963—, no pudo ser mera casualidad. Mucho menos si consideramos la parafernalia montada alrededor de los huéspedes de honor con toda la carga del pasado que ello implicaba. Más bien ganaron, don Adolfo y mister Lyndon, el futuro. Apuntémoslo.

Al arribar a México, López Mateos fue motivo de una recepción gloriosa, tal es el calificativo. Engalanado con los colores patrios, revestido por el oropel del poder absoluto, exaltado por el calor de la delirante multitud, don Adolfo, luego de dos horas de paseo triunfal por las principales avenidas de la ciudad de México, salió al balcón central del Palacio Nacional. Y fue entonces cuando el verbo encendido, arrebatador, puso el punto final:

–"¡Mexicanoooos! —clamó el presidente con los brazos en alto, abrazando a la patria receptiva. La bandera que cruza mi pecho ha regresado limpia. El primer grito que surge del corazón es ¡Viva México!".

La exaltada oratoria hizo llorar a la plebe. Como si con el arrebato de la fraternidad recién estrenada, los largos desfiles rebosantes de disciplinadas bandas que hicieron estruendosas las marchas alegóricas y las imágenes emotivas del calor popular, de los estadunidenses tantas veces recelosos, hacia el mandatario de palabras suaves y gestos emotivos y apasionados, seductor de masas y mujeres, pudieran borrarse las afrentas, las invasiones, las compraventas inmorales, el desmembramiento cruel del territorio patrio y las humillaciones sin cuento para exaltar el dominio del poderoso que paradójicamente reconocía, desde su suelo, tener intereses, no amistades.

Una de las oraciones cívicas de Abraham Lincoln resulta premonitoria: "Se puede engañar a todo el mundo por un tiempo y a algunos siempre, pero no a todos siempre".

Desde luego, pueden pasar muchos años para descubrir los verdaderos hilos conductores detrás de los episodios que modificaron el curso de la historia. Y quizá en ocasiones los misterios prevalezcan por varias generaciones, centurias incluso. ¿Qué llevó a los presidentes Eisenhower y Kennedy a estrechar y exaltar las relaciones bilaterales con México? ¿Y luego, tras el asesinato de Kennedy, por qué su sucesor, Lyndon Baines Johnson, se apresuró a firmar el resolutivo para devolver a México El Chamizal como uno de sus primeros actos oficiales en la Casa Blanca, el 20 de diciembre de 1963, menos de un mes después de la tragedia de Dallas?

La vocación internacionalista de Adolfo López Mateos llevó a este mandatario a abrirse a la diversidad cultural, acaso para contrarrestar la inevitable y paulatina asimilación de una nación dependiente y geográficamente unida con la mayor potencia universal.

El 29 de junio de 1962, cuando las dos grandes potencias globales mantenían el pulso con respecto a la conquista del espacio, el presidente Kennedy, quien había protestado su cargo en enero de 1961, en compañía de su esposa Jacqueline, llegó a la capital mexicana en visita oficial. Las muestras de cariño fueron estruendosas, no sólo por la simpatía que la pareja emanaba sino también por su acendrada devoción católica que llevó a los visitantes a peregrinar a la Basílica de Guadalupe, el mayor santuario de América, rompiendo la rigidez del protocolo diplomático.

Kennedy, en su discurso para corresponder la cálida bienvenida, se dirigió a López Mateos y le dijo:

> Vengo aquí a vuestra patria, señor presidente, en un viaje de amistad, pero también con un gran propósito. Tendré la satisfacción de hablar con usted de los problemas que nos unen y de los problemas que afectan a todo el hemisferio.

La cortesía habitual no fue óbice para acentuar la intención del mandatario estadunidense: destacar la personalidad de López Mateos, nada menos que como interlocutor válido para repasar la geopolítica del continente reconociéndole un liderazgo notable. La amistad por prenda. Durante la cena de gala que ofreció el gobierno estadunidense a su anfitrión, en el hotel María Isabel, la radiante señora Kennedy, correspondió las atenciones recibidas recordando que ya había hecho, con su marido, dos viajes anteriores a suelo azteca:

–Mi esposo y yo repasamos, con motivo de nuestra luna de miel, todos los lugares a los que querríamos ir juntos, y escogimos México.

Una anécdota, y como tal con el encanto coloquial que no siempre es riguroso, recogió el clima de aquella reunión plagada de vivencias. Se cuenta que el presidente Kennedy, al iniciar el almuerzo, elogió el buen gusto de don Adolfo:

–¡Qué bello reloj tiene usted!

López Mateos, coleccionista en la materia y quien además se caracterizaba por ser obsequioso, se desprendió del objeto, rematado por brillantes, y se lo ofreció a su huésped:

–Es suyo, señor presidente Kennedy.

Minutos más tardes, a los postres, don Adolfo, seductor por esencia, no pudo reprimir un comentario de admiración hacia la primera dama estadunidense:

–¡Qué bella es su esposa, señor presidente Kennedy!

El aludido, quien ya lucía en su diestra el fino reloj de López Mateos, optó por desprenderse del mismo:

–Mejor le devuelvo su reloj, señor presidente López Mateos.

Con esta cordialidad, rebosando energía positiva, rompiendo vallas para acercarse al pueblo, estrechando contactos y experiencias, los dos presidentes terminaron su encuentro con una declaración conjunta:

> Ambos presidentes discutieron el problema de El Chamizal y convinieron en dar instrucción a sus órganos ejecutivos para que recomienden una solución completa a este problema que, sin perjuicio de sus posiciones jurídicas, tenga en cuenta toda la historia de este terreno.

Durante la lectura de su V Informe de Gobierno, el primero de septiembre de 1963, López Mateos, con la voz entrecortada por la emoción, expresó:

> El 18 de julio último quedó concertada la solución satisfactoria de un antiguo problema: El Chamizal. Escogimos (los dos pre-

sidentes), el día de Juárez para publicar la buena nueva con el fin de rendir justo tributo al ilustre patriota que, por primera vez, en 1866, apenas dos años después de las grandes avenidas del río Bravo que arrancaron El Chamizal a México, reclamó nuestro dominio eminente sobre las tierras segregadas.

Poco más de dos meses después, el 22 de noviembre, Kennedy cayó abatido en Dallas, Texas, a donde había acudido en el arranque de su campaña reeleccionista con el recelo de sus colaboradores ante un clima enrarecido.

El magnicidio, para buena parte de la opinión pública, permanece impune. Y en estas circunstancias, la asunción de Johnson a la presidencia de Estados Unidos, desata innumerables interrogantes considerando los dramáticos giros en la política exterior de la Casa Blanca a partir de entonces, con la guerra de Vietnam como gran detonante. Desde luego ampliar en este renglón permitiría llenar varios volúmenes.

¿Cuál fue el papel que jugaron las relaciones bilaterales, entre México y Estados Unidos, en este episodio trascendente?

El 21 de febrero de 1964, el presidente Lyndon B. Johnson recibió en Los Angeles, en visita oficial, al licenciado Adolfo López Mateos. En su alocución de bienvenida, Johnson expresó al mandatario mexicano:

Esta tarde, en este lugar, se hallan los espíritus de Hidalgo, Jefferson, Juárez y Roosevelt. México tiene prisa, puesto que los años no esperan y los siglos pasados son testigos silenciosos de la resistencia del enemigo[...]

Y el silencio cayó sobre la historia. Allí mismo, don Adolfo pudo estrechar, una vez más, la mano del exmandatario Dwight Eisenhower, el primero al que había decepcionado al arranque de su periodo presidencial. "Ike", el viejo comandante de los aliados, le dijo a López Mateos:

En diciembre usted se sumará al ejército de los sin trabajo al que ya pertenezco. Cuando así sea, le invito a pasar una temporada larga conmigo en mi casa de Las Cruces, en Baja California. Allí descansaremos los dos.

Al terminar su gestión, don Adolfo, exaltado como estadista, dirigió el Comité Olímpico Mexicano que organizó los XIX Juegos Olímpicos, en México. No pudo verlos. La enfermedad le segó. Tampoco tuvo tiempo para aceptar la oferta de Eisenhower. En su última comparecencia ante el congreso mexicano, eso sí, se permitió honrar al extinto personaje con quien había acordado la reintegración de El Chamizal:

> El presidente Kennedy ocupará siempre un lugar especial en nuestro recuerdo. Nuestro reconocimiento corresponde, singularmente, a su grata visita a esta capital en 1962 y a sus felices resultados, entre los que sobresalen el acuerdo al que llegamos para la liquidación del antiguo problema de El Chamizal y sus conceptos sobre el significado que revisten para todo nuestro continente los postulados y realizaciones de la Revolución mexicana.

El 28 de octubre de 1967, los presidentes, Gustavo Díaz Ordaz, de México, y Lyndon Baines Johnson, de Estados Unidos, consumaron la entrega de El Chamizal. Díaz Ordaz dijo:

> Se cambió la frontera sin necesidad de palabras molestas en las embajadas, de amenazas o de movimientos de tropas, porque había sido eficaz el trabajo de muchos hombres y esos hombres no habían pensado ni en palabras que molestan ni en las acciones que ofenden, sino habían acudido a un medio más eficaz: el derecho. El nuevo cauce del río Bravo determinado por la convención que terminó el problema de El Chamizal llevará el nombre de un ilustre presidente mexicano: Adolfo López Mateos.

Y con un abrazo volvió a sellarse la amistad.

El drama político

A

—¿Gángster yo? Mejor pregúntenme, ¿a quién maté y a quién robé? No entiendo a quienes dicen que soy autoritario.

En la soledad del Palacio de Gobierno de Chihuahua, casi desierto en la víspera de la ceremonia de transmisión del Poder Ejecutivo estatal, Patricio Martínez García, oriundo de la capital de la entidad bajo su conducción, de 56 años, de mediana estatura y con bigote entrecano, encorvado al andar y de movimientos felinos, ansioso, nos recibe vestido con mezclilla, informalmente, mientras vigila la lenta mudanza. Todavía penden de las paredes las fotografías familiares que bordean un pequeño nicho en donde destaca una estatuilla del Cristo resucitado.

—¿Esa figura la tenía usted aquí antes del atentado? —pregunto.

El gobernador desvía la mirada, tratando de restar importancia al asunto:

—Sí, aquí estaba —responde rotundo, seco.

El miércoles 17 de enero de 2001, una mujer, Verónica Loya, le disparó a quemarropa en la escalinata principal del Palacio hiriéndole en la cabeza, a unos metros del altar de la Patria que guarda el lugar preciso en donde fue fusilado el cura Miguel Hidalgo y Costilla. Pese a que el balazo impactó en sitio tan delicado, el mandatario no sólo se repuso sino que, al cabo de unas semanas, se incorporó de lleno a la actividad pública. Sólo hubo una diferencia: mandó instalar cabinas de seguridad a las puertas del recinto para detectar metales peligrosos. Y, por supuesto, hizo de la efeméride uno de los emblemas de su quehacer. Una placa, con letras de bronce, recuerda el incidente:

"En este lugar cayó gravemente herido el C. Gobernador C.P. Patricio Martínez García, por el atentado del que fue víctima. Chihuahua, junio de 2001."

Y el propio mandatario intenta que nadie olvide. Mucho menos cuando trascurre su último día en las amplias oficinas de la sede gubernamental. Es el primero de octubre de 2004.

—Mire, toque usted —insiste mientras lleva nuestra mano hasta la parte posterior de su cabeza. ¿Siente cómo está hundido? Fue muy grave, de verdad. Volví a nacer.

Locuaz, cálido, cortés, parece distante de la opinión que buena parte de los chihuahuenses, situados entre sus adversarios, tiene de él. Otros lo defienden con similar elocuencia, si bien aceptan que el perfil del personaje es singular. Los políticos, no lo olvidemos, tienen excepcional capacidad histriónica. Sobre todo cuando se mueven entre dos bandas sobre la delgada línea que separa la victoria de la derrota.

En julio de 1992, Martínez fue electo alcalde de la capital de la entidad en un espectro comicial contrario a su partido. Fue aquélla la hora de la exaltación del panista Francisco Barrio Terrazas quien conquistó la gubernatura luego de haber sido dos veces candidato a la titularidad del ejecutivo estatal. Y ya desde entonces se perfilaba como político egocéntrico:

—Dicen que soy el primer priísta del estado —declaró a Ángel Otero Calderón del *Diario de Chihuahua*. Espero no llegar a ser el único ni el último. Mi partido es fuerte y seguramente habrá de recuperar posiciones.

No perdió un minuto, ni uno solo, en el necesario reacomodo de fuerzas, hundido Jesús Macías Delgado, el gran perdedor del priísmo en la carrera hacia el Palacio de Gobierno y a quien muchos consideraron "sacrificable" desde el momento mismo de su postulación por su débil convocatoria —decían que únicamente era conocido en Ciudad Juárez, en donde fungió como primer edil. Martínez, en cambio, se situó como contrapeso necesario y su arribo a la sede municipal de la capital pareció más una inteligente compensación política para el PRI, otrora invencible. Barrio fue apenas el segundo panista en alcanzar una gubernatura por la vía electoral; sólo Ernesto Ruffo Appel, de Baja California, se le había adelantado en 1989. Carlos Medina Plascencia, de

Guanajuato, ocupó el gobierno de su entidad, en calidad de interino en 1991, como confluencia de un arreglo con el entonces presidente Carlos Salinas de Gortari, el estratega que optó por acercarse a la derecha con tal de atajar a la izquierda que le llamaba usurpador.

A Martínez García también lo descalificaron sus propios correligionarios cuando anunció su precandidatura a la alcaldía chihuahuense:

–Me inventaron un pasado panista —señaló a Otero Calderón. Nunca he pertenecido al PAN. Hay familiares míos que sí pero ¿en Chihuahua hay alguna familia que no tenga parientes panistas?

Y fue más específico:

–Con una máquina moderna elaboraron una inscripción al PAN y en la convención priísta la hicieron circular. Tiene una firma que no es mía, no tiene sello ni folio, ni la firma de aceptación del PAN.

Los viejos vicios como parte del juego del poder. Todo ello en una entidad en la que la bifurcación política divide a los hogares, enciende rivalidades sin cuento y provoca odios enconados a veces. Más que pasión la urgencia es por sobrevivir en un entorno en el que los intereses se cruzan con la misma facilidad con la que se llenan las boletas electorales: ni siquiera hace falta saber leer.

Así, los enfrentamientos partidistas nada tienen que ver con ideologías contrapuestas ni con fidelidades de conciencia. Surgen de manera natural, como si se tratara de una mera convergencia de caminos.

–El PAN está integrado —sostuvo Martínez al pie de la alcaldía en la citada, ilustrativa entrevista de julio de 1992—, por gente que defeccionó del PRI. Hasta Francisco Barrio trabajó en el gobierno federal, en el Infonavit, y su hermano Humberto fue presidente municipal de Satevó, por el PRI. Él, Humberto, sí es mi amigo.

Dos de los hermanos de Barrio Terrazas murieron repentinamente. Humberto se desplomó, fulminado por un infarto, durante la lectura de uno de los informes de gobierno de Francisco en 1994, y Federico, a quien se señaló en la misma época como el gran empresario de la familia con uno de los mayores capitales de la entidad, el 18 de noviembre de 2002, víctima de un cáncer pulmonar. Fue entonces cuando Patricio Martínez, ya gobernador, ordenó la publicación de una esquela condoliéndose por el deceso de Federico lo que motivó la airada reacción de la viuda, Luz Ramírez de Barrio: "Me rehúso a recibir condolencias de quien, como usted, se ensañó contra el hombre digno y honesto que fue Federico Barrio Terrazas" —expresó en una controvertida inserción en los diarios locales.

Durante su campaña proselitista en pos del gobierno estatal, en 1998, Martínez García, molesto por los permanentes señalamientos sobre su fortuna personal, explotó contra los Barrio:

–Estoy dispuesto a cambiar todo mi patrimonio, y el patrimonio de toda mi familia, por el monto que ha acumulado Federico Barrio durante el gobierno de su hermano.

Los extremos se tocan. Federico fue director del Instituto Tecnológico de Ciudad Juárez y fundador de la COPARMEX de esta urbe junto al destacado exalcalde Francisco Villarreal Torres, panista. Al mismo tiempo se integró al Grupo Bermúdez, cuyo accionista principal, también exalcalde de Juárez, Jaime Bermúdez Cuarón, de extracción priísta, le protegió e impulsó. Además fue asesor cercano de otro relevante miembro del PRI: Francisco Labastida Ochoa, excandidato presidencial —el único derrotado de este partido, en una lid de esta índole, en 2000— cuando éste fungió como gobernador de Sinaloa entre 1987 y 1992 —el año de la victoria de su hermano Francisco. Y más tarde, en sociedad con Eduardo Romero Ramos, considerado el notario más rico de su entidad, designado en abril de 2003 como secretario de la Función Pública del gabinete de Vicente Fox y antes secretario de gobierno durante la administración estatal de Francisco Barrio y frustrado precandidato panista a sucederlo, creó la inmobiliaria Mall de México. Siempre, entre dos aguas.

Martínez García, en cambio, siempre se consideró "ranchero" pero sin negar su condición de empresario. Dueño, al inicio de su carrera política, de cuatro ranchos ganaderos y forrajeros, dos en Satevó, cuna de los Barrio Terrazas quienes tienen propiedades colindantes, otro en Santa Isabel y uno más sobre la carretera entre Chihuahua y Ciudad Juárez —desde donde hoy se anuncia, con sendos monumentales, el hotel Castel Sicomoro, propiedad suya—, fue presidente de la Cámara de Comercio en la capital del estado y copropietario del Centro Librero La Prensa, llamado así porque en principio se especializó en la distribución del cotidiano del mismo nombre que se edita en la ciudad de México.

114

–Le acusan de acaparar tierras —deslizo al gobe nador Patricio Martínez durante una pausa a su ajetreo final en Palacio.

Martínez mueve la cabeza y parece ponerse en guardia:

–No es cierto. Por allí se dijo que incluso había comprado el rancho de don Teófilo Borunda (Práxedes Giner, gobernador de Chihuahua entre 1956 y 1962, nombrado el "priísta del siglo" en 1999 y muerto en 2001). A quien me lo demuestre, ¡se lo regalo!

Pese a la expresión rotunda de su inocencia como acaparador, la señora Bertha E. Salomón, quien vive en el Fraccionamiento Universidad de Chihuahua, se dio a la tarea de escudriñar en el Registro Público de la Propiedad de la entidad y encontró nada menos que 137 predios a nombre de Patricio Martínez y de su esposa, Patricia Adela Aguirre Rodríguez. La relación incluye, por cierto, cotizadas colindancias con algunas de las obras viales que exaltaron la labor constructora del gobernador Martínez, sobre el anillo periférico de la capital estatal y las avenidas Antonio Ortiz Mena, Miguel Alemán, Reforma, Independencia, Gustavo Díaz Ordaz y Adolfo Ruiz Cortines. ¡Cómo se honra al pasado sin la menor intención de revisar la historia!

Al respecto, la señora Salomón, en atenta misiva, escribió el 25 de agosto de 2002:

> En la localidad es difícil encontrar una persona que no conozca un caso concreto de adquisición de propiedades de oportunidad por parte de algún miembro de la familia del gobernador Martínez. Sabemos también que ha adquirido un sinnúmero de negocios que son manejados por administradores de su confianza, como el hotel Castel Sicomoro y un enorme lote ubicado en la Avenida Universidad casi esquina con División del Norte donde derribó la casa que era propiedad de un poderoso maderero para construir allí un Burger King. También es público y notorio que sus hermanos han estado comprando lotes en el centro de la ciudad a precios muy bajos, justo en lugares donde se planea hacer modificaciones urbanísticas que elevarán notablemente el precio de las propiedades.

Martínez García, sin embargo, no admitió la especie y la consideró una andanada más de sus enemigos, dentro y fuera de Chihua-

115

hua, como el muy influyente expresidente Ernesto Zedillo a quien, en agosto de 2002, le endilgó sonoros epítetos:

–El doctor Zedillo —afirmó Martínez— debería dar un curso intensivo de cómo desquiciar a un país en menos de un mes. No destrozó ni desmoronó al país, pero casi.

Y se siguió, sin rubor alguno al descalificar a un distinguido miembro de su partido:

–Zedillo puede compararse con el virrey Juan O'Donojú quien entregó la Corona española.

Con ello, claro, ubicó al exmandatario en el listado de los traidores bajo el considerando de que cedió el poder a la oposición con tal de proteger su propia imagen. Un juicio, por lo demás, no muy alejado de los hechos.

–Él siempre vivió y vive como los príncipes —agregó Martínez— que todo lo aprendieron en los libros; nunca supo lo que fue ir a tocar una puerta, a pedir el voto, a hacer un compromiso con una familia. Cuando tomó posesión de la Presidencia en diciembre de 1994 le bastaron veinte días para desquiciar a México y sumirlo en la más grave crisis que esta generación recuerde.

Curiosa paradoja la de un empresario librero que sentencia a un lector porque carece de sensibilidad social. Un enfoque que plantea la enorme distancia entre la cultura académica y la percepción de la realidad, uno de los males más acendrados en las generaciones neoliberales que pretendieron delinear una nación, desconociendo su idiosincrasia.

–¿Siente ya nostalgia por el poder? —le pregunto en el último día de su gestión gubernativa.

–No, la verdad. ¿Le digo una cosa? Yo ya no quiero estar más en este bajo mundo. Y voy a irme de la vida política porque, ¿sabe usted?, necesito llorar.

La voz se le quiebra y las lágrimas asoman por sus ojos. Traga saliva, entrelaza las manos y mira, muy fijamente:

–Quiero llorar por cuanto me pasó, para entender a quienes quisieron matarme y a mis enemigos. Llorar por lo que ocurre en Chihuahua, en México, por tantas injusticias y tantas sinvergüenzadas. Necesito tiempo y me lo voy a tomar.

En 1998, cuando Martínez se postuló para gobernador, la percepción popular le ubicó como favorito porque parecía bendecido por uno de los grupos más influyentes del priísmo nacional: el de Carlos Salinas, expresidente, confrontado con Zedillo. Así, el entonces gobernador, el panista Barrio, a quien se calificaba como "el más salinista de los gobernadores", no lo vio con malos ojos y sí, en cambio, no ocultó su ánimadversión por el abanderado panista, el exalcalde de Juárez, como él, Ramón Galindo Noriega, quien, en el proceso de selección interna de su partido, desplegó banderas sobre el "delfín" pretendido de Barrio, Eduardo Romero Ramos, a quien luego su antiguo jefe compensaría ubicándolo dentro de la administración federal, a su vera. Desde luego, después no ocultaría su arrepentimiento:

–Patricio es un político violento —sentenció Barrio, ante el autor, en enero de 2005, cuando sopesaba la posibilidad de lanzarse, desde el Congreso de la Unión, a la precandidatura presidencial del PAN. Y no lo digo nada más yo. Todos saben cómo ha tratado a su esposa Patricia, a su hermana.

–¿Por qué los políticos son tan extremistas, diputado Barrio? Lo digo porque Martínez le señala a usted como centro de todos los vicios, y usted hace otro tanto respecto a Patricio. Cada uno dice que el otro es el malo, el narcotraficante.

–Yo nunca le respondí. Me molestaba, de vez en cuando, cada que leía sus declaraciones. Pero no le hacía caso.

–Él alega otra cosa. Por ejemplo, considera que, cuando usted fungió como secretario de la Función Pública, al inicio de la administración de Vicente Fox, no quiso ceder el edificio federal, en donde estuvo la prisión de Hidalgo y contiguo al Palacio de Gobierno en Chihuahua, para incluirlo en las obras de remodelación. Y que lo hizo nada más por puro capricho.

–Eso sí es cierto —responde, sereno, para de inmediato encenderse como en una erupción. ¿Y por qué chingaos se lo íbamos a dar? Es un hijo de la tiznada que sólo me ha injuriado, a mí y a mi familia, como fórmula política. Nada más faltaba que le hiciera un favor.

Los usos sectarios de la política quedan de manifiesto, otra vez desde Chihuahua si bien validados en la república entera. De allí el encono, la controversia que no admite réplica, la razón envuelta por la pasión y el deslinde permanente de cuentas desde posiciones extremas, irreconciliables. Y las cuentas del narcotráfico, por derivación, van y vienen con signo igualmente partidista.

–No se olvide —enfatiza Martínez García durante nuestro encuentro en Palacio de Gobierno—, que fue en el sexenio de Barrio cuando se instaló, en Juárez, Amado Carrillo Fuentes.

La réplica de Barrio también parece contundente:

–De acuerdo con información de la DEA —la agencia antinarcóticos estadunidense—, por Juárez salen doscientos millones de dólares semanales en droga, es decir unos ocho mil millones de dólares al año. ¿Y cuánto es el presupuesto total del Estado?: siete mil millones de pesos —menos de setecientos millones de dólares—, menos de la décima parte. Y esto ocurre ahora, durante la gestión de Patricio. ¿Quiénes son los beneficiarios?

(El 18 de agosto de 2005, el Departamento del Tesoro de Estados Unidos identificó y congeló las cuentas bancarias de treinta personas y diversas compañías vinculadas con el cartel de los Arriola Márquez, del que muy poco se sabía en los corrillos de la Procuraduría General de Justicia en México, cuya operatividad se extiende al estado de Chihuahua, concretamente a la capital de éste y Ciudad Juárez. Simultáneamente se distribuyó, para su difusión por los canales de la televisión privada, una fotografía que recoge un momento singular: Patricio Martínez, en su condición de gobernador, coloca la primera piedra para la edificación de una de las sedes comerciales del grupo delincuencial señalado; detrás de él aparece, nada menos que Óscar Arturo Arriola Márquez, hermano de Luis Raúl y Edgar presuntos cabecillas de la organización.

Al saberse la información fechada en Washington, los funcionarios mexicanos no pudieron aportar ni historia ni perfil de los nuevos —para ellos— zares del vicio en la frontera entre México y Estados Unidos, refrendando la hipótesis de que las huellas de los grandes capos "desaparecen" en cuanto los cargamentos de droga se introducen y distribuyen en territorio estadunidense).

En la versión de Martínez sobre el clan Barrio, el señalamiento es agudo:

–El difunto Federico se convirtió en el dueño de la segunda fortuna más importante de Chihuahua. Y lo logró a la sombra de su hermano Francisco.

118

Barrio contesta:

–Los latifundios de Martínez están a la vista. No hay chihua-huense que lo ignore.

Entre narcos las ejecuciones no ponen el punto final; entre po-líticos, la verborrea descalificadora tiende hacia el linchamiento público y moral del adversario que revierte las acusaciones. Las confluencias, más allá de la sangre derramada, son paralelas. Alguna vez el abogado César Fentanes, me confió una sentencia lapidaria: "En México, cada sexenio estrena a sus propios narcos".

La colusión parece confluencia de los acuerdos políticos sote-rrados. Un factor que, de modo alguno, puede soslayarse.

–¿Por qué —pregunta, clama Patricio Martínez— el gobierno federal no investigó el atentado del que fui víctima en 2001? Podrían haberse dado muchas respuestas, ¿no cree?

Verónica Loya, recluida en el penal de Chihuahua como res-ponsable del intento de homicidio, asegura, desde su celda, ser sólo un instrumento y niega haber intervenido en el suceso a pesar de la fla-grancia. Dos años después del grave incidente, Martínez García, cató-lico practicante, fue a verla. Y no faltaron versiones en el sentido de que la ocasión sirvió para que el entonces gobernador se desahogara.

–Sólo fui a decirle —aclara Patricio Martínez— que la perdo-naba. Ni la presioné ni la injurié. Fue un acto privado, de conciencia.

Un símil, por cierto, del encuentro entre el extinto Juan Pablo II y su agresor, el turco Alí Agca, tiempo después de haber sido baleado en 1981. Casi en olor a santidad, si bien el perdón del pontífice no fue óbice para que éste involucrara en su obra *Memoria e identidad*, publi-cada en 2005, apenas unas semanas antes de su deceso, al bloque comu-nista por la autoría intelectual aun cuando no hubiera señalamientos específicos. Lo mismo el devoto Martínez quien mantuvo en el nicho más destacado de su despacho, en el Palacio, la imagen del Redentor glorificado, como epicentro de la moral exaltada por la callada oración de la reverencia.

–Por allí se dice, gobernador —le digo a Martínez—, que tam-bién visitó a la baladista Gloria Trevi en su reclusión.

–No, para nada. A Gloria nunca la he tratado. Ni por teléfono. ¿Para qué?

119

–A lo mejor tenía usted un interés personal. Por ejemplo, su simpatía por Karina Yapor, la denunciante principal, quien alegó haber sido secuestrada y ultrajada por el representante artístico de Gloria, Sergio Andrade Sánchez.

–¿Y cuál habría sido mi interés? Nunca lo tuve ni tendría por qué tenerlo.

–¿No fueron amantes? —deslizo a bocajarro.

Patricio Martínez se remueve en el amplio sillón de la oficina que se dispone a abandonar. Mira, de reojo, la imagen de su hijo Patricio con el traje militar típico de una academia estadunidense, y luego, con voz muy baja, como si se tratara de una confidencia, responde:

–A Karina me la encontré alguna vez sin que yo supiera quién era ella. Luego me dijeron. Fue un saludo rápido, cortés. Sólo eso.

–¿Seguro, gobernador? Porque, la verdad, hay muchos rumores al respecto.

–Lo voy a decir bien claro. En un cargo como éste no faltan oportunidades ni ofrecidas. ¿No cree usted que sería una enorme pendejada agarrar una "nalguita" bajo tanto escándalo? Le aseguro, además, que hay mejores que ella, y no iba a dar un traspié con una persona tan publicitada. No soy tan tonto.

–Se habla de que se veía con ella en el Hotel Castel Sicomoro...

–Pero no es cierto. Y, desde luego, no la protegí. Di instrucciones para que el caso siguiera los cauces legales para responderle a un matrimonio chihuahuense, desesperado, que demandó justicia porque su hija estaba desaparecida. Luego el proceso continuó.

–Lo de Ciudad Juárez —insiste el gobernador saliente, Martínez García, en su entrevista última en este cargo— no es cosa del narcotráfico. Quizá al principio, sí; no después.

–Hay muchas cortinas de humo sobre las mujeres asesinadas y desaparecidas —replico. Y esto conduce hacia un mar de complicidades.

–Es necesario ver el fenómeno desde ángulos diferentes. Por ejemplo, cada vez que una mujer es víctima de un crimen en Juárez, por diversas causas incluyendo la violencia doméstica, la incluyen en la misma lista... aunque el caso se esclarezca; esto es, como si se obedeciera a un mismo patrón lo que no se ajusta a la realidad.

120

–Sin embargo, la primera referencia en el listado oficial es paralela a la aparición del cartel de Juárez en 1993.

–Por cuanto se ha indagado, el narcotráfico no es el único factor. Los extremos se tocan. En tal punto, desde posturas enconadas por la pasión, coinciden Martínez y Barrio Terrazas. Francisco Barrio decidió retirarse del proceso interno del PAN para elegir candidato a la Presidencia, el 7 de julio de 2005, alegando una profunda disparidad de condiciones y acusando a Fox de privilegiar a Santiago Creel. No puede descartarse que ello se deba a una sincera radiografía de los hechos ni tampoco la posibilidad de que sea ésta una buena manera de deslindar los veneros políticos de los del narcotráfico, beneficiado precisamente por las cortinas de humo: las muertas de Juárez y el denodado combate de la Casa Blanca contra el terrorismo como numen de la atención global obviamente inducida desde los centros neurálgicos del poder.

Francisco Barrio alega:

–Debemos analizar los hechos dentro de un marco sociológico adecuado si queremos entenderlos. Porque es evidente que el fenómeno no surge de manera automática sino se debe, más bien, a una prolongada descomposición social.

–A usted, cuando fue gobernador entre 1992 y 1998, le tocó enfrentar la aparición del cartel y el inicio de los asesinatos contra mujeres en Juárez.

–Hice lo que estaba en mis manos. Trabajé con los "cholos" —pandilleros urbanos violentados por la miseria—, y fundé un programa para rehabilitarlos dándoles oportunidades de trabajo. Lo llamamos "Barrios unidos con Barrio".

–¿Cuál fue el detonante?

–Encontramos que los jóvenes delincuentes provenían, ochenta por ciento de hogares desintegrados y cuarenta por ciento por la ausencia de ambos padres. Muchos de los que caían confrontaban su primer contacto policial antes de terminar su enseñanza primaria. Hablamos de un espectro marcado por una adolescencia frustrante, amarga.

–¿Todo esto fue herencia del pasado?

–Cuando asumí el gobierno estatal me encontré con escuelas paupérrimas en las colonias populares. Con pisos de tierra y techos

121

desvencijados; sin ventanas. Abandonadas. Obviamente esto detonaba el problema de la violencia.

–Con proyección, claro, hacia distintos estratos sociales.

–Detectamos altos niveles de abusos sexuales, de drogas distribuidas en colegios, en las calles. Un elevado porcentaje de muchachitas, entre 15 y 18 años, quedaban embarazadas y eran abandonadas a su suerte. Desde principios de los ochenta la educación no garantizaba una correcta formación. Era más bien de trámite.

–¿Cuáles fueron entonces las causas iniciales de la fenomenología de Juárez?

–Podría citar cuatro, de entrada: desnutrición, violencia interfamiliar, promiscuidad y hacinamiento. Lo demás vino por añadidura.

Le falta mencionar, desde luego, la política o la politiquería, más bien, unida a los propósitos sectarios, fuente de las desviaciones conceptuales en un entorno falsamente democrático. Raúl Gómez Franco, abogado y editorialista, resume en su monografía, "La crisis en el binomio migración-maquiladora y sus efectos en Ciudad Juárez", el peso de los valores entendidos:

> Los representantes de la industria maquiladora se enfrascaron, desde mediados de 2001, en una defensa del sector ante el gobierno federal[...] La Federación no hizo mucho caso durante los primeros meses de 2002; incluso el secretario de Economía, Luis Ernesto Derbez, reconoció en junio que el mismo gobierno había tratado de llevarse varias plantas hacia el sur del país para fortalecer el Plan Puebla-Panamá, un proyecto del presidente Vicente Fox para reactivar la economía del sureste mexicano.

En resumen, se buscó tapar un hoyo abriendo otro de mayores dimensiones, y únicamente con el propósito de refrendar el sello político de la incipiente administración central atrapada por las ofertas de un cambio sin transformaciones estructurales. Una mecánica, insisto, muy parecida a la de los regímenes priístas cuya conducción facilitaba la protección de ciertos propósitos corporativos vinculados con el poder público. La demagogia, en fin, es siempre explosiva aun cuando el encendido de la mecha sea lento o gradual de acuerdo con la terminología de la clase tecnopolítica.

Sin consenso general, atenido al mandato que deriva del sufragio universal como único pronunciamiento válido aun cuando se imponga un derrotero contrario a las ofertas de campaña, el gobierno maneja los tiempos y las circunstancias a su entender, en beneficio del cerrado grupo de socios influyentes, sin necesidad siquiera de brindar explicaciones. Y luego vuelca toda la furia hacia el pasado para dirimir controversias lavándose las manos. Este modo de proceder sólo puede funcionar cuando la ignorancia colectiva lo permite.

Vuelvo al Palacio de Gobierno de Chihuahua el lunes 21 de febrero de 2005. El ámbito es distinto. No hay barras protectoras a las puertas del recinto y se observa una gran animación por pasillos y escaleras. La placa que recuerda el atentado contra Patricio Martínez sigue en su sitio, como refrendo institucional pese al relevo con carácter gregario muy al estilo de la Casa Blanca ante el clan Bush. Modernización, al fin, para asemejarse a la gran potencia universal. El nuevo gobernador, José Reyes Baeza Terrazas, sobrino de Fernando Baeza Meléndez, quien ejerció el mismo cargo entre 1986 y 1992, espigado y alto, moreno y jovial, está en fase de acercamiento como método ineludible para tomar el control y, por supuesto, no rehúye cuestionamientos:

–Lo de Juárez —comenta pausadamente, pensando cada palabra antes de emitirla—, es consecuencia de que no marcha a la par el crecimiento industrial acelerado con el aspecto social.

–¿Y la política?

–También tiene que ver. Mi antecesor, Patricio Martínez no ocultó su animadversión por el exalcalde de Juárez, (el panista) Jesús Alfredo Delgado Muñoz. Y eso se tradujo en una discordia con saldos negativos para el desarrollo de la ciudad.

–Dicen que Martínez fue un buen alcalde de la ciudad de Chihuahua más que un gobernador con perspectiva regional.

Sonríe Reyes Baeza, sin secundar el señalamiento. Tampoco lo niega ni lo ataja; lo deja correr quizá para subrayar las diferencias, una obsesión en cuantos cursan por su primer año de gestión gubernamental con la carga enorme de los antecedentes. Su tío, Fernando, quien se impuso a Francisco Barrio en el primer intento de éste por alcanzar la gubernatura —1986—, debió salir de la entidad bajo la presión de Martínez quien, de plano, no admitía espejos ni contrapesos. Patricio, sólo él, debía ser visto y considerado como el primer priísta, libre de las sombras de la historia reciente y de las conexiones interpartidistas subterráneas. A Baeza Meléndez le encasillaron bajo el calificativo de "pripanista", entre dos bandas y dos partidos, para acentuar su ascendencia de derecha y acaso posibilitar con ella la transición que se veía inevitable hace casi dos décadas.

Tras los controvertidos comicios de 1986, que encendieron los ánimos y las acusaciones de fraude, con confluencia hacia las jerarquías católicas dispuestas a la suspensión del culto para protestar contra la afrenta a la ciudadanía, uno de los operadores del viejo priísmo, el entonces diputado federal, Carlos Rubén Calderón Cecilio, yucateco de origen y de extracción campesina —fue alcalde de Peto, en el oriente yucateco, en donde la explotación desigual de la tierra es fuente de disputas interminables—, no soslayó la defensa de cuanto se había hecho en pro de la victoria de su partido:

–Hicimos —me confió transcurridos algunos meses desde el desenlace de aquel proceso infectado— un trabajo profesional. ¿Fraude? De ninguna manera. Sencillamente ocupamos los espacios que el PAN dejó vacíos. En la guerra es válido, ¿no?

Benditos eufemismos justificatorios. Semanas después de la asunción de Baeza Meléndez en 1986, pude tomarle el pulso a la ambivalencia política. Dijo el entonces gobernador que la entidad estaba en paz y no había lugar para sobresaltos. Casi como un reproche a quienes apuntaban hacia el desgaste del priísmo a pesar de la derrota de Barrio quien parecía agazapado, esperando una nueva oportunidad para consumar su asalto el poder.

–¿Quieres ver cómo me respeta la gente? —preguntó Baeza Meléndez de improviso, levantándose.

Y salimos de Palacio, andando, sin escoltas visibles. Cruzamos la rúa principal, internándonos por las calles laterales. Quienes le veían le saludaban hasta con cordialidad. Algunos tocaban el claxon de sus automotores para festejar, sin intenciones ofensivas, el encuentro fugaz con el gobernante. El mandatario sabía que estaba dando un buen espectáculo. De pronto detuvo el paso y se dirigió hacia un vehículo detenido, con el cofre abierto. El conductor del mismo, desesperado, no podía hacerlo andar. Baeza, en gesto histriónico, se quitó el saco, le pidió al agobiado ciudadano que se lo cuidara, se arremangó la camisa y procedió, convertido en mecánico furtivo, a reparar el automóvil. Lo hizo.

–¡Gracias, mi gobernador! —exclamó el beneficiario, feliz.

–Estamos para servirte, mi amigo. El gobernador no es más que un servidor de la gente —respondió, dueño de la escena.

La lección concluyó cuando, volviéndose hacia mí, convirtió el pasaje en eslogan:

–¿Lo ves? Un gobernador que puede andar así, entre los suyos, tiene el respaldo de su pueblo.

Baeza Meléndez, avispado, alto, de tez blanca a diferencia de su heredero político, con cierto aire de intelectual ingenuo detrás de la gruesa armazón de sus bifocales, entonces de moda, a la larga recibió otro tipo de espaldarazos. Al dejar Chihuahua, agobiado por los subterfugios y las asechanzas, buscó y obtuvo refugio en Costa Rica, en las extensas heredades rurales de uno de los clanes de mayor influencia en México: los Hank, señalados por muchos por sus conexiones non sanctas, incluyendo la notable influencia del patriarca, el extinto profesor de Santiago Tianguistengo, don Carlos, en la frontera norte, desde Tijuana hasta el Golfo, pasando por Ciudad Juárez, claro, en donde se benefició con un acuerdo federal para instalar una planta de ácidos tóxicos, Hidroflúorica Ácida Solvay.

La periodista Diana Washington extiende la sospecha:

–Los vínculos de los Hank con Chihuahua permanecen. ¿Sabe usted con quién negociaron sus herederos para refrendar permisos y concesiones? Nada menos que con Santiago Creel Miranda. Son intocables.

No hay favores sino intereses. Fernando Baeza, vencedor de Barrio en 1986 terminó su mandato trasmitiéndole a éste la titularidad del ejecutivo estatal en 1992. Luego vendría la segunda alternancia con la llegada de Patricio Martínez quien, a la sazón, entregó la estafeta a Reyes Baeza, a imitación casi perfecta, repito, de la democracia gregaria de Estados Unidos. Nos dirán que es necesario adaptarse a la realidad.

El nuevo gobernador nos invita a desayunar, en la tibia mañana de febrero de 2005, en el comedor de Palacio, accediendo a un diálogo sin grabadoras. Apunto, eso sí, lo fundamental.

–Voy una vez por semana a Ciudad Juárez. Creo que la manera para sobrellevar la problemática es creando infraestructura, acercándonos. Por lo pronto ya anuncié que destinaremos mil trescientos millones de pesos a mejorar las áreas de seguridad pública. Antes sólo se ejercían ochocientos millones de pesos. Y también invertiremos mil ochocientos millones de pesos para obras públicas.

(Semanas después de nuestro encuentro, Reyes Baeza, en Juárez, anunció que la derrama oficial para esta ciudad, durante el primer año de su gestión, se estimaba en mil millones de pesos, más de la mitad de lo contemplado globalmente para toda la entidad.)

Con una carrera política más bien corta —fue alcalde de la capital chihuahuense en 1998 y después diputado federal—, Reyes Baeza se asume, sobre todo, como un buen conciliador:

–No tengo interés alguno en ampliar complicidades. Tampoco pretendo perseguir a mis adversarios políticos. Esos tiempos deben pasar definitivamente.

Dejo a un lado el machacado con huevo, con picante al gusto y tortillas de harina inacabables, como sábanas ligeras para cobijar al estómago, llenándolo, y aprovecho la cordialidad del momento para poner sobre la mesa un predicamento notable:

–Usted es priísta —le digo al gobernador—y venció en unos comicios sin impugnaciones relevantes. Sin embargo, los dos chihuahuenses que podrían llegar a la presidencia son panistas, Creel y Barrio. El segundo ya fue gobernador y el primero es el favorito del "foxismo" en el poder. Si cualquiera de ellos resulta el candidato, ¿se inclinarían los chihuahuenses por el PAN?

Reyes Baeza baja la mirada al tiempo que sus manos estrujan la alba servilleta. El mesero, con casaca también blanca y siempre solícito, detiene el paso y opta por cubrirse en un rincón, bendiciendo el anonimato. El gobernador se toma su tiempo, tan valioso cuando se está bajo presión constante, y responde, exhalando:

–Creo que se impondría el paisanaje. No puedo negarlo.

–¿Y no sería para usted un serio contratiempo? Si gana el PAN la presidencia, o el PRD, porque es usted priísta y si vence el PRI nacionalmente porque lo haría perdiendo Chihuahua...

126

–No me lo había planteado. Pero mi responsabilidad debe situarse por encima de los partidarismos. De verdad. Si no lo hago así comprometería, muy seriamente, el destino de Chihuahua.

–¿Una fórmula moderna para entender y ejercer la política? ¿No es utopía en una nación multiforme y dividida?

–Digamos que es otra época. Si no somos capaces de cohabitar en paz con los miembros de otros partidos sólo gobernaríamos parcialmente. Y esto no cabe en la perspectiva actual.

–¿Se imagina usted a alguno de sus antecesores, Patricio Martínez, su tío Fernando, Manuel Bernardo Aguirre, Teófilo Borunda, entre otros, asumiendo una realidad como la que usted sugiere?

–Les costaría, por formación, bastante más trabajo, ¿no?

Cuestión de parcelas, no sólo de ideas. Porque, como lo explicó Patricio Martínez, en Chihuahua cada familia tiene, en su seno, a algún panista. Y lo mismo se dice en sentido inverso: no hay hogar chihuahuense sin un priísta. La cuestión parece resumirse, nada más, a la ubicación de cada quien, tantas veces circunstancial, en el gran palenque de la política. Las divisiones comienzan en casa o se entrecruzan, como en los días de los reacomodos revolucionarios, para evitar segregaciones aplastantes.

–Chihuahua había sido, tradicionalmente, un bastión del PRI. Incluso hay quienes alegan que, a diferencia de otros estados de la república, los gobernadores, en su mayoría, no dejaron tan mal sabor de boca. ¿Por qué entonces se dio el surgimiento del panismo como frente opositor?

–No fue como consecuencia de un movimiento local. La crisis económica de 1982 disgustó enormemente a los grandes empresarios quienes sufrieron una aguda descapitalización. En el norte del país los efectos fueron más agudos. Fue entonces cuando pareció imperativo financiar a otras opciones. En 1983, don Luis (Héctor) Álvarez (Álvarez) ganó la alcaldía de Chihuahua. Y en 1985 el movimiento estudiantil comenzó la escalada frontal contra el estado de cosas.

En 1983, el candidato del PRI a la presidencia municipal de la capital del estado, Luis Fuentes Molinar, hombre de una sola pieza e hijo del periodista y escritor don Luis Fuentes Saucedo, declinó las instrucciones de su partido para imponerse contra la voluntad popular y despejó con ello la ruta a favor del veterano Álvarez quien luego sería dirigente nacional del PAN.

–¿Actuó correctamente Fuentes Molinar? —interrogo al gobernador Reyes Baeza.

–Éticamente, sí; políticamente, no.

Retornamos al punto muerto que confluye del viejo régimen. Como si nada hubiese pasado. La moral por un lado, la vocación priísta por otro. ¿Una conciliación imposible entre la conciencia y la disciplina partidista?

Cierro la controversia cuestionando al mandatario:

–Y entre Barrio y Creel, ¿por quién se inclinarían los empresarios de Chihuahua?

–Barrio tiene mejor aceptación entre la militancia de su partido; pero Santiago Creel, sin duda, sería mejor visto por los grandes capitalistas. A lo mejor porque ya conocen a Barrio y de lo que es capaz.

Y ésta es, sin duda, una larga historia.

B

El detonante fue "El grito de Guadalajara" (*Confidencias Peligrosas*, Oceano, 2002):

–Entremos al periodo revolucionario al que yo llamaría psicológico. Debemos... apoderarnos de las conciencias de la niñez, de las conciencias de la juventud, porque son y deben pertenecer a la revolución.

Año de 1934. Habló así el fundador del Partido Nacional Revolucionario (PNR) —destinado en principio a canalizar los caudillajes promotores de asonadas hacia las instituciones y la continuidad política—, el general Plutarco Elías Calles —expresidente de la República, quien intentó atajar las intenciones reeleccionistas de Álvaro Obregón hasta que el crimen contra éste le colocó en el filo de la sospecha en 1928—, inaugurando con ello una etapa de adoctrinamiento con tintes izquierdistas.

La reacción resultó igualmente vigorosa. Desde Guadalajara, el arzobispo Francisco Orozco y Jiménez y el obispo auxiliar con derecho a sucesión, José Garibi Rivera, quien luego sería ungido cardenal, el primero en México, unidos a un grupo de notables profesionales, entre éstos el destacado jurista Efraín González Luna, convocaron a un boicot contra el gobierno basado en la suspensión del pago de impuestos. El sacudimiento social fue intenso y de este revulsivo nació el Partido Acción Nacional (PAN) con las nutrientes del antiguo Partido Católico desarrollado en Los Altos de Jalisco con ramificaciones en Guanajuato.

González Luna, el gran ideólogo de Acción Nacional, escribió en su obra *Humanismo político* —reeditada por el PAN en 1999—:

> La raíz de los males de México puede resumirse en esta sola fórmula: deserción del deber político. Si la función política es necesaria y no la cumple la ciudadanía mexicana para bien de México, la prostituirán sus explotadores para ruina de México.

La proclama fue a favor de una ruptura definitiva que devolviera a los mexicanos la dignidad perdida a causa de los gobiernos autocráticos:

> La inmersión del hombre y la de la familia en un medio social corrompido y bajo el régimen de un Estado desviado de sus fines, desertor de sus deberes, enemigo y destructor en vez de servidor y representante de la sociedad que gobierna, tiene que producir necesariamente efectos fatales. Más todavía: no es posible que indefinidamente el hombre esté sujeto a un sistema de tortura de su convicción, de su libertad, de sus afectos más caros. Aún físicamente, la resistencia tiene que agotarse.

¿Cómo lograr la transformación? González Luna debió responder a quienes, en el acto constitutivo del partido, sugerían que el nacimiento de la organización debía justificarse como una reacción vigorosa a la amenaza comunista. Y lo hizo sin disimular su entusiasmo hacia la excepcional organización política, de masas, de los estados socialistas:

> La crisis histórica de México, como la crisis de la cultura occidental, está planteada en términos mucho más hondos que los de un mero triunfo de esta doctrina o, mejor dicho, de esta organización activa, admirablemente activa fuertemente activa que se llama comunismo.

129

Y en el camino, encontró González Luna a Manuel Gómez Morin, nacido en Batopilas, Chihuahua, casi en los límites con Sonora, en febrero de 1897, hijo de un español y nieto, por parte de madre, de un inmigrante francés. Chihuahua, de nuevo, en el vórtice de la historia.

Si González Luna fue el filósofo, el gran tratadista, en la hora del alumbramiento del PAN, Gómez Morin, animado por los aires de la cultura trashumante —llevado de la mano por su madre, Concepción Morin del Avellano, a Parral, León y la ciudad de México, en busca de las mejores escuelas, una ruta especialmente crítica entonces por los barruntos de tormentas cívicas allí concebidas—, se convirtió en el operador político capaz de estrechar afinidades y ampliar convocatorias.

Mireya Cuéllar (*Los panistas*, *La Jornada* Ediciones, 2003) rescata una anécdota excepcional que explica la dualidad formativa del chihuahuense Gómez Morin. Un mes después de recibirse como abogado, en 1919, mandó el siguiente mensaje a uno de sus amigos:

> En cuanto a mi porvenir vacilo entre dedicarme a ser rico navegante en los negocios con bandera de pendejo, la única que salva en este oficio, o lanzarme a profeta de un nuevo mundo alumbrado por el sol de la República Federal Socialista de los Soviets, cuya organización, tendencias y procedimientos me han cautivado.

Dos espíritus confluyeron hacia el mismo punto, saludando con su rebeldía juvenil el advenimiento de una nueva opción existencial, política y moral, ante la desbordante materialización de los objetivos primarios. Y fatalmente se vieron envueltos y acaso atrapados por la dicotomía fatal que es parte de la esencia nacional: conservadores o liberales. Ninguna otra alternativa.

Poco después, en junio de 1920, el bisoño abogado Gómez Morin fue reclutado por el gobierno de Adolfo de la Huerta y depositado en manos del general Salvador Alvarado, sonorense y exgobernador de Yucatán, durante el breve lapso en que éste fungió como secretario de Hacienda. Alvarado, de preclaras ideas socialistas, convulsionó los conservadores cimientos de la sociedad yucateca durante su mandato —entre 1915 y 1918—, la hizo vibrar con sus reformas agrarias y laborales, y fue semilla para el advenimiento del primer gobierno socialista en el país, en Yucatán, conducido por Felipe Carrillo Puerto en 1922.

En *Mi sueño*, una alegoría en prospectiva sobre cuanto avizoraba para México, Alvarado escribió:

> (En mi sueño) había muerto definitivamente en el hacendado la sombra ridícula del señor feudal con pretendido derecho de pernada, de pendón y de caldera, en pleno aire de renovaciones. Ya no era el sujeto obstruccionista y retardatario, a quien había que llevar a empujones al camino racional de su propia conveniencia. Ya no era el ente receloso y preciso, sin pensamiento y sin acción, que hubiera perecido antes de dar un paso valiente y generoso. Ahora, el hacendado con ojos serenos y confiados de hombre fuerte por sí mismo, veía un colaborador, un socio en cada jornalero, más útil mientras más educado y más libre.

De esta fuente abrevó el indeciso Gómez Morin al momento de definir su propio destino. Luego viajó a Nueva York, convertido en agente financiero gubernamental, y a su regreso encontró la cálida bienvenida del maestro José Vasconcelos, guía de varias generaciones como confluencia del maderismo al que él defendió apasionadamente con el verbo encendido de la novela de la Revolución mexicana cuya cumbre, sin duda, es su *Ulises criollo*. Gracias a Vasconcelos, maestro de América, Gómez Morin ocupa la dirección de la Escuela Nacional de Derecho y la convierte en facultad. Y luego retorna a Hacienda, a las órdenes de Alberto Pani, durante el periodo de Plutarco Elías Calles.

Alvarado y Calles son el eje formativo de Gómez Morin. Y es el mismo Calles quien, en su afán de construir una sociedad laica, propone una "revolución psicológica" para consolidar con ella el alma liberal de México. Los extremos se tocan en donde las paradojas comienzan. Así ocurre en la política mexicana que provee de espacios contrapuestos a las mentes luminosas atraídas por el espejismo de ganar la historia. Hasta que los rencores se vuelven irreconciliables y desembocan en la fatalidad.

Dicen los biógrafos de Manuel Gómez Morin que fue un creador de instituciones mientras estuvo al servicio del gobierno. Y, entre otras cosas, aprovechó su experiencia en el rubro financiero para crear y dar forma al Banco de México cuyo primer responsable fue, precisamente, don Plutarco.

Con este aliento formativo, Gómez Morin, funda, a la par con González Luna, el Partido Acción Nacional en 1939 y lo preside hasta 1949. Contra la educación laica, la resistencia en pro de la libertad de cátedra fundamenta y justifica el advenimiento de un partido situado hacia la derecha pese a la inevitable atracción que sus dirigentes sentían respecto al orden, la metodología y la filosofía de los totalitarismos socialistas.

Cito de nuevo a Mireya Cuéllar:

> En este primer momento (el de la fundación del partido en septiembre de 1939 en el Frontón México de la capital del país), el PAN fue una coalición de liberales maderistas, vasconcelistas, católicos opuestos a la educación socialista y empresarios opuestos a las políticas de Lázaro Cárdenas. Después sufriría un proceso de decantación en el que se impuso la vertiente católica.

El operador político, Gómez Morin, no pudo siquiera ser candidato a la Presidencia de la República por ser hijo de un español como efecto de los resquemores del Constituyente de 1917 ante la manifiesta vulnerabilidad del Estado mexicano con respecto a las tendencias y ambiciones del exterior que tanto marcaron su destino. Pero sí fue aspirante, en 1946, a una diputación por el segundo distrito de Chihuahua, confluyendo hacia los arraigados vicios del sistema monopartidista bajo el priísmo hegemónico. Cuando intentó defender su caso en el Colegio Electoral, sus adversarios alegaron que no podía considerarse mexicano dada la nacionalidad de su progenitor. Pese a ello logró la nulidad de los sucios comicios y la declaratoria de nuevas elecciones[...] que nunca se realizaron. La curul quedó vacante y el sistema resistió, sin competencia, casi dos décadas más.

Más allá de este antecedente, en Chihuahua se sitúa el inicio de la debacle priísta en 1982, a 36 años de distancia del primer experimento proselitista del fundador del PAN. Si en 1939 los empresarios percibieron el acoso del cardenismo y sus políticas estatizadoras como vibrante llamada a organizar un nuevo partido, en 1982 el populismo ineficiente que culminó con la nacionalización de la banca y el control cambiario, sublevaron a los dueños de los grandes capitales del norte. Dos pasajes distantes cortados con la misma tijera.

El investigador Pedro Siller, en su excelente monografía "La democracia que vino del norte", abunda sobre el particular:

> Tal situación —el descalabro priísta de 1983 en Ciudad Juárez y en el resto de Chihuahua en donde el partido oficial sólo retuvo Ciudad Jiménez— se atribuyó al descontento de la población después de las devaluaciones, la estatización de la banca, y, sobre todo, el resentimiento de los fronterizos cuando los mexdólares depositados en las instituciones mexicanas de crédito se convirtieron en pagaderos sólo en pesos y a un tipo de cambio menor que el que imperaba en esos momentos en los mercados de divisas. Es decir, en el caso de Ciudad Juárez fue una involuntaria agresión del centro hacia la región que recién comenzaba a configurarse como tal en aras de una estrategia anticrisis.

Una reacción que, además, explica el surgimiento de figuras emblemáticas que serían, andando el tiempo, los baluartes para construir la oferta del cambio hasta la consumación de la primera alternancia en el plano nacional en 2000. José López Portillo, presidente de la República en ese entonces —1976-1982—, observa un abierto maridaje entre los empresarios mexicanos y la embajada de Estados Unidos de América como preámbulo a la crisis que él no pudo atajar.

༄

Clouthier, afiliado al PAN en 1984, arribaría a la candidatura presidencial de este partido en 1988, el año marcado por la usurpación de Carlos Salinas, y su intervención sería determinante para ablandar a los medios masivos de comunicación reacios a brindar tribunas a los opositores.

El 17 de febrero de 1982, López Portillo, molesto por las presiones que él entendía armadas por la Casa Blanca y sus representantes en México, escribió:

Yo sabía, después de las visitas de Gavin y su paniaguado Clouthier, que ésta iba a ser la semana más crítica de mi régimen. Sin duda lo será. Va a ser seca y dura. Ya no puedo admitir que nos saquen dólares para especulación. La estrategia acordada fue insuficiente.

Paniaguado, nada menos, como decir compinche, servil, mercenario. Y tal es el calificativo endilgado a quien coordinaba a los empresarios seducido por la idea de encontrar opciones políticas diversas. Más que explicable preocupación por la situación financiera crítica se trasluce una actitud entreguista hacia el gran poder del continente a cambio, claro, de adoquinar la senda hacia el Palacio Nacional.

Y es entonces cuando nos asalta una duda: ¿a quién le convenía la crisis económica de 1982? No al régimen establecido que fue arrojado al abismo del fracaso; ni a cuantos creyeron en las posibilidades de desarrollo invirtiendo en su país, México, soslayando riesgos; tampoco a los causantes cautivos cuya depauperación fue patética. Le venía bien a los consorcios multinacionales, a los especuladores y a cuantos medraron políticamente con el golpe.

Alguna vez, durante su gira proselitista por Yucatán en 1988, en breve encuentro, cuestioné al ya célebre Maquío Clouthier, cobijado por el calor desbordante de los yucatecos, bien adoctrinados por el diario local, de vieja raigambre conservadora y acaso piedra angular para la exaltación del panismo vernáculo, sobre sus orígenes y motivaciones:

–No entiendo cómo un empresario exitoso como usted —le dije—, triunfador bajo las reglas del sistema, propugna por un cambio drástico. Si me lo explica, me convence.

El candidato rio de buena gana, prolongando la carcajada más de lo usual quizá para meditar su respuesta y hacerla parecer contundente. Y replicó, con toda la fuerza de su personalidad:

–Si no cambiamos esto, nadie podrá ser exitoso en el México del mañana. No se trata de ver hacia el pasado sino hacia el futuro.

Clouthier, robusto, más bien obeso, fue también precursor de los barbudos que se identificaban así con un toque entre aristocrático, a la usanza de Maximiliano de Habsburgo, y guerrillero, al estilo de los de la Sierra Maestra, revelándose como opositores frontales a los gobiernos infectados por la corrupción y el corporativismo. Luego le seguiría Diego Fernández de Cevallos, en su frustrado andar hacia la residencia oficial de Los Pinos en 1994, y Vicente Fox Quesada, en 2000, quien optó por rasurase para marcar diferencias con sus antecesores y llegó, al fin, a la meta establecida. Folclor, sí, pero también mensajes subliminales.

En 1982, Clouthier, el triunfador rebelde, era ubicado por el entonces presidente López Portillo sólo como un emisario más de la embajada estadunidense. Por su parte, el empresariado observaba el devenir político convencido de la ineficiencia de un gobierno esencialmente inmoral y, como tal, pernicioso y escasamente preocupado por construir una nación justa en la que, por supuesto, los capitales estuvieran seguros y firmemente respaldados. Al respecto, Siller cita una aguda sentencia de la investigadora Soledad Loaeza:

> Para entender las posiciones radicalmente antiestatistas que ha recogido Acción Nacional, hay que tener en cuenta que estos grupos reaccionan desde el privilegio. Se sienten amenazados no por el proletariado en marcha; no por los campesinos en armas; no por una burguesía cerrada y distante ni por un gobierno de izquierda, sino por un Estado al que consideran ineficiente y corrupto, incapaz de desarrollar un país menos desigual y más apropiado a la imagen de país que piensan merecer.

Desde luego, López Portillo no midió las consecuencias políticas, sólo las financieras, aceptando los costos como parte de la inmolación sexenal de cada mandatario. La certeza sobre la continuidad, que a veces requería el sacrificio personal de los funcionarios salientes, le permitió subrayar, exultante, los márgenes felices derivados de la elección presidencial en julio de 1982:

> Pasaron las elecciones —recogió en su diario personal divulgado en *Mis tiempos*. Todo tranquilo sin un incidente que lamentar. Desde luego y aun cuando no hay cómputos completos, podemos afirmar que la abstención fue derrotada. Yo espero una votación cercana a 80%. Desde luego, por arriba de 70%.

135

En pocos, si no es que en ningún país del mundo, se da un caso así de concurrencia a las urnas.

El ganador de aquellos comicios, Miguel de la Madrid, obtuvo 68.4% de los sufragios mientras su rival más cercano, el panista Pablo Emilio Madero, debió conformarse con sólo 13.8%, optó por el viraje, vindicó a los banqueros con indemnizaciones multimillonarias para compensarlos de la estatización que, en realidad, fue para ellos un rescate —la imparable fuga de capitales se dio a partir del retiro de depósitos de las instituciones mexicanas—, y construyó su decantada "reordenación económica" privilegiando a cuantos fueron afectados por las medidas lopezportillistas. En ese paisaje de reversión, el PAN encontró, al fin, el camino para su crecimiento estructural con la paulatina incorporación a sus filas de relevantes miembros del empresariado.

Y Chihuahua volvió a convertirse en un gran laboratorio. El investigador Siller explica en su monografía citada:

> Uno de los ideólogos más importantes en ese momento fue un antiguo empresario quien, en protesta por las acciones lopez-portillistas, vendió su cadena de tiendas y sacó su dinero del país: Francisco Villarreal Torres. A las invitaciones de Villarreal se sumaron otros, como el banquero Eloy S. Vallina (Lagüera), dueño entonces de Comermex, el banco más importante en esos momentos en el estado de Chihuahua y uno de los cinco más importantes a nivel nacional y del cual Villarreal formaba parte como miembro del consejo de administración. Además participaron empresarios locales, como Jaime Bermúdez (Cuarón), Gustavo Elizondo (Aguilar) y varios más quienes decidieron impulsar la candidatura independiente de Francisco Barrio Terrazas para la alcaldía de Ciudad Juárez, mediante el Frente Cívico de Participación Ciudadana.

Desde luego fue Vallina Lagüera el epicentro. Su fortuna, la mayor acumulada por chihuahuense alguno desde los tiempos de Terrazas y Creel, le permitió desafiar, abiertamente, a la clase gobernante. Frenético, luego de ser despojado de su banco, pese a haberse protegido como la mayor parte de los capitalistas de entonces, vociferó a los cuatro vientos:

–Me quitaron mi banco, yo les quitaré Chihuahua.

Y, desde luego, lo hizo. Lo primero fue, por medio de Villarreal Torres, buscar a un candidato viable, de buen perfil entre la iniciativa privada, provocador y dispuesto a abanderar una causa... con el apoyo financiero del grupo. Así llegó a la política Francisco Barrio Terrazas.

Resulta por demás ilustrativo que los mencionados como aliados de Vallina, desde el plano empresarial para incursionar por los avatares políticos, todos, fueron postulados y ganaron la presidencia municipal de Ciudad Juárez desde distintas plataformas partidistas. Barrio, en 1983 tras una afortunada coalición con el PAN al que se afilió dos días antes de ser nominado; Bermúdez, en 1986, por el PRI y como sucesor inmediato de Barrio quien no pudo retener para su partido la posición; Villarreal, en 1992, por el PAN y, finalmente, Galindo, en 1995, también por el PAN. Alternancias al gusto de los poderosos financieros que pudieron, dinero en mano, retar al sistema y vencerlo.

El joven Barrio —tenía 33 años cuando decidió disputar la alcaldía de Ciudad Juárez—, formado en la disciplina empresarial gracias a su participación en el Grupo Bermúdez como ejecutivo y decepcionado por lo que consideraba una bancarrota nacional, optó por dejar el país y abandonarlo definitivamente aun cuando, sin tener negocios propios, había presidido el Centro Empresarial de Ciudad Juárez y dirigido a Consultores en Planeación del Norte, además de participar, como gerente general en Mercados Amigos. Tiempo después, en abril de 1986, cuando dialogué con él por primera vez mientras desarrollaba su campaña en pos del gobierno chihuahuense, me dijo:

–Yo creí que ya no había remedio. Y me fui con el ánimo de no volver. ¿Para qué? Cualquier esfuerzo se perdería por el capricho de la clase gobernante en un abrir y cerrar de ojos. Era mejor buscar otros horizontes aunque, claro, sobrellevando el íntimo dolor de la frustración.

Tal era su ánimo cuando a su puerta, en Estados Unidos, tocaron los molestos inversionistas que se sentían despojados. No podían, ni querían, perdonar la afrenta. Barrio le entró, cruzó la frontera de vuelta y se convirtió, atesorando el fervor popular, en El Ayatollah mexicano. Así le llamaron entonces mientras él avanzaba, sin detenerse, en los multitudinarios mítines:

–Primero, hermanos, oremos.

Y los convocados, de distintos estratos sociales, impactados por la religiosidad del postulante, puestos de rodillas para clamar por la protección divina, creían en su verbo, tras hacer la señal de la cruz sobre sus inflamados pechos, rebosantes de rebeldía contra el mal gobierno que los había empobrecido a golpes de devaluaciones y mientras los saqueadores —¿quiénes?— multiplicaban sus haberes. Nuevamente, círculo cerrado.

El 7 de septiembre de 1982, pasado el último informe de gobierno en el que se anunció la nacionalización bancaria y el control total de cambios, López Portillo anotó en su diario:

> Ahorita me acaba de hablar (Alfonso) Martínez Domínguez, gobernador de Nuevo León, para decirme que no habrá paro empresarial; que quieren (los empresarios) explicar su posición; que quieren que cese la campaña en su contra; que quieren facilidades para seguir; que van a repatriar sus capitales[...] y que no se publiquen las listas de sacadólares y compracasas.

¿Círculo cerrado o círculo vicioso? De acuerdo con la investigación de Pedro Siller, de mayo a julio de 1983, el PAN, con Barrio como abanderado, ordenó la inserción de 7,234 pulgadas-columnas en los diarios de Ciudad Juárez mientras el PRI, el partido oficial beneficiado con los recursos públicos a la usanza de la época, sólo invirtió el equivalente a 2,556 pulgadas-columnas. Casi una proporción de tres a uno a favor del panismo y sus promotores.

Los momios coincidieron con los resultados finales: el PAN obtuvo en esa elección 61% de los sufragios frente al priísta perdedor, Santiago Nieto Sandoval, un burócrata de medio pelo y quien basó su promoción en el origen humilde de su persona a partir de una infancia de carencias en uno de los barrios más populares de la ciudad desde donde había logrado levantarse para titularse como ingeniero agrónomo. Por poco se queda hablando solo. Conmovedor.

El fenómeno se extendió a toda la entidad. En la capital de Chihuahua, el priísta Luis Fuentes Molinar, hondamente arraigado y descendiente de una familia de periodistas, recibió instrucciones desde la ciudad de México para "rescatar" los escrutinios, que le eran adversos, con toda la potencia del aparato estatal. Y su reacción sorprendió incluso a sus adversarios:

—En acatamiento a la voluntad política de los chihuahuenses —declaró—, y para cumplir con mis compromisos de conciencia y con mi partido, reconozco que fui derrotado en las elecciones.

El descalabro se convirtió en irreversible. El abanderado del PAN a la alcaldía de la capital del estado, Luis Héctor Álvarez, excandidato a la Presidencia de la República —en 1958 contra Adolfo López Mateos— y veterano en la lucha contra el inmovilismo político, se disponía a encabezar una larga resistencia poselectoral ante los férreos controles gubernamentales. Y, de pronto, la ruta se despejó. Desde Ciudad Juárez, el recién electo alcalde, Barrio Terrazas, en un desplegado a plana entera, envió un mensaje al priísta vencido: "Señor Fuentes Molinar: reciba mi admiración y mis respetos".

Y en el mismo sentido aparecieron textos similares mientras Álvarez, paso a paso, tomaba conciencia del deber contraído. Ante la contundencia de la victoria de Barrio en Juárez, don Luis sopesaba, no sin razón, que él sería sacrificado de acuerdo con las reglas no escritas del juego político: el reconocimiento a una derrota priísta en una ciudad importante obligaba a ciertas compensaciones para que el partido oficial conservara capacidad de maniobra y el control estatal. Fuentes Molinar dio al traste con las antiguas "tradiciones" impositivas y, por supuesto, finiquitó con ello su apretada carrera política.

La debacle priísta de 1983 no arrojó al abismo al partido pese a pronósticos precipitados. Conservó la mayoría en el congreso local —con nueve diputados contra cuatro del PAN, si bien pudieron ser cinco de no haberse "congelado" los escrutinios en el IV distrito con cabecera en Juárez—, y suficiente capacidad operativa para negociar con el fuerte y eufórico sector empresarial, exultante por la exitosa travesura. Todavía en 1985, en ocasión de los comicios federales, el PAN venció en los tres distritos electorales de Ciudad Juárez aun cuando en el IV las triquiñuelas poselectorales inhabilitaron la posición.

La crisis priísta tocó fondo mientras el encono creció entre los dirigentes. Unos, desde el centro, insistieron en la rebatiña; otros, en Chihuahua, propugnaron por evitar un incendio político general. El comedido gobernador, Óscar Ornelas Kuchle, pretendiendo atajar las embestidas alquimistas de los operadores de su partido, enviados desde la capital del país con instrucciones de vulnerar la voluntad popular, fue llamado "filopanista" y destituido del cargo. La "democracia" bajo la hegemonía priísta, interpretada por el entonces presidente Miguel de la Madrid Hurtado, veleidoso y soberbio, no alcanzó para más.

En este punto comienzan los vaivenes al ritmo, siempre, del poder económico. Barrio, ayuno de estructura propia, mantiene en su administración municipal a no pocos priístas y empresarios bajo el considerando de que la capacidad tiene más valor que la filiación partidista. El provocador candidato pasa a ser un político más dúctil y sin intenciones incendiarias. Y quiere, claro, ser gobernador.

En abril de 1986, erigido en candidato del PAN al gobierno de Chihuahua, Barrio accede a dialogar conmigo. (Me permito en este punto un breve apunte personal: para mí el encuentro tiene una relevante significación porque, tres meses atrás, Carlos Loret de Mola Mediz, mi padre, me pidió no entrevistar al personaje. Él era amigo personal del postulante priísta, Fernando Baeza, e incluso uno de sus asesores políticos, y no quería que el puente se agrietara como consecuencia de mi sed de reportero. Fue aquél un dilema terrible entre mi fidelidad familiar y el elemental sentido de profesionalismo. El asesinato de mi padre, en febrero, convirtió aquella petición en una especie de última promesa. Lo paradójico es que el crimen tuvo el sello de las ejecuciones políticas, desde dentro del sistema, y esto trastocaba todo sentido de lealtad. Con este peso íntimo tomo libreta y pluma para recibir, en las oficinas del semanario *Impacto*, al juarense de moda.)

Barrio es puntual en sus sentencias:

–Estoy aprendiendo a ser conciliador. No quiero ser considerado un provocador incontrolable. También sé gobernar y lo he demostrado en Ciudad Juárez.

–¿Está muerto el PRI en Chihuahua?

–El rechazo de la población al PRI y las simpatías que el PAN despierta son circunstancias paralelas. No pueden analizarse por separado. Tras el fracaso priísta en Chihuahua, en lugar de rectificar, sus dirigentes se dieron a la tarea de buscar culpables. Señalaron entonces al gran capital, al clero, a Estados Unidos. No quisieron analizar la realidad. Si tan sólo hubieran escuchado las tesis del senador Víctor Manzanilla Schaffer.

Manzanilla, entonces legislador por Yucatán, sostuvo el imperativo de que su partido modificara tendencias impositivas para abrirse de lleno a la vida democrática, en un polémico discurso en Nuevo León en donde fue descalificado por el gobernador Martínez Domínguez. Manzanilla llegó a la gubernatura de su entidad en 1988 y acabó defenestrado en 1991, al igual que el chihuahuense Ornelas en 1985, como consecuencia de su rechazo a proveer y aceptar un fraude comicial escandaloso, por fortuna frustrado:

—Me voy —le dijo Manzanilla al presidente, entonces Carlos Salinas, en su hora final como mandatario estatal—, con las manos limpias de sangre, de dinero, de deshonra, de todo.

Meses más adelante, don Víctor, de talante excepcional entre una jauría de acomodaticios, me confiaría en corto:

—Salinas se fue para atrás cuando le extendí las manos para mostrárselas. Parecía asustado. A lo mejor llegó a pensar que tenía intenciones de agredirlo. ¡Por favor!

El pasaje, a partir de la cita de Barrio, complementa la tesis sobre la torpe suficiencia del partido gobernante, carcomido hasta los cimientos, que se negó a evolucionar. No bastó el lapso de seis años, entre 1985 y 1991, para que las jerarquías políticas nacionales asimilaran alguna lección democrática de quienes, desde regiones tan alejadas geográficamente, de Chihuahua a Yucatán, medían la evolución sociopolítica del país con más precisión; optaron, lastimosamente, por castigarlos.

En nuestra charla, Barrio Terrazas no elude interrogante alguna. Da la impresión de tener todas las respuestas y las ataja con seguridad. Después sabría que había asimilado las reglas de la neurolingüística por la cual se eleva la potencialidad interior a fuerza de repetir, una y otra vez: yo quiero, yo puedo.

—¿Cómo explicar —le pregunto— el apoyo de corrientes políticas tan distantes a la suya ideológicamente, como las del Partido Socialista Unificado de México (PSUM) y el Partido Revolucionario de los Trabajadores PRT, de signos izquierdistas?

Barrio sonríe, concentra la atención de sus propios correligionarios quienes le acompañan, y resuelve, a su manera, la coyuntura:

–Sólo es explicable porque impusimos y respetamos una condición: que en el seno de la alianza no se toquen cuestiones ideológicas. Nos unimos para derrotar al PRI y mejorar la democracia, hacerla efectiva. Los matices políticos ya son otra cosa. Los priístas buscan culpables y no comprenden que el pueblo ya despertó y tiene derechos legítimos. Uno de ellos es aspirar a un cambio en serio a través de otras opciones políticas. La competencia política es esencial para el proceso democrático y para frenar los abusos del poder.

¿Dónde queda la coherencia? No la encuentro en Barrio ni en ninguno de sus furtivos aliados.

A la vista de la nueva perspectiva, Barrio también vira y revira. No tiene óbice para acercarse a los socialistas —o "comunistas" según el estereotipo desdeñoso de la ultraderecha—, con tal de avanzar hacia su objetivo, pretendiendo liberarse de sus antiguos socios. En la dicotomía fatal de la política a la mexicana, los buenos siempre serán quienes cierren los ojos y apoyen de manera incondicional al caudillo. Esto demandó el antiguo Ayatollah de los suyos.

Y, por su parte, los miembros de la izquierda acomodaticia, con sus excepciones claro, vieron en Barrio la oportunidad de ampliar coberturas, su añeja obsesión a falta de crecimiento estructural, aun cuando sabían, de antemano, que serían excluidos en cuanto se produjera la victoria; entonces, claro, comenzarían los chantajes y el consiguiente pago de facturas. De nuevo, el círculo vicioso.

Pese a la alianza, Barrio y el PAN se quedan solos, esto es sin los apoyos requeridos para interrumpir la cruzada priísta por la recuperación. El rechazo popular, previsto por Barrio, no alcanzó para detener la antigua aplanadora estatal. Más todavía: en Ciudad Juárez los contendientes, por el PAN, Gustavo Elizondo, y por el PRI, Jaime Bermúdez, fueron aliados para la exaltación de Barrio tres años atrás, provenientes del mismo grupo de empresarios unidos a los exbanqueros rijosos, en demostración fehaciente del control ejercido por el poder económico. Y ganó Bermúdez, otrora patrón de Barrio al tiempo de que éste sucumbía, a la mala, ante Baeza Meléndez. La otra cara de la moneda.

142

El investigador Siller lo explica así:

En el caso de Ciudad Juárez, virtualmente se obligó al empresario Jaime Bermúdez a ser el candidato priísta, a cambio de respetarle las concesiones federales que tenía, como es el caso de las empresas gasolineras, parques industriales y otras más. Esta presión produjo un enorme resquebrajamiento de la estructura que había apoyado a Barrio en 1983. Incluso el banquero Eloy Vallina, quien en un principio rechazó lo que se le ofrecía como indemnización por el banco (Comermex) y para entonces ya había aceptado los términos, se alió fuertemente al candidato priísta a la gubernatura del estado, Fernando Baeza Meléndez. Solamente empresarios como Villarreal —ya sin inversiones en el país— y Gustavo Elizondo, entre otros, permanecieron fieles a Barrio. Es decir, los propios empresarios se depuraron.

El panismo echó mano de todos sus recursos para exaltar la protesta contra la consigna superior a favor de la vuelta priísta: los obispos amagaron con la suspensión de cultos, pretensión desechada gracias a la intervención del delegado apostólico, Girolamo Prigione —a quien se situaba políticamente a la par con la primera sílaba de su apellido PRI-gione—; el alcalde panista de Chihuahua, don Luis Álvarez, decidió ponerse en huelga de hambre; los partidarios de Barrio bloquearon los puentes fronterizos mientras los agentes migratorios estadunidenses, como en 1911 cuando el maderismo ganó la Revolución tomando el bastión de Ciudad Juárez, optaron por mirar de lejos la conflictiva reforzando la vigilancia policiaca en su territorio, y Barrio, el candidato que buscó a la izquierda cuando la derecha empresarial lo dejó al aire, pretendió de nuevo alzar el vuelo con su antigua proclama incendiaria. Nada le resultó.

Barrio encabezó los bloqueos a las propiedades de su antiguo jefe, Bermúdez, como protesta por el "fraude". Desde una de las gasolineras de éste, sitiada por varios centenares de alborotados panistas, levantó la voz:

–No voy a negociar nada. Vamos a ver si el pueblo tiene o no tiene el poder. No se quedará impune este atraco.

Y Gustavo Elizondo, quien llegaría a la alcaldía en 1998, quince años después, incordió a su antiguo asociado en un desplegado incendiario:

> Es el pueblo de Ciudad Juárez el que te recrimina y te llama a darle cuentas por haberte convertido en el autor de la más infame burla a su voluntad soberana. Te acuso y te reto, públicamente, a que me demuestres lo contrario. ¿Cómo explicarás a tus amigos, si es que todavía te queda alguno, que la urna de la casilla 86-A con todos sus votos, donde tú y yo votamos y en la que perdiste, fue encontrada en el basurero municipal? Dejo firme mi acusación y sostengo el reto que te hago, cuando quieras y en donde quieras[...]

Eloy Vallina pudo así, parafraseándolo, "devolver" Chihuahua. Los vaivenes desde entonces, entre el PRI y el PAN, significaron, en cada oportunidad, nuevas posibilidades para ajustar cuentas mientras se daban los reacomodos de los grupos dominantes. Así, en 1988, el fogoso empresario, Manuel Clouthier, quien quedaría tercero en la lid presidencial en el ámbito nacional detrás de Carlos Salinas y Cuauhtémoc Cárdenas según los viciados indicadores oficiales, ganó Ciudad Juárez con 74 mil 142 votos contra los 62 mil 149 obtenidos por Salinas. En las norteñas heredades, el neocardenismo no penetró como en otras regiones del país.

Un año más tarde, en 1989, el PRI arrolló de nueva cuenta y mantuvo bajo su dominio Ciudad Juárez con Jesús Macías Delgado, también empresario y quien luego sería rival de Barrio por la gubernatura en 1992. Además, en la entidad no dejó pasar ni el aire: ganó 17 de las 18 curules en el congreso estatal. Una sonora victoria para la contabilidad del gobernador Baeza, derechista, en plena amalgama con la iniciativa privada. El progreso como confluencia del maridaje en la cúpula del poder.

De no ser por este factor no sería explicable el cambiante comportamiento de la masa electoral, ni siquiera con la disección de las fórmulas alquimistas tendientes a volatilizar los votos incómodos para el establishment. No olvidemos: eran tiempos de conciliación con las reglas de la llamada "democracia dirigida", legitimada por fuera de las urnas, o a pesar de los pronunciamientos populares, con la aplicación de políticas supuestamente equilibradas. Así, la interpretación sesgada tuvo más fuerza que la coherencia política. ¿Es voluble el pueblo o tramposo el gobierno? La respuesta está aquí mismo.

En 1991, el PRI ganó en la elección federal todos los distritos y las senadurías de Chihuahua en disputa. No hubo resquicio para una nueva escalada panista y, sin embargo, un año más tarde, sin que se produjeran grandes revulsivos nacionales ni crisis estructurales ni saqueos ni estatizaciones, volvió a surgir, imparable, la figura de Barrio Terrazas y sus "bárbaros del norte". El fenómeno sólo puede explicarse por una certera negociación política como efecto natural de un compromiso anterior, entre el entonces presidente Carlos Salinas y la dirigencia panista, con el propósito de legitimar el mandato del primero por fuera de las urnas y hollando las tendencias en pro de la izquierda.

Luis Héctor Álvarez, tras su exitosa gestión municipal en Chihuahua y la defensa apasionada de su partido ante el desaseo comicial en la entidad en 1986, proyectó su aureola hacia la dirigencia nacional del PAN y con este carácter asumió la transición salinista, redujo la potencialidad poselectoral de Manuel Clouthier en 1988, abanderado en pos de la Presidencia quien se quedó clamando solo en el desierto de la incomprensión hasta que se enfermó y fue marginado, y suscribió un reconocimiento tácito al usurpador, Salinas claro, especulando con el futuro político de su instituto político. Fue célebre su sentencia, tras la victoria de Barrio en 1992: "El PAN debe acostumbrarse a ser gobierno... en parte".

No obstante, más allá de concertacesiones —como se llamó entonces a las puestas de acuerdo debajo de la mesa entre Salinas y los líderes de Acción Nacional—, se dio un valor intrínseco: la revancha popular para vindicar a Barrio si bien éste, en pocos meses, habría de convertirse "en el más salinista de los gobernadores".

Siller puntualiza en su citada monografía:

Francisco Barrio retornó a la palestra política, pero se trataba de un candidato distinto al de 1986. Había entendido el mensaje salinista de Guanajuato, cuando al candidato panista Vicente Fox Quesada se le negó el triunfo —1991— por sus radicalismos verbales y por su irreverencia ante el Ejecutivo Federal. Su crítica (la de Barrio) al régimen de entonces fue moderada y con reconocimientos a la labor de Salinas.

Durante su campaña, Barrio tuvo especial cuidado en subrayar el peso histórico de su labor como munícipe de Juárez y replicó, una y otra vez, a cuantos comparaban tal gestión con la de su adversario Macías Delgado. Y, además, cuidó las formas: primero dialogó con el gobernador Baeza Meléndez, a quien había señalado como artífice del fraude en 1986, y después suscribió con sus adversarios, el priísta Macías y el parmista Rubén Aguilar, un pacto de civilidad y respeto en pro de un desenlace electoral "pacífico y saneado".

Tras su entrevista con Baeza, en el Palacio de Gobierno, Barrio justificó su mutación:

–Ya perdoné a Baeza, en lo político y en lo personal. No desconocemos que en el pasado nos lastimamos, nos hicimos daño y, de una forma u otra, todos salimos golpeados. Y esto es algo que tenemos el interés de evitarle a la gente.

Baeza, a su vez, consideró a Barrio "propositivo" y enfatizó, dueño de la escena todavía:

–Yo ya no tengo contendientes. Estamos viviendo en 1992. No se desfasen pues sólo los chihuahuenses resolverán quién los gobernará.

Un implícito corte de caja con muy evidentes inducciones hacia el futuro cercano. Y en el despacho del gobernador, nada menos. Desde ese momento, el priísta Macías debió sopesar que era sólo un cordero dispuesto para el sacrificio, hiciera cuanto hiciera.

José Sosa Delgado, veterano líder obrero —fue secretario general de la Confederación de Trabajadores de México en Ciudad Juárez, uno de los sectores y pilares del PRI, y diputado local—, me contó que, durante la campaña por el gobierno de Chihuahua en el 92, el entonces presidente de México, Carlos Salinas, visitó Juárez para tomar el pulso de su vida política. Fue entonces cuando el mandatario dispuso de 40 minutos para conversar, a solas, con el panista Barrio, supuestamente su adversario.

–Todos creímos —explicó Sosa— que enseguida hablaría con Macías Delgado, nuestro candidato. Pero cuando salió Barrio del encuentro con Salinas, los del Estado Mayor Presidencial le dijeron a Macías que el tiempo de la agenda presidencial se había agotado. Y nos quedamos todos con un palmo de narices.

–Aquél era —intervine— un indicativo muy claro: el favorito era Barrio.

–Así lo entendimos todos. Además, sabíamos que Barrio, gracias a las estupendas relaciones de su hermano Federico, había recibido, desde 1990, fondos importantes provenientes del Partido Republicano de Estados Unidos —con el aval de la Casa Blanca—, y situados en el Commerce Bank de El Paso, Texas.

Vendrían después el drama y el luto. El 24 de mayo de ese mismo año, en el cénit de la campaña, una de las avionetas de la comitiva de Barrio, quien viajaba en otra aeronave, se desplomó en la Sierra Tarahumara, en el paraje conocido como Arroyo Techado. Perdió la vida el piloto Ricardo Ramírez y quedaron muy mal heridos Roberto Ramírez Villamarán, aspirante a la alcaldía de Guadalupe y Calvo, municipio que sobrevolaban al accidentarse, y Héctor Martín Covarrubias, candidato a una diputación. De acuerdo con el peritaje posterior la falla en uno de los motores del aparato fue el origen de la tragedia.

Barrio, desde el radio del avión en que viajaba, escuchó y trató de calmar a sus correligionarios y amigos cuando intentaban hacer un aterrizaje forzoso:

–Sentí —reveló— una profunda impotencia al no poder ayudarles. Pero voy a seguir adelante.

Tres semanas después, el 27 de junio, a dos semanas de distancia de los comicios, la camioneta Suburban en la que viajaban cuatro de las hijas del candidato panista, además de su compadre, Ramiro Ramírez Rodríguez y el hijo de éste, Álvaro Ramírez García, de 15 años de edad, se accidentó en el kilómetro 252 de la carretera Panamericana, entre Ciudad Juárez y Chihuahua, muy cerca de Villa Ahumada. En el percance murieron los Ramírez, padre e hijo, y Judith Barrio Olivas, de 16 años, la segunda de las hijas del candidato. Adriana Barrio Olivas, de 10 años, sufrió fractura de cráneo y estallamiento de vísceras; Cecilia, de 14, resultó con fractura de cabeza, tibia y peroné, y Marcela, de 17, tuvo fractura de nariz. El accidente ocurrió cuando se dirigían al cierre de campaña programado para esa misma tarde.

147

En la víspera, en Ciudad Juárez, el aspirante al gobierno había alertado:

—La violencia electoral siempre surge al cierre de la campaña.

Horas más tarde todo sería confusión. De acuerdo con el peritaje de la Policía Federal de Caminos, el vehículo, tras rebasar a un automóvil en el que viajaba una pareja de estadunidenses, circulaba con exceso de velocidad. El guiador, Ramírez Rodríguez, perdió el control desplazándose el automotor sobre el acotamiento, de terracería, a lo largo de 166 metros hasta que volcó. Una larga distancia que no fue suficiente para parar a la pesada camioneta. La versión oficial y las circunstancias dieron paso a las sospechas.

Barrio y su esposa, Hortensia Olivas, al llegar al campo aéreo de Villa Ahumada en donde se encontrarían con las jovencitas, fueron avisados de la gravedad del accidente. El presidente del Comité Directivo Estatal del PAN, Jorge Manzanera Quintana, al informarles, omitió el reporte sobre el fallecimiento de Judith. Enseguida, los esposos Barrio intentaron llegar a Ciudad Juárez, a donde habían trasladado a sus hijas, pero la avioneta se averió, retrasándolos. Finalmente, en otra aeronave, siguieron el viaje. Cuando los esposos llegaron a su destino y descendieron del aparato, el cuadro fue desgarrador. Los dos, estrechados y cabizbajos, haciendo enormes esfuerzos por esconder sus lágrimas de la curiosidad general, marcharon al encuentro de su propio, intenso dolor.

La congoja devino en incertidumbre. Durante seis días se cancelaron los actos proselitistas sin información cabal acerca de si el abanderado optaría por seguir adelante. Al fin, el 4 de julio —las elecciones serían el 12—, en la Plaza de Armas de Chihuahua, en el cierre formal de actividades proselitistas, Barrio expresó, conmovido:

"Ningún precio personal habrá de parecerme excesivo si somos exitosos en este parto democrático. Quiero, junto con ustedes, persistir en esta noble lucha por mi patria, con mi familia, pero sobre todo con mi Dios. Por este pueblo que sigue clamando justicia, nuestros esfuerzos y afanes tienen que seguir."

El impacto fue tal que los dirigentes panistas debieron aclarar que ganarían por sus programas y no por la sensiblería popular ante la tragedia personal de Barrio. Llegada la hora, el triunfo fue contundente, sin réplica posible, y en Ciudad Juárez, además, de la mano del mismo PAN, venció Francisco Villarreal Torres, el empresario que ya no quería invertir en México salvo en cuestiones políticas y listo a derribar desde el Ayuntamiento, dijo, los viejos moldes del federalismo infectado y corruptor.

El 3 de octubre, durante la ceremonia de asunción de Francisco Barrio Terrazas, el presidente de la República, Carlos Salinas de Gortari, emocionado también ante las incesantes muestras de simpatía popular, sonrió al paso del nuevo gobernador y, sin contenerse, le gritó, como un fervoroso, incondicional, porrista más:

–¡Bravo, Pancho, bravo!

Los tambores sonaron a gloria. Y la mirada de Barrio, dura y penetrante, se encontró con otra, escrutadora y fría, cálida también cuando se requería, del jefe del Estado mexicano.

C

–Bueno, en 1982 Francisco Barrio no era panista. Me consta. Las cosas se le fueron dando.

Amable, cordial, relajado, don Jaime Bermúdez Cuarón, para muchos el "padre de la industria maquiladora", habla y puntualiza. Más bien bajo de estatura, octogenario, con una condición física envidiable, el empresario que también encontró, por breve lapso, un sitio en la política, nos sienta a su mesa. Le escuchamos:

–Él (Barrio) no tenía gente cuando me dijo que quería lanzarse. Y yo siempre he sido y seré priísta. No niego que su plataforma, para convertirse en el presidente de la Confederación Patronal de la República Mexicana (COPARMEX) en Juárez, se la brindó nuestro grupo. Luego, él optó por el PAN, quizá motivado por Manuel Clouthier del Rincón quien entonces lideraba el Consejo Coordinador Empresarial (CCE) a nivel nacional.

Pablo Emilio Madero Belden, descendiente directo del caudillo revolucionario y abanderado del PAN en pos de la primera magistratura en 1982, cuenta en su obra *Las mentiras del PAN* (1997), en la que justifica su escisión de este partido al percatarse de los métodos impositivos de su dirigencia, asimilados los vicios del viejo PRI, cuanto sucedió

149

en una reunión clave en Ciudad Juárez, mientras él desarrollaba su candidatura nacional sin haber sido invitado a la misma. En ésta, a iniciativa de Francisco Villarreal Torres, varios prominentes empresarios comprometieron su fuerza política en pro del panismo.

Al encuentro asistieron, entre otros, Eugenio Elorduy Walther —posteriormente alcalde de Mexicali, en 1995, y gobernador de Baja California, cargo que asumió en 2001—; Rodolfo Elizondo Torres —duranguense, primero senador de la República y después coordinador general de Comunicación Social de la Presidencia y secretario de Turismo durante la administración de Vicente Fox—; José Luis Coindreau —neoleonés, entonces presidente nacional de COPARMEX y luego dirigente del PAN en su entidad—, y Manuel de Jesús Clouthier —por esos días, presidente del CCE y después candidato del PAN a la Presidencia de la República (1988)—, además de Francisco Barrio y el propio Villarreal.

El objetivo fue la definición política en aquel "año de ruptura y transformación del PAN". Durante una semana, los convocados estrecharon compromisos, vínculos y afinidades apremiados por la crisis que intuían cercana y que reventaría luego de los comicios federales, en septiembre, con la estatización bancaria, confirmándose pronósticos y temores con confluencia hacia una propuesta política-empresarial lista a quebrar el avasallante cerco del sistema.

–El grupo de empresarios panistas —define Bermúdez Cuarón— parecía estar de pesca en Ciudad Juárez.

Bermúdez, sin embargo, apoyó a Barrio hasta la integración del Frente Cívico de Participación Ciudadana tendiente a formalizar la candidatura independiente de éste. El grupo no tenía ni tuvo ninguna otra intención fuera del lanzamiento del antiguo ejecutivo del grupo. Luego, segregado por los empresarios resueltos a sancionar a los gobiernos priístas que fomentaron el saqueo y las devaluaciones del peso, Barrio volteó hacia el PAN.

Hermosa heredad la de don Jaime, gigante como Chihuahua y abierta como el carácter de sus hijos. A diferencia de cuanto sucede en otros sitios aquí la tierra sobra o, cuando menos, es accesible, barata, para los grandes capitales. No extraña, por tanto, que los Bermúdez, el patriarca y sus hijos, cuenten con su propio fraccionamiento, el Rancho Horizonte, en la parte occidental de Ciudad Juárez. Aquí las propiedades no se miden en metros sino en hectáreas.

Recorremos quinientos metros hasta la glorieta donde convergen la media docena de residencias del clan que se erigen rodeando la capilla, en este caso un templo renacentista construido como mausoleo para la primera esposa de don Jaime y rematado con el clásico campanario blanco. Una pequeña colonia sin intrusos y discreta vigilancia —la caseta de entrada es apenas una pequeña aduana para escudriñar a los visitantes—, con reminiscencias de villa autónoma y en apariencia alejada, aun cuando esté en medio, del frenesí urbano. Los cervatillos desperdigados por los jardines dan al magnífico conjunto el toque de un verdadero oasis en donde termina el desierto y comienza la abundancia.

La casa principal, la de don Jaime, no destaca sobre las demás. Si acaso la puerta central, que se eleva cuatro metros sobre la superficie y termina en un medio círculo, da el toque de distinción. Bermúdez nos recibe al pie de la misma, vestido informalmente, con camisa de mangas cortas y pantalones holgados, determinado a enviarnos el mensaje de que allí es natural ponerse cómodos. Es el martes 5 de abril de 2005.

–Allá por la década de los sesenta se creó —explica Bermúdez—, el Programa Nacional Fronterizo (PRONAF) bajo los auspicios del presidente López Mateos y de don Antonio Ortiz Mena, secretario de Hacienda. Y su director fue Antonio J. Bermúdez.

Don Antonio, tío de don Jaime, fue antes director de PEMEX, entre 1946 y 1958, durante dos periodos presidenciales, los de los veracruzanos Miguel Alemán Valdés y Adolfo Ruiz Cortines. Siguiendo la senda patriarcal, en consonancia con la filosofía gregaria de los Bermúdez, fieles a raíces y destinos, el proyecto para hacer de Ciudad Juárez un centro de maquila de primera importancia y así iniciar la transformación integral de la frontera tuvo como desembocadura natural las manos de don Jaime, el heredero de la estirpe.

–Los contrastes fronterizos eran muy fuertes —apura Bermúdez Cuarón quien bebe un sorbo de agua mineral. De aquel lado la pujanza enorme, y del nuestro, puras necesidades. El contraste fue siempre abismal...

151

–Lo sigue siendo, don Jaime.

–Sí, pero ya nos defendemos un poco, ya no es tan grande. El plan consistía en construir vialidades, centros comerciales y plazas bien rematadas. También era necesario crear empleos.

–Y así nacieron las maquiladoras, don Jaime.

–Ciudad Juárez no podía seguir viviendo de las cantinas, los bares y la prostitución. Y vinieron las inversiones para construir el hipódromo, el Hotel Camino Real...

–Bueno, el hotel ya no existe. Sólo el de El Paso, don Jaime.

–Don Agustín Legorreta fue quien encabezó a los accionistas en aquella época. Duró poco, es cierto. Pero ya van a abrir uno nuevo por el rumbo del aeropuerto.

–Con otros capitalistas, claro. Ahora serán los Vázquez Raña, los favoritos del régimen de Luis Echeverría Álvarez en los setenta. Otros rostros y las mismas estrategias.

Cuando escucha, Bermúdez permanece a la expectativa, sin asentir o negar como suele ocurrir entre contertulios. Luego retoma el hilo de la conversación:

–Recurrimos entonces a Arthur D. Little, un canadiense especializado en el modelo para "ciudades en despegue". Para nuestra fortuna, en Estados Unidos no había el mismo interés. Y eso lo aprovechamos, primero, con proyectos muy modestos. Luego vendrían los parques industriales y las maquiladoras.

–Con la recomendación de su tío, don Antonio, la ruta estuvo despejada...

–No se crea. Los funcionarios de Hacienda, con la excepción de Ortiz Mena, estaban en contra. Alegaban que habíamos puesto a la venta a México.

–Con las resistencias que había entonces es fácil entenderlo, don Jaime. Pero, finalmente, el PRONAF ganó la partida.

~

–Lo logramos gracias al respaldo de Octaviano Campos Salas, desde la Secretaría de Industria y Comercio —ya bajo el mandato de Gustavo Díaz Ordaz, entre 1964 y 1970—, y desde luego de Antonio Bermúdez. Surgió así un régimen que favorecía la libre importación de algunos artículos e insumos en toda la franja fronteriza. Las ciudades más beneficiadas fueron Mexicali, Nogales y Ciudad Juárez.

–Luego llegarían las primeras empresas con capital transnacional.

–La primera fue la RCA con un edificio de más de diez mil metros cuadrados y estacionamiento, imagínese, para cerca de 800 automóviles.

–Con este ejercicio de retrospectiva, don Jaime, usted debe sentirse muy satisfecho.

–Lo estoy, sin falsa modestia. Hoy la industria maquiladora brinda un millón 150 mil empleos en todo el país.

–¿Y en Ciudad Juárez?

–Aproximadamente unos 240 mil empleos. Juárez es líder en el renglón. Quizá en Tijuana hay más plantas, pero aquí hay más plazas y mejor remuneradas.

Se detiene Bermúdez Cuarón y observa. Parece adivinar la siguiente pregunta, que para mucho sirve la experiencia, y la espera con cierta ansiedad:

–Sin embargo, don Jaime, las desigualdades sociales subsisten y se extreman. Son detonantes...

–Sí, ya sé —interrumpe. En cualquier época y lugar, ningún desarrollo es perfecto. Por eso nos preocupamos por traer alta tecnología y elevar con ello los rendimientos. Hay que hacer que la gente gane más. A nadie le conviene otra cosa.

Con Bermúdez Cuarón llegamos al mismo punto: el imperativo de subsanar las distancias sociales para sostener la gran plataforma del progreso sin riesgos de sacudimientos incontrolables.

–Nuestro mayor problema —define Bermúdez—, es la precaria educación. Trabajo hay. El otro día en el diario se publicaron 24 páginas de puras ofertas de empleo. Casi una sección entera. Pero no todos pueden acceder a ellos porque no están capacitados. De allí que nos preocupemos por atraer centros de diseño de alta tecnología. Desde Juárez, y esto son pocos quienes lo valoran, se proyectan los nuevos modelos de varias compañías de automóviles. Allí vamos.

–Otra vez los contrastes, don Jaime. Porque usted bien sabe que el drama de las mujeres en esta ciudad tiene uno de sus asientos en la industria maquiladora y lo que genera hacia el hogar. ¿Cuánto significa el trabajo femenino en las empresas asentadas en esta región?

—El 50%.

—Hubo una época —señalo—, hace diez años, en la que de 265 mil plazas en las maquiladoras, 200 mil las cubrían las mujeres. ¿No pudo ser éste una motivación para la misoginia contenida?

—Le repito: en Juárez quien quiere trabajar encuentra un sitio. Tenemos más de 300 empresas funcionando con buen nivel. No es correcto culpar a las maquiladoras por la descomposición social. Insisto, son tres los retos: educación, educación, educación.

¿Y la política? De los últimos diez alcaldes de Ciudad Juárez, desde 1977 a 2005, siete han sido empresarios, dos notarios y un contador público. Y de ellos, cuatro priístas y cinco panistas, con intereses económicos afines no coincidentes con sus proclamas partidistas. El panista Francisco Barrio, por ejemplo, fue ejecutivo del Grupo Bermúdez antes de ser dirigente patronal y de allí se lanzó hacia la presidencia municipal juarense; lo curioso es que, al término de su mandato municipal, en 1986, legó el cargo al priísta Bermúdez, su antiguo patrón.

—¿Apoyó usted a Barrio en sus inicios, don Jaime?

—Hasta que decidió ser panista. Luego le hizo caso a Clouthier.

—Y después usted le relevó, don Jaime.

—Con un alto costo para mí. Hasta sufrí un infarto dos semanas antes de tomar posesión. No pude asistir a la ceremonia.

—¿Qué le sucedió?

—La campaña fue terrible, desgastante. ¡Ah! Y toda la financié yo, con lo mío. Nadie puede decirme que usé dinero público para promocionarme.

—Pero, si usted dice que no es político, ¿por qué participó en una justa tan cerrada, tan competida, con la ciudad aparentemente perdida para el priísmo considerando la fuerza de convocatoria de Barrio?

Bermúdez guarda silencio por unos instantes. Recuerda pero no divaga. Pone en orden sus ideas y, como si se tratara de una confesión, explica:

—¿Le digo quién me convenció? Un gran amigo mío, un gran mexicano además: Carlos Hank González. Él quería que hiciéramos fuerte a Fernando Baeza, por quien también sentía un enorme afecto.

154

–¿Y los Barrio, don Jaime? ¿Cómo los encaró?

–Federico fue el más inteligente de ellos. Hizo despegar al Tecnológico Regional, del que fue director, y luego, juntos, iniciamos la primera empresa de maquila. No resultó muy favorable esa experiencia. Se trataba de una planta de ácido sulfúrico.

No es difícil atar cabos. Los nombres y las circunstancias coinciden. También las alianzas estratégicas que dan cauce a los reacomodos de la clase empresarial por encima de los sacudimientos políticos y a pesar de algunas facturas cobradas al calor de la polarización partidista. Los ejes, sin embargo, coinciden. Los operadores también. Las modas, incluso los barruntos con sesgo sectario, pasan.

Federico Barrio, ingeniero industrial nacido en Chihuahua en 1936, se incorporó al Grupo Bermúdez a principio de los setenta y se constituyó en uno de los factores del despegue de la industria maquiladora desde la Promotora Mexicana Fronteriza S.A., el Parque Industrial Bermúdez y la Urbanizadora Nacional S.A. Un circuito ideal: desde la Promotora se extendieron nexos y convocatorias hacia Estados Unidos, y por medio de la Urbanizadora se diseñaron y construyeron importantes naves industriales, finalmente, mediante el Parque, se ofrecieron y arrendaron edificios dotados de servicios de altos rendimientos. Federico fue el artífice, como director general del grupo, de la espectacular crecida.

Tiempo después, Federico siguió su propio impulso como accionista fundador de la empresa Elamex en donde ocupó la vicepresidencia.

–Al separarse del grupo —resume Bermúdez Cuarón—, Federico continúa construyendo naves industriales. Lo que mejor sabía hacer. Y así logra promover e impulsar a su hermano Francisco hasta que lo instala en la COPARMEX.

Desde entonces, la buena fortuna le sonrió a todos los protagonistas, si bien desde distintas posiciones dado que el encono partidista divide a la sociedad juarense según simpatías, intereses y hasta enfoques periodísticos diversos. Los juicios suelen ser lapidarios, con el énfasis natural sobre hechos que despiertan, por encima de cualquier otro sentimiento, la pasión.

A Óscar A. Cantú, heredero de una familia emprendedora y au-

155

daz, cincuentón y robusto, de sonrisa fácil y rostro siempre jovial, empresario y como tal principal accionista de *Norte*, confluencia de otro cotidiano por el momento desaparecido, *Norte de Chihuahua*, del que fue propietario Carlos Loret de Mola Mediz, mi padre, en la década de los ochenta, le pregunto:

–¿Consideras a Francisco Barrio un político, un hombre honesto?

Cantú casi salta de la mesa y exclama, convencido:

–Sí, lo es. Nadie puede decir lo contrario.

–Pero, aquí, en Juárez, muchos de quienes estuvieron con él ya no lo están, Óscar.

–Eso es otra cosa. La política y el gobierno siempre desgastan. No a todos les pudo cumplir porque ofreció mucho. Pero honrado sí lo es.

En otra dinámica, Oswaldo Rodríguez Borunda, cabeza de uno de los principales emporios periodísticos a lo largo de la franja fronteriza entre México y Estados Unidos, el *Diario de Juárez*, al que se suman el *Diario de Chihuahua* y recientemente el *Diario de El Paso*, primer cotidiano con capital mexicano en una ciudad estadunidense, serio y ponderado, sopesando siempre su responsabilidad como líder de opinión, mientras degusta una sazonada carne en un club paseño, expresa muy seguro de sí:

–Lo único que puedo decir es que Federico Barrio, durante el gobierno estatal de su hermano Francisco, atesoró la segunda mayor fortuna de Chihuahua. Y no sólo porque haya sido un genio en los negocios.

No hay en apariencia punto de encuentro entre una afirmación y otra. La visión es distinta si bien cada opinión parece sustentada en los mismos hechos observados con criterios diferentes. Uno, separa el éxito empresarial de la convocatoria política; otro, insiste en que los hilos comunicantes son indiscutibles dentro de una sociedad siempre bipolar en donde la diversidad es parte del paisaje mismo. Contrastes, al fin, convertidos en un permanente deslinde de responsivas y aportes, alegrías y tristezas, euforia y amargura, a través de las décadas y las proclamas, éstas sí cargadas de matices: desde el verbo incendiario hasta la serena exposición como exigencia para el despegue integral de la tierra árida impulsada por el esfuerzo humano, sobrehumano quizá.

Converso al respecto con José de Jesús Macías Delgado, alcalde de Juárez entre 1989 y 1992, contendiente de Barrio en la segunda cruzada por la gubernatura en 1992 y derrotado por éste en la jornada más amarga para el priísmo vernáculo. No hay sombra ya de amargura en él ni se asoma el hilo del rencor, inconfundible en los espíritus pequeños, cuando mira hacia el pasado:

–Nunca acepté —señala Macías— el papel de político dispuesto para el sacrificio. En 1992 —cuando fue nominado candidato al gobierno estatal— los indicadores eran favorables para el PRI. Contábamos, además, con varias figuras de primer orden, relevantes.

–¿Y qué sucedió entonces?

–Tengo la impresión de que el drama personal de Barrio inclinó la balanza a última hora a su favor. Además, desde el proceso interno del PRI fueron evidentes las manifestaciones en contrario, divididas. Había muchas corrientes encontradas y eso, claro, pesó en el arranque.

Abrevo, desde luego, en la contradicción. Si la desunión marcaba las pautas iniciales, ¿cómo asumir que los indicios eran positivos para la causa priísta? Desde luego, el factor determinante pudo darse en otras instancias, que Macías, por su condición de priísta leal, al amparo de su cargo como representante del gobierno de Chihuahua en Ciudad Juárez desde la asunción de Reyes Baeza al gobierno estatal en octubre de 2004, prefiere soslayar: las concertaciones del régimen nacional de Carlos Salinas de Gortari a favor de la oposición de derecha a cambio de una tardía legitimidad política no alcanzada en las urnas.

–En 1992 —prosigue Macías—, no se dio el encono que dividió Chihuahua en 1986. Además, sin falsos prejuicios, me parece que la alternancia es la mejor opción de los pueblos con vocación democrática.

No trastabilla al pronunciar la arenga. Cree en ella acaso como un analgésico para curar las heridas de campaña. Más aún cuando es explicable cuanto sucedió como confluencia de la crisis económica de 1982:

–Los juarenses quedaron muy lastimados y se volcaron hacia la inconformidad cívica. La relación peso-dólar, que fue muy afectada entonces con el control estatal de divisas, es un elemento vital para la economía de la frontera. Y, para colmo, los llamados "mexdólares" (manejados al arbitrio del Banco de México para sostener una paridad

157

falsa) acabaron con los ahorros de miles de familias. Había entonces una sensación de engaño, de frustración. A Barrio le toca la crisis como presidente de COPARMEX en Juárez. Y de allí surgieron sus grandes apoyos.

–Y el encono acabó por favorecer al PAN, me parece.

–Desde luego. La elección de 1986 fue muy disputada, tensa; con gran polarización social. Las familias se separaron; también las sociedades mercantiles, por efecto de la disputa entre partidos. Un escenario, de verdad, muy distinto al que percibimos seis años después.

–¿No fue usted, perdóneme que insista, blanco vulnerable para una negociación de otro nivel?

–Mire, la verdad es que íbamos arriba. Lo observábamos en nuestras encuestas. Los lamentables sucesos conocidos, dos semanas antes de las elecciones, modificaron las tendencias. Los indecisos se dejaron llevar por las emociones. El dolor de Barrio los cauterizó.

–¿Qué pasó después de esa experiencia, señor Macías?

–Tuve que volver a las trincheras; a trabajar desde abajo. Fue un episodio muy doloroso para mí.

–¿Cómo lo superó?

–Sobre todo, gracias a la solidaridad y los consejos de dos de mis maestros: el exgobernador Teófilo Borunda —fallecido en 2001— y Luis Fuentes Molinar.

Entre dos fuegos. Borunda fue célebre entre el priísmo tradicional por el plan que lleva su nombre y por el cual, en la década de los setenta, se motivaba a los votantes cautivos a acudir temprano a las urnas para inhibir a los opositores y vencerlos psicológicamente desde las primeras horas de las jornadas comiciales, y Fuentes Molinar, chihuahuense, puso en jaque al priísmo vernáculo al negarse, en 1983, a aceptar la consigna de su partido para imponerse contra la expresión mayoritaria a favor del PAN y de su candidato a la alcaldía de la capital del Estado, Luis Héctor Álvarez. Entre uno y otro es obvio que Fuentes Molinar es antecedente, muy digno por cierto, para la serena asimilación de la derrota electoral sin réplica posible.

–Fuentes —sentencia Macías— es un hombre discreto que ganó el reconocimiento de los chihuahuenses.

–A cambio —deslizo— de finiquitar su carrera política.

–Sólo la electoral —explica Macías. Pero no tiene que esconder la mirada ante nadie.

–Ahora —expresa Macías como una expiación—, me ubican más hacia el futuro que por mi pasado. Ya es un alivio.

–Por lo que veo, tiene usted aspiraciones a flor de piel, don Jesús.

–Más bien tengo deberes. La figura de representante del gobernador desapareció; ahora se representa al gobierno de la entidad, esto es con mayor presencia y voluntad para enfrentar la problemática de Ciudad Juárez, una urbe de enorme importancia estratégica.

–¿Sólo cosas positivas, señor Macías? Tengo para mí que el exceso de optimismo es una manera de extender la demagogia.

–No, nada de eso. Mire usted: Juárez es la ciudad más pujante del estado, el polo de desarrollo más atractivo; también la de mayores conflictos sociales, la de mayor rezago en infraestructura y la que, sin duda, tiene la mayor presencia del narcotráfico.

–El desafío parece gigantesco. Porque es obvio que el presupuesto estatal, íntegro, no alcanzaría para intentar superar los lastres de toda índole que generan pobreza, explotación y, sobre todo, violencia, señor Macías.

–Nos enfrentamos cada día a las asambleas del dolor —prosigue el excandidato. Hay una gran carga emocional en las familias que han perdido a sus hijas y ya no tienen fe en la justicia. También por las circunstancias adversas.

Vuelve a surgir la paradoja. La pujanza contra la inercia; el pretendido despegue contra las resistencias que acaso favorecen a cuantos corrompen al sector público para cubrirse las espaldas. Cortinas de humo, sí, que van creciendo a golpes de impunidad.

–¿Qué pasó en Ciudad Juárez, don Jesús?

Macías Delgado sorbe una taza de café. Luego voltea hacia la entrada del restaurante, para darse un respiro. Locuaz, hiperdinámico, como suelen ser los políticos forjados al calor de su penetración popular, siempre bajo las reglas del establishment con disciplina incluida, vuelve a animarse:

–Esta ciudad y cuanto en ella pasa es consecuencia del abandono, la indiferencia de los gobiernos y la inercia que detiene las resoluciones a corto plazo. Sobre todo en lo relacionado con la inversión extran-

159

jera. En muchos casos, se nos fue de las manos. Los gobiernos dejaron sola a Ciudad Juárez y pretendieron que la iniciativa privada interviniera sólo para superar las emergencias.

Cuando los empresarios cobraron las facturas se bifurcó la vida política de la región. ¿El PRI o el PAN? Uno y otro partido, en cada circunstancia, crecieron al amparo de los financiamientos y los apoyos de las empresas solventes, dinámicas, urgidas de garantías para el futuro. Las contiendas electorales, entonces, pueden observarse como oportunidades para presionar o distender según los objetivos centrales. Esto, desde luego, no me lo dijeron Bermúdez ni Macías, pero puede captarse por el sentido de sus palabras.

–Barrio, en 1992, confrontó las comparaciones entre el legado de su administración municipal y el de usted, con dos periodos intermedios. Y no le gustaban, señor Macías, como él mismo expresó.

–Los gobiernos panistas no saben hacer obras —sentencia el político. Luego dicen que atienden los rezagos sociales perdiéndose entre las comunidades pequeñas. No es así. De todas maneras hay cuestiones que no pueden esperar los tiempos de calma. Como el del agua. Por cierto, los rezagos en este renglón aumentaron con la administración municipal de Francisco Villarreal, la que sucedió a la mía.

–¿Cómo puede ser pujante una ciudad con un grave problema de abasto de agua?

–Es lo mismo que venimos planteando desde los noventa. Y tenemos una solución a mano: el proyecto Conejos Médanos que podría captar, desde el sur de Juárez, el agua proveniente de la sierra. Se requiere para ello de unos 150 millones de dólares.

–Una inversión que no parece desmesurada, señor Macías. Más aun cuando en el lado estadunidense hay obras hidráulicas que limitan los cauces hacia Ciudad Juárez.

–Bueno, de hecho, compartimos el agua del Bolsón del Hueco que viene de las Rocosas. Son montañas que están nevadas durante cuatro meses del año, muy rendidoras. Y hacia el Canal Franklin se encauzan los excedentes que utilizan los agricultores de Texas y Nuevo México para riego. Nosotros vamos a la zaga.

–La salida más fácil para explicar los lastres —acepta Jesús Macías Delgado— consiste en decir que nos han fallado los gobiernos. Pero debemos analizar, primero, los costos de las diferencias partidistas.

–La responsabilidad es compartida, entonces.

–Lo positivo de ello es que las dificultades, las geográficas y las políticas también, nos han dado carácter. Y nos han hecho muy agresivos con nuestras demandas.

–Por lo visto, hasta allí se puede llegar, don Jesús.

La vida democrática conlleva riesgos. Uno de ellos es la manipulación desde los grupos dominantes. Los encuentros y desencuentros entre éstos confluyen, en buena medida, hacia la competencia electoral. Quizá en esto estriba el secreto del modelo estadunidense por el que demócratas y republicanos disputan la Casa Blanca sin comprometer, en ningún momento, los altos intereses empresariales. Y, por supuesto, es la frontera, en donde se vive al amparo de dos culturas y dos idiosincrasias, el sitio más sensible para captar y extender el estilo exitoso de la mayor potencia de nuestro tiempo.

D

–El proyecto político fundamental en Ciudad Juárez se da, desde luego, con visión empresarial.

Eduardo Romero Ramos, nacido en 1949 en Chihuahua y abogado de profesión, acaso el notario de más éxito en la frontera juarense, una carrera interrumpida al incursionar en las funciones públicas bajo la aureola de Francisco Barrio, quien lo designa secretario de Gobierno de la entidad durante su gestión gubernamental, de pulcras maneras, elegante en el vestir, bien cuidado bigote rubio y rostro amable, parece relajado en su espaciosa oficina de la ciudad de México desde donde desempeña, a partir del 4 de abril de 2003, la titularidad de la Secretaría de la Función Pública heredada, claro, de Barrio.

–La vida empresarial juarense —continúa Romero Ramos— es de muy fuerte influencia para los políticos sin distingo de partidos.

–¿Da lo mismo que sean del PAN o el PRI, entonces?

–Más bien sucede que se tiene un modelo de desarrollo que debe continuarse más allá de las posturas partidistas. Los partidos presentan matices. Fíjese lo que pasa en España: pueden alternarse el Partido Popular y el Partido Socialista Obrero Español sin que ello implique

161

un viraje de 180 grados. ¿Por qué no habría de suceder lo mismo en Juárez?

–Una ideología empresarial...

–Los políticos —interrumpe Romero—, más bien, están de acuerdo en continuar con el modelo.

–Pero la historia reciente nos indica que, en algún momento, los empresarios, o un buen número de éstos, vieron el panismo como solución.

Romero Ramos se detiene un instante. Busca quizá las palabras exactas y sentencia:

–Debería considerarse qué motivó que los empresarios se fueran al PAN.

El secretario Romero no niega su filiación. Previamente a nuestro encuentro, comuniqué por teléfono la intención de entablar una conversación acerca de Francisco Barrio con relación a su historial y sus proyecciones al corto plazo. Insistí en los aspectos históricos y no tanto en la realización de las funciones específicas de la dependencia a cargo del chihuahuense. Al cumplirse la cita, el 11 de abril de 2005, el funcionario me recibe con una carpeta de cinco hojas con el genérico título: "Principales logros de la gestión del gobernador Francisco Barrio Terrazas". Solicito una copia y recibo el original del documento.

–Me dijeron —explica Romero Ramos— que usted quería hablar sobre este tema. Y me preparé.

En los 13 apartados —seguridad y justicia, desarrollo urbano, vivienda, educación y cultura, salud, reserva y ordenamiento urbano, participación ciudadana, iniciativas de ley, reforma administrativa, finanzas del estado, desarrollo económico y competitividad internacional, crecimiento económico y desarrollo regional minero—, se privilegia la puesta en orden, en cuanto a las finanzas y la tecnificación de las tareas públicas, como aporte esencial.

En Ciudad Juárez, quizá en Chihuahua entera, el modelo anglosajón, bipolar pero sin que ello signifique radicalismo alguno, parece desenvolverse de manera natural como fuente tranquilizadora que a veces brota con fuerza y en ocasiones con tersura. El gobierno, sea de transición o ya consolidado, se convierte en un factor más dentro de la libre competencia, y se entiende, por ende, a partir de su capacidad para generar riqueza incluso a favor de los adversarios circunstanciales. El pago de facturas no implica, ni mucho menos, una ruptura drástica.

Me dice el secretario Romero Ramos:

–El tripartidismo, en Chihuahua, no tiene posibilidades reales porque la política polariza a la sociedad. No hay lugar para un tercero en discordia.

Lo dicho: prevalece el esquema estadunidense por el cual la democracia no debe dar saltos hacia los extremismos sino desarrollarse sin sobresaltos riesgosos para la estabilidad económica, el elemento toral para inversionistas y empresarios y gran detonante del progreso sin alteraciones, como sugiere el marxismo, entre los factores de la producción.

Acaso en esta postura radicó la buena fortuna de los "filósofos" adheridos al proyecto político-empresarial que acompaña al panismo vernáculo y extiende convocatorias para atraer a elementos de probada inteligencia, como Romero Ramos, sin distingo de orígenes y militancias partidistas. Ahora mismo, en cualquier otro rincón de la extensa patria mexicana, un conciliábulo parecido podría estarse desarrollando para crear un grupo con trascendencia nacional y fuerte raigambre regional.

Por eso no extraña que la pugna política del presente mexicano concentre a sus mayores protagonistas en apenas dos entidades de la República: Tabasco, cuna del priísta Roberto Madrazo Pintado y del perredista Andrés Manuel López Obrador —ambos en lisa de convertirse, al momento de escribir estas líneas, en candidatos presidenciales con más o menos escollos—, y Chihuahua, en donde se encuentran las raíces de Francisco Barrio (hasta julio de 2005 en lucha por la postulación del PAN) y de Santiago Creel Miranda, el secretario de Gobernación visto como "delfín" del foxismo.

Cuando le pregunté a Francisco Barrio, entonces diputado federal en trance de participar en la selección interna de su partido en busca del candidato presidencial, durante un largo encuentro en el Centro Libanés de la ciudad de México —en donde, por cierto, se desayunan unos espléndidos huevos con carnero, a la cazuela—, sobre las deserciones de quienes fueron colaboradores cercanos suyos y hoy lo cuestionan severamente, sin alterarse respondió:

–Voy a contestarle con algo que me contó —Maquío hace muchos años. Él tenía un compadre muy leal que, de pronto, comenzó a criticarle todo, a cada paso, y, cada vez, era más áspero el tono, más violento. Del reproche pasó al reclamo airado. Hasta que Maquío le puso el alto: "tu rabia —le dijo al compadre— es porque estás desesperado buscando un pretexto para romper conmigo". Y eso pasa con frecuencia: de pronto algunos creen que es obligación del gobernante compensar a cada simpatizante con puestos, concesiones y negocios. Quienes se sienten excluidos reaccionan exageradamente y, a veces, muy injustamente.

—Pero también percibo decepción, diputado Barrio. Algunos que fueron sus correligionarios y llegaron incluso a bloquear puentes fronterizos, de plano dicen que jamás volverán a creer en usted. Esto lo escuché de una valerosa y dinámica mujer, María Asunción Gutiérrez de Anda, exdirigente de la COPARMEX en Ciudad Juárez por donde usted pasó también.

—¿María Asunción? Está muy dolida conmigo. ¿Sabe por qué? Porque cuando, siendo gobernador, el alcalde de Juárez, Ramón Galindo, me dijo que quería designarla secretaria general de gobierno en el Ayuntamiento, yo le recomendé no hacerlo.

—¿Cuál fue la razón?

—Mire: es una mujer inteligente pero no tenía experiencia. Y el cargo que quería ocupar iba a rebasarla... como ocurrió.

(No obstante, la señora Gutiérrez de Anda, centrada y de gran dinamismo, dispuesta siempre para el servicio colectivo y con indiscutible carisma personal, ocupó después varias posiciones de elevada responsabilidad hasta lograr el consenso para liderar la problemática COPARMEX, culminando su responsabilidad en 2004.)

Barrio mide el terreno. Percibe que no me ha convencido. Sobre la mesa, encorva su figura hacia delante y mueve las manos para enfatizar sus palabras:

—La verdad es que sí me quieren en Juárez. No hace mucho crucé la frontera entre Juárez y El Paso a pie. Esto lo hacemos con frecuencia porque algunos amigos están inscritos en el sistema exprés que facilita el tránsito de los vehículos sin necesidad de hacer grandes "colas". Luego ellos nos esperan a la salida de las oficinas estadunidenses de Migración. Lo que nos conmovió, sobre todo a mi esposa, fue el trato que nos dieron los juarenses.

–¿Los saludaron con gusto?

–Bueno, tocaban los claxons, entusiasmados. Otros nos gritaban: "Bien, Barrio, estamos contigo". Como si estuviera en campaña. A Hortensia, mi mujer, se le asomaron las lágrimas por la emoción. No es cierto que el rechazo sea general. Pero hay excepciones.

–¿Podría decirme una en concreto?

–Pues sí. Jaime González Bernal, un antiguo amigo mío —ligado igualmente al sector empresarial—, me reprochó hace poco por el nombramiento de Joaquín Díaz Rivera como responsable de la Aduana de Juárez. Él cree, y me lo sostuvo, que el administrador —quien fue director del Registro Civil durante el gobierno estatal de Barrio—, llegó allí para obtener fondos destinados a financiar mi posible campaña a la Presidencia.

El diputado local César Jáuregui Moreno, quien fuera coordinador de su bancada, la del PAN, en el congreso chihuahuense, me informó el 5 de mayo de 2005:

–Lo de Joaquín Díaz es intolerable. Llegó al extremo de cerrar el puente fronterizo —el Córdoba-Américas— por capricho alegando que uno de los agentes de seguridad maniobraba una moto de contrabando cuando no era así. Por ello, vamos a solicitar (los panistas) un punto de acuerdo para exigir su remoción.

Sólo lo ha sostenido su cercana amistad con Barrio y, por derivación, con el influyente Eduardo Romero Ramos. Las interpretaciones al respecto pueden ser muy variadas.

Por cierto, Barrio, encarrerado, opta por mandar instalar grandes monumentales por la Avenida Triunfo de la República, la vía hotelera por excelencia de Ciudad Juárez, anunciándose con un eslogan incontrovertible. Al pie de su fotografía con caracteres heroicos se lee:

"Somos gente del norte."

Y más abajo, con letras pequeñas, destaca la autoría del mensaje: Oficina de Enlace Ciudadano de Pancho Barrio. Coloquial, directo, franco. ¿Agregamos algún otro calificativo?

Las defensas resultan, no pocas veces, muy forzadas. En 1993, durante el primer año de Barrio como gobernador, uno de los más allegados colaboradores de éste, Joaquín Mesta Soulé, fue señalado por haber desviado de los recursos destinados a la perforación de pozos rurales 208 mil 845 pesos. La averiguación llegó al congreso del estado en donde el presidente del mismo, el diputado panista Javier Corral Jurado —quien luego sería candidato a gobernador en 2004— congeló y ocultó la indagatoria respectiva durante tres años. Finalmente, en 1996, otro legislador, priísta, Álvaro Terrazas, lo denunció en tribuna.

Pese a ello, el gobierno de Barrio siguió protegiendo a Mesta, contratado a través de su empresa Medios Publicitarios del Norte S.A. de C.V. para realizar labores de cabildeo y promoción. Cuando se dio seguimiento periodístico al hecho, Eduardo Romero Ramos, en funciones de secretario de Gobierno, exclamó:

–"¿Qué no puede haber un poco de piedad en esta sociedad para una persona que falla y se arrepiente? ¿Acaso no ha recibido Joaquín Mesta suficiente castigo con todo lo que se ha dicho de él?"

Le pregunto ahora al secretario de la Función Pública, derivada de la que fue antes la Secretaría de la Contraloría destinada a atajar los actos de corrupción entre los funcionarios públicos, el mismo Romero Ramos, sobre su vehemente defensa. Y no elude la cuestión.

–Fue el único caso de práctica indebida que se dio durante el gobierno de Barrio. Y se escandalizó porque la intención era, desde luego, socavar la fortaleza de aquella administración. Mesta cometió un error: utilizó el crédito de una dependencia para beneficiar su rancho. Por decir: de treinta toneladas de abono él tomaba tres, desviándolas de su destino original. Lo pagó muy caro.

Algo sucedió, desde luego, en 1998, al final del régimen barrista. Durante el proceso de selección del candidato del PAN a la gubernatura, obviamente encaminado a seguir la exitosa trayectoria del otrora Ayatollah, tres distinguidos militantes se inscribieron para competir: Ramón Galindo Noriega, Enrique Terrazas Torres —ligado a la familia histórica y socio de Cementos de Chihuahua, uno de los consorcios con mayor liquidez en México— y, desde luego, Eduardo Romero Ramos. El cónclave panista parecía listo a bendecir la sucesión de Barrio a favor de Romero... pero no hubo humo blanco. El empate técnico llevó a una salida extrema.

Lo explica así el gobernador José Reyes Baeza:

–El favorito era Eduardo Romero, sin duda. Pero, al final, Terrazas se retiró y lo hizo para favorecer a Galindo. Y Romero se quedó atrás.

166

Galindo, catapultado, no pudo superar al priísta Patricio Martínez en las elecciones constitucionales en lo que parecía la tumba política de Barrio. No fue así porque la victoria nacional del PAN en 2000 le abrió a éste otras expectativas.

–¿Puede repuntar el PAN en Chihuahua? —pregunto al gobernador Reyes Baeza en la sede del Ejecutivo local.

Muy serio, sin aspavientos, pausadamente, el político sentado en el polvorín, opina:

–Observo al vértice panista muy fracturado. Por un lado, la llamada "familia feliz", fiel a Barrio; por la otra, los llamados "dhiacos" —como derivación de las siglas del grupo Desarrollo Humano Integral y Acción Ciudadana—, que le juegan la contra.

Las opciones, incluso las empresariales, se pulverizan. Las definiciones vendrán con el tiempo en un México cuya pluralidad se da mediando el verbo encendido, jamás respecto a los intereses corporativos. Podrán unos y otros tener más o menos privilegios al inaugurarse cada gobierno, cada sexenio, pero no se conoce un solo caso de un empresario quebrado por sus militancias, ni siquiera cuantos han abrevado en la política partidista directa.

Quizá tal sea la apuesta hacia el futuro: la conservación del estatus separado de las rencillas políticas interminables. Eduardo Romero Ramos, miembro de la "familia", uno de los clanes favoritos para ganar el futuro desde Acción Nacional, con estudios en la Universidad de Georgetown, en Washington y la afamada Solihull School de Inglaterra, antiguo profesor de la Universidad de Ciudad Juárez y exasesor legal de Banca Serfín, funcionario público por herencia con sacrificio de sus aplicaciones profesionales en el sector privado, confirma cuál es, debe ser, el papel protagónico de su partido, el PAN:

"La vocación democrática del PAN es una realidad a veces demasiado evidente" —enfatiza el secretario desde su elegante despacho, muy cerca de la sede de la Nunciatura Apostólica en donde se saluda con euforia, días después de nuestro encuentro, el advenimiento del nuevo papa, Benedicto XVI. Posiblemente eso no deba decirse —acaso por la vulnerabilidad que entraña, pienso—, pero así es y no puede soslayarse.

Observa, interesado, la relación de aportaciones y obras de su

167

amigo, Francisco Barrio, cuando éste fue gobernador. Y se impulsa sobre sus plantas para rematar, seguro de sí:

–En el PAN hay un gran respeto por las decisiones individuales de sus miembros a contrapelo de la disciplina férrea que se observó en el PRI.

Siempre los matices. Como recordatorio o sentencia en el palpitante juego de la política por la que cualquier cosa puede transformase... sin cambiar.

–¿Dónde lo veré en unos años, señor secretario?

–En la vida privada. En Ciudad Juárez, en donde tengo mi casa —en el fraccionamiento residencial Hacienda de la Paloma.

–¿En serio? ¿Y la gubernatura de Chihuahua no está a su alcance?

Romero Ramos sonríe, malicioso. Y no cierra la puerta:

–Todavía falta un trecho hasta diciembre de 2006. Y aquí estaré hasta entonces, si el presidente Fox lo estima conveniente.

La firmeza de la institucionalidad como punto final. Cuestión, insisto, de matices.

E

¿La ley o la justicia? No siempre puede decirse que a través de la ley se alcance la justicia. Para los panistas la supuesta legalidad de la asunción de Fernando Baeza Meléndez al gobierno de Chihuahua, en 1986, no fue óbice para desbordarse hacia las calles, bloquear puentes fronterizos e incluso animar a los obispos de las diócesis chihuahuenses a amagar con la suspensión de los cultos en protesta por el "fraude electoral".

En cambio, en la perspectiva de 2005, los mismos panistas y sus herederos, unidos al PRI y volcados hacia el "mayoriteo" legislativo que antes cuestionaron por notoriamente desproporcionado —durante la hegemonía priísta, claro—, basaron sus argumentos para intentar defenestrar a un jefe de gobierno legítimo, el del Distrito Federal, Andrés Manuel López Obrador, a sabiendas que se le sancionaba por una "causa no grave", en el imperio de las normas rígidas sobre cualquier otro principio superior, como el de la justicia derivada de la vocación democrática.

168

En Ciudad Juárez, la lucha partidista fue con otro signo:
En el caso de (Francisco) Villarreal (Torres) —escribe el puntual historiador y ensayista Pedro Siller—,

> es patente la existencia de un líder regional en el sentido de un defensor de la región económica, además de modernizador, en el sentido de eliminar en lo posible el corporativismo; es algo que Villarreal prevé, configura, desde su primera confrontación anticentralista en 1983. Por el contrario, Barrio se excedió en su papel de aliado del gobierno federal (a partir de su asunción al gobierno de Chihuahua en 1992), lo que tuvo sus repercusiones electorales —la derrota del PAN en 1998.

Estamos frente al retrato de un hombre excepcional. Quizá un anfibio capaz de moverse en dos entornos distintos por naturaleza: el patronal y el sindical. Así, funda el Centro Empresarial de Ciudad Juárez y promueve e impulsa la Sociedad Cooperativa de Desechos Municipales de la urbe. Líder nato que, sin embargo, se tarda en llegar al nivel ejecutivo dentro de la política vernácula. Cuando, al fin, se postula en 1992 para la alcaldía juarense suma ya 62 años y, con avanzada sordera, comienza a ser minado por la enfermedad que terminaría con su existencia en marzo de 1996, apenas un año después de haber dejado el Ayuntamiento para él entrañable.

–Si Villarreal no hubiera muerto —lamentan, sin cesar, quienes fueron sus partidarios e incluso sus adversarios—, otro "gallo" nos cantara.

Para muchos, Villarreal protagonizó, en Ciudad Juárez, la más aguerrida de las batallas contra el centralismo y, por ende, a favor del municipio libre. Lo hizo valerosamente, sin escabullirse, desde la cárcel incluso en donde estuvo confinado unos días por una querella levantada en su contra por el gobierno federal, y sin medir los límites legales cuando debió exaltar su reclamo de justicia. Su breve historia es, sencillamente, apasionante.

El ascenso del personaje al cabido juarense coincide con la jornada más desastrosa para el priísmo chihuahuense, sólo comparable entonces con lo sucedido en 1989 en Baja California con la victoria estatal del panista Ernesto Ruffo Appel, primero en conquistar una gubernatura desde la oposición. En 1992, el PRI pierde el mandato estatal así como los ayuntamientos de 13 de las ciudades más pobladas, incluyendo Juárez y con la excepción significativa de la capital del estado —que queda en manos de Patricio Martínez García quien luego sucedería a Barrio Terrazas—, y la mayoría en el congreso local. El 52% de la población queda bajo gobiernos municipales panistas, de un solo y contundente golpe.

Fue entonces cuando el edil electo de la ciudad de Chihuahua, Martínez García, ironizando quizá, se definió como el primer priísta de la entidad y asumió que no quería ser el último. Un objetivo alcanzado por él a plenitud. En el otro extremo, los panistas, eufóricos, festejaron el fin de la resistencia "institucional" luego de innumerables jornadas amargas marcadas con el sello de una legalidad sólo sostenida con las pinzas del autoritarismo. Sin embargo, Villarreal fue el único, entre los victoriosos, que optó por zanjar la controversia y revisar la historia rompiendo con cuantos habían mantenido su aureola a la sombra del PRI inamovible.

¿Qué quería Villarreal? Lo explica así, el maestro Siller:

"Luchar por un nuevo federalismo, es decir por una reducción en la sujeción del municipio a los gobiernos de los estados y la Federación por la vía de una mayor recaudación tributaria propia."

Desde luego, el recién llegado se propuso, desde el inicio, poner distancias. Por ello recibió, bajo protesta, la administración municipal considerando que el alcalde interino, Carlos Ponce Torres —quien remplazó a Jesús Macías cuando éste optó por la nominación priísta a la gubernatura—, no brindó espacios adecuados para la transición:

–Yo insistí —declaró Villarreal— que necesitábamos un tiempo razonable para comenzar a recibir pero el presidente Carlos Ponce y la contralora, Blanca Martínez de Moreno, me informaron que tenían mucho trabajo.

El historiador Siller plantea que, a la llegada de Villarreal Torres al Ayuntamiento juarense, 40% de la mancha urbana estaba en una situación irregular, mantenida así por la aviesa intervención de una prominente jauría de liderzuelos a quienes convenía medrar con las necesidades de los marginados. Tales artesanos de la politiquería extendían chantajes al por mayor a las autoridades municipales mediante una ex-

170

traña compraventa de paz social prendida a los algodones de las prebendas subterráneas y las consiguientes aplicaciones paternalistas que no resolvieron el problema de fondo: el drama de los asentamientos irregulares, sin servicios, cuyo crecimiento se dio a la par del desarrollo de la industria maquiladora y la consiguiente migración desde todo el país al "paraíso" de los empleos.

Hubo litigios, claro, y se exhibió a los mercenarios. Al iniciar su gestión, el alcalde expresó que 43 mil familias vivían en predios irregulares; tres años más tarde, según la estadística oficial, el espectro se había reducido en 38 mil. Por supuesto que quienes fueron desplazados, los venales, conformaron un nutrido grupo dispuesto a hacerle la guerra. Luego vino otra, formidable batalla por la ampliación de los espacios urbanos.

Villarreal, calculador, invitó a los empresarios y acaparadores de lotes, por supuesto de extracción priísta, a donar tierras con el propósito de desactivar los rencores sociales y las consiguientes asechanzas de la inequidad. Pero no fue una propuesta sedeña, ni diplomática, sino más bien una advertencia: de no acceder los convocados, procedería el gobierno a la expropiación.

El escándalo comenzó porque, claro, los dueños de los predios se preguntaron cuál sería el beneficio para ellos. El edil respondió que, al ser propietarios de terrenos aledaños a los lotes en los que se asentarían viviendas de interés social con buena infraestructura, ganarían con la plusvalía. No fue, ni mucho menos, suficiente. Y el punto neurálgico se centró, como ya expusimos, en el llamado Lote Bravo, propiedad de los exalcaldes priístas Jaime Bermúdez Cuarón —a cuyo grupo alguna vez perteneció Villarreal junto con Barrio y otros inversionistas con pretensiones políticas— y Manuel Quevedo Reyes.

El 6 de octubre de 1993, el gobernador Barrio Terrazas expidió un decreto, publicado en el Periódico Oficial del Estado, para expropiar mil 200 hectáreas del Lote Bravo, en el suroriente de Ciudad Juárez, a pedimento del alcalde Villarreal. En la exposición de motivos se asentó lo siguiente:

—Con la superficie expropiada el Ayuntamiento espera beneficiar con lotes de servicios a 40 mil familias, especialmente a las seis mil que viven en la zona considerada como de alto riesgo, es decir, en los

171

diques de contención, sobre el derecho de vía del gasoducto y en las laderas.

El *Diario de Juárez* informó que, de acuerdo con las estimaciones oficiales, se procedería a indemnizar a los afectados con el valor catastral actualizado, pagándose, aproximadamente, 50 centavos por cada metro cuadrado. Más que una ganga con repercusiones políticas.

Veinticuatro horas después, Villarreal se plantó en Lote Bravo, con el resguardo de decenas de unidades policiacas y más de sesenta empleados de la Dirección de Mantenimiento Urbano que derribaron, a mazazos, una muralla de cables y tambos con la que los propietarios intentaron protegerse. Los afectados, los exalcaldes citados, alegaron que se trataba de un despojo a la propiedad privada y el director de la Cámara de la Industria de la Transformación en la localidad, Miguel Ángel Calderón, sentenció:

—Fue un abuso de autoridad y, francamente, no entendemos cuál es la postura del gobierno municipal ni la del estatal.

En la misma línea, el representante de la Cámara Nacional de Comercio, Jorge Mares Delgado, sin ocultar su preocupación, se pronunció con severidad:

—En el marco de las negociaciones del Tratado de Libre Comercio, esto es lo peor que un gobierno puede hacer ya que, además de constituir un abuso de autoridad, asusta al inversionista extranjero quien prefiere no venir a México por temor a sufrir una expropiación de este tipo.

Tres días después, el 10 de octubre, en ocasión de su primer informe de actividades, Villarreal, en presencia del gobernador Barrio y bajo el incesante clamor de un auditorio pleno de simpatizantes, expresó, contundente:

—La lucha por la posesión de un pedazo de tierra es un triste expediente de violencia urbana, de injusticia social, de explotación de la ignorancia mediante la manipulación política y la corrupción oficial.

Y fue a más cuando puntualizó, severo:

—El decreto de expropiación pone fin a los invasores de profesión y a los estafadores disfrazados de líderes. No teman: denuncien a sus líderes corruptos[...] sepan que cuando el miedo se va, la libertad vive.

Barrio Terrazas miró de reojo al edil y aplaudió, esbozando apenas una sonrisa, aun cuando había mostrado serias reservas sobre el proceder de Villarreal, en principio, al desconocer los derechos de los propietarios, su exjefe Bermúdez y el también exalcalde Quevedo. El gobernador, antes de la expropiación, reconoció ante los medios la licitud de la compraventa a favor de los empresarios priístas:

—Esa operación la realizó Bermúdez mucho antes de ser siquiera tesorero municipal —arguyó Barrio. A mí me consta, lo sé porque fui su empleado.

Lo fue, sí, en la iniciativa privada, dentro del Grupo Bermúdez, y luego bajo la férula del tesorero municipal, el propio don Jaime, ya en el sector público cuando éste se desempeñó en la administración de Quevedo y Barrio fue designado responsable del área cibernética bajo la supervisión de su patrón.

La respuesta de Villarreal le hizo ganar la partida:

—No soy juez; sólo tengo visión social para resolver un problema que nadie se había atrevido a enfrentar.

Y, desde luego, la expropiación fue irreversible aun cuando los empresarios emprendieron el largo andar por los cauces judiciales. Por una parte, la autoridad municipal inició la venta de los terrenos a familias de escasos recursos, unas mil según las estadísticas; por la otra, Quevedo y Bermúdez interpusieron un juicio de amparo contra la medida estatista y lograron que un juez federal reconociera sus derechos, sobre todo por algunas serias lagunas en el decreto en cuestión. Pese a ello, el litigio se prolongó varios años sin resolverse.

—Lo sorprendente aquí —apostilla Siller— es que Villarreal utilizó un mecanismo que podría ser considerado como típicamente populista —aunque no lo fue—, como única solución para resolver el problema de invasiones de terrenos y romper con el liderazgo priísta en materia de asentamientos irregulares. Además logró una imagen de reivindicador frente a los "abusivos ahijados del centro".

—Lo que no puede perdonársele a Barrio —sentencia quien fue su contendiente en la lucha por el gobierno estatal, Jesús Macías Delgado— es que desde la capital de la entidad se olvidara de Ciudad Juárez. ¿Dónde están sus obras, su legado?

La controversia por el Lote Bravo, incluida la inagotada querella judicial pese a las instancias ganadas por los propietarios Bermúdez

173

y Quevedo, demuestra que en esta materia no hay distingos entre el proceder de los gobernantes con distinta filiación. Las consecuencias, éstas sí, son las que suelen ser distintas.

Encuentro un símil evidente entre el relato anterior y cuanto está sucediendo en la rabiosa actualidad con la que escribo estas líneas, en este 2005, respecto del intento de defenestración pública de Andrés Manuel López Obrador.

En Ciudad Juárez, el gobernador, no muy convencido sobre la bondad de los procedimientos pero dispuesto a respaldar a un antiguo y leal aliado, avaló y expidió el decreto expropiatorio y después respaldó al alcalde aun cuando en éste existiera, como hemos señalado, el propósito de zanjar diferencias, históricas y políticas, con el grupo de empresarios afín al priísmo y por ende separado de la corriente en pro de un cambio estructural. En la ciudad de México, el mandatario panista, Vicente Fox, enseñoreado del control de los órganos federales de justicia, aprovechó el dislate para intentar la eliminación de López Obrador de la carrera por la sucesión presidencial. Dos comportamientos diametralmente opuestos que exhiben, sin duda, los usos facciosos del poder. El PAN, como gobierno, ha cubierto todos los matices.

Desde luego, López Obrador no puede ser considerado del todo inocente. Pero su falla, si la hubo, no debió ser pretexto para arrinconarlo políticamente. Lo sucedido con él equivale a que, usted y yo, le asestáramos un pisotón alevoso al vecino malquerido para luego pasar a ser confinado, juzgado y sentenciado a la pena máxima, 40 años de cárcel, como si se hubiese tratado de un homicidio con premeditación, alevosía y ventaja.

¿La ley? Debe aplicarse, sí, sin desbordamientos viscerales ni desproporciones tan absurdas como necias.

Sobre la ley, la justicia. Y ésta no puede estar divorciada de los propósitos democráticos ni de las decisiones impregnadas de celo social. En Ciudad Juárez, Villarreal, panista, asumió una estrategia más cercana al propósito trostkista de la revolución permanente; en la ciudad de México, López Obrador pretendió refugiarse en olor a pueblo, con acento populista al igual que Villarreal más de una década atrás, para doblegar a un puñado de especuladores a quienes el sistema, más que el derecho, protegió. El primero murió tras cosechar sólo aplausos; el segundo todavía se mueve.

De allí el ejemplo nacional de Ciudad Juárez, una vez más, con un hombre de excepción como protagonista, dispuesto incluso a sufrir persecución y cárcel, desafiando a la autoridad central —que no federal—, y degradado a la condición de "delincuente" por pretender una mejor distribución tributaria a favor del municipio atado a los veneros del paternalismo clientelar del sistema político mexicano. Ésta, por supuesto, es otra historia apasionante.

El 4 de abril de 1995, Villarreal Torres actuó contra los intereses del gobierno federal, esto es sin detenerse en la "legalidad" de los procedimientos, rompiendo las reglas y elevando la voz, dijo, en defensa del "municipio libre". Otra vez, el clamor por la justicia por encima de las ataduras legaloides al servicio del aparato estatal. ¿Qué hizo? A las seis de la mañana ordenó la instalación de casetas de cobro a unos metros del puente fronterizo Santa Fe, por la avenida Juárez que es el acceso más directo a El Paso, Texas, obviamente violentando sus propias facultades constitucionales, y asumió como un deber la defensa de los intereses locales:

—Buscamos rescatar no sólo las cuotas —explicó el alcalde rebelde— sino también la autonomía municipal.

El meollo del asunto tenía que ver con la selectiva postura de la administración federal en cuanto a la canalización de los ingresos obtenidos por el tránsito de mexicanos hacia la fronteriza urbe texana. Como todo se concentra en el centro, no parecía correcto obligar al municipio a dotar de infraestructura y servicios —desde calles y agua— a las garitas colocadas para la recaudación, máxime que el principal caudal era generado por los propios juarenses habituados a vivir, transitar y sostenerse entre dos culturas y dos naciones.

—Si quieren llevarme a la cárcel —asumió Villarreal con acento provocador—, yo mismo me presentaré voluntariamente en el Centro de Readaptación Social.

La reacción general, casi de manera unánime, favoreció al presidente municipal. Los líderes empresariales, al frente de las cámaras de comercio, de la industria de la transformación, además de la Confederación y el Centro Patronal, apoyaron la medida. Carlos Murguía Chávez, presidente de CANACINTRA, definió la postura gremial:

–Es cierto que la libertad del alcalde se encuentra en peligro; por ello, los organismos empresariales lo menos que debemos hacer es brindarle nuestro apoyo irrestricto.

No bajó la guardia el alcalde belicoso. Al contrario, al día siguiente de la puesta en práctica de la caseta de cobro municipal, desafió a la Procuraduría General de la República y a la Secretaría de Comunicaciones y Transportes del gobierno federal luego de que ésta interpusiera una demanda penal por "abuso de poder" contra el edil. Villarreal vociferó:

–Si quieren llevarme a la cárcel, que le entren, que le entren.

En Juárez, al correr abril de 1995, en un contexto marcado por la crispación partidista, el diputado perredista ante el congreso local, Luis Aguilar Salazar, descalificó así la manera de conducirse de Villarreal:

–Los representantes del PAN —explicó— se manejan siempre con doble óptica. Invocan siempre a la legalidad y la justicia según les conviene.

En Ciudad Juárez la irritación creció. La Secretaría de Comunicaciones y Transportes (SCT) ordenó el retiro de las casetas municipales y la Procuraduría General de la República (PGR) instrumentó el operativo sin mayores consecuencias porque los ciudadanos juarenses, quienes se mantenían en el puente fronterizo, optaron por no responder y retirarse. El *Diario de Chihuahua*, en su editorial, apuntó:

> Las acciones efectuadas[...] son una muestra más del desplante de fuerza del gobierno central que, en términos reales y prácticos, no redundarán en una solución al conflicto existente entre la federación —así, con minúsculas y obvia intención— y el Ayuntamiento juarense.
>
> Ayer, por lo pronto, ciudadanos juarenses evitaron de una manera pacífica —a pesar de la vigilancia en el puente por elementos de la PGR, paradójicamente encabezados por un miembro (Arturo Chávez Chávez) del mismo partido que Villarreal Torres— que los transeúntes y guiadores que se dirigían a El

Paso pagasen peaje a Caminos y Puentes Federales de Ingreso, en una muestra de desafío a las disposiciones de la SCT.

El 9 de abril, Francisco Villarreal precisó:

–No buscaré ningún amparo legal ni saldré del país. Me hago responsable de lo ocurrido. Ya saben dónde vivo. Aquí estaré.

Villarreal, tranquilo, pidió a sus partidarios que no se preocuparan, que ya estaba preparado para enfrentar los cargos a él imputados:

–Estoy seleccionando los libros que me llevaré para leer en la penitenciaría. Me declaro listo.

El 10 de abril Villarreal se entregó. Y lo hizo, claro, ruidosamente:

–No me rajo. Seguiré luchando por la autonomía y política del municipio.

Por fuera del penal, cientos de voces clamaron justicia:

–¡Los corruptos son otros! —gritaron a todo pulmón. ¡Cárcel a la "rata" de Salinas! —ya en calidad de expresidente señalado por la herencia económica crítica.

Y el gobernador Barrio, bajo la presión popular, acudió a la cárcel y exclamó:

–¡No estoy dejándolo morir solo!

–¿Habrá una solución rápida? —le preguntó un reportero.

–No lo creo. Por lo pronto esta noche la pasará aquí. El Centro de Readaptación se está convirtiendo, como ven, en el Palacio Municipal. Villarreal podrá ejercer sus funciones desde aquí.

Sin menoscabo del protocolo elemental entre militantes del mismo partido, Barrio filtró, descuidado, su verdadera posición. Cuando le interrogaron acerca del comportamiento del procurador Lozano Gracia, panista por supuesto, no pudo ocultar sus intenciones de fondo:

–Él (el procurador Lozano) actuó conforme a derecho. Lo dijo desde que se inició el conflicto: procedería, como procedió, de acuerdo con la Constitución.

Por supuesto la Carta Magna no estaba en juego; podría expresarse, en sentido contrario, que el texto fundamental insiste en el principio del "municipio libre" como toral en las relaciones entre los tres niveles distintos de gobierno y señala a la Suprema Corte de Justicia para dirimir las controversias entre autoridades municipales, estatales y federales. En este sentido, de aplicarse la Constitución y no un ordenamiento inferior —la Ley de Vías Generales de Comunicación—, esto es interpretando el "espíritu del Constituyente" —en abono de los criterios de quienes firmaron en 1917 la ley superior, vanguardista en su género entonces—, la defensa de la autonomía municipal debió exaltar, y no reprimir, al controvertido alcalde.

Cabe aclarar que, en Chihuahua, de acuerdo con la Constitución estatal, los alcaldes no gozan del privilegio del fuero, garantía de inmunidad ante la ley mientras dura el ejercicio de las funciones públicas, exclusivo en esta entidad para el gobernador, los magistrados y los jueces.

El 13 de abril de 1995, tres días después de haberse entregado voluntariamente, Villarreal Torres recibió la visita de un personaje singular con enorme popularidad en el centro del país: Vicente Fox Quesada, entonces candidato del PAN al gobierno de Guanajuato. El personaje decidió interrumpir su segunda campaña en pos de tal cargo, que ganaría al fin meses después para constituir con ello su antesala a la presidencia de México, animado por la vigorosa defensa de Villarreal al municipio libre que, explicó, coincidía con la suya (*El Heraldo de Chihuahua*, 14 de abril de 1995):

—En Guanajuato estamos protagonizando una campaña a favor del federalismo. Tenemos dos alternativas: que continúen las cosas como están, con candidatos priístas que no pasan del ofrecimiento público para obtener votos, o el pacto federal.

A pregunta expresa, el señor Fox, con camisa vaquera, botas y pantalones de mezclilla rematados por gruesas hebillas de metal, en su papel de ranchero irritado por la inercia y los abusos de poder que genera, sentenció:

—Las acciones en Ciudad Juárez por lograr un municipio libre fueron eminentemente políticas, de gobierno; por ello la respuesta no debe ser una orden de aprehensión sino un diálogo político, una negociación rápida.

(Diez años después, el presidente Fox, su secretario de Gobernación, Santiago Creel Miranda, y el procurador general, Rafael Macedo de la Concha, amén de los voceros de los tres, frente al escandaloso caso del desafuero y consignación de Andrés Manuel López Obrador, insistieron, cada vez con mayor vehemencia, en el imperativo de hacer preservar la "legalidad" por encima de cualquier "negociación política..." a la que después se sumarían, acosados. El secretario Creel fue enfático al subrayar: "la ley no se negocia". Y el presidente Fox, tras confirmar el desafuero del jefe del gobierno del Distrito Federal, desde Roma a donde acude a los funerales de Juan Pablo II, exclamó:

–¡México ha dado al mundo un ejemplo de legalidad y de fortaleza de sus instituciones!

Una década se lleva consumar, con la apuesta por la atávica amnesia colectiva de los mexicanos, la mutación de posiciones, morales y políticas, de coherencia y de integridad, más descarada de los tiempos modernos.)

El 16 de abril de 1995, la juez María Teresa Zambrano consideró que no existían elementos suficientes para dictar auto de formal prisión contra Villarreal. A las once de la mañana, rodeado de fervor cívico, el alcalde de Juárez dejó el reclusorio, libre y sin cargos.

Cuenta el maestro Pedro Siller Vázquez:

La batalla todavía no terminaba. La respuesta de Caminos y Puentes Federales fue la de aumentar 30% el costo del peaje del puente Santa Fe. En agosto de 1995, Villarreal se declaró en ayuno como protesta para tratar de lograr un acuerdo con favor del municipio. La huelga de hambre duró 22 días y se colectaron más de cien mil firmas en su apoyo.

Finalmente, llegó el arreglo: el gobierno federal accedió a entregar al municipio de Juárez 25% de los ingresos por concepto de peaje en el puente Santa Fe y otro 25% al gobierno del estado —beneficiario sin haber hecho el gasto político— sin compromiso alguno de realizar obras específicas bajo la anuencia de las autoridades centrales. Una victoria completa apenas unas semanas antes del fin de la gestión de Villarreal como alcalde, en octubre.

Viudo —su cónyuge, Simona Etcheberrigaray, fue maestra de árabe en Túnez—, no sin suspicacias sobre su vida íntima, con dos hijos y espíritu joven, a pesar de sus 65 años, luego de una vida azarosa marcada por la rebeldía —fue hijo adoptivo de un comerciante, estudió filosofía en la Universidad de Montreal y se doctoró en París con mención honorífica—, polifacético —llegó a ser exitoso productor de películas con gran contenido crítico, como las emblemáticas "Rojo amanecer", sobre la masacre de Tlaltelolco en 1968, y "Bandera rota", y también de obras teatrales de igual tesitura, entre ellas "Los hijos de Sánchez"—, Francisco Villarreal Torres dejó el Ayuntamiento de Ciudad Juárez con el abrazo del reconocimiento popular.

Ese mismo fervor le cobijó igualmente el 24 de marzo de 1996, apenas cinco meses después de su finiquito político. Los cotidianos reseñaron que el cáncer linfático lo venció, al fin, poco después de las cinco de la tarde. Al día siguiente, en la hora última del sepelio —miles de juarenses salieron al paso del cortejo—, una humilde cartulina, mal pintada por la premura y acaso por el dolor, bandera en manos de cientos de colonos de Tierra Nueva, rescatada a favor de los destechados, sintetizó el ámbito y la devoción de un pueblo:

¡Gracias, Villarreal!

Dictó así el líder su última, emocionante lección.

F

Sólo un ventanal, en semicírculo, con la afrancesada arcada del art noveau, y un escritorio, tallado con finas maderas de la región, nos separan del balcón histórico. Estamos en el antiguo edificio construido para albergar, a principios del siglo XX, el Banco Minero que fuera, en su tiempo, el más grande en emisión durante los años de la dictadura. En la planta alta, don Enrique Creel Cuilty, el yerno favorito de don Luis Terrazas Fuentes, el mayor terrateniente de cuantos se tengan memoria, fincó su residencia en el corazón mismo de Chihuahua, "su" Chihuahua.

Hacia afuera, la antigua Plaza de Armas que remata en las espigadas torres de la catedral en donde, esa mañana, la del 31 de marzo de 2005, decenas de devotos, al pie de la catedral, no cesan de orar por la salud del papa Juan Pablo II, agonizante. Parece tarde para ello pero no para la familia Creel, de rancio abolengo, que ha visto pasar la historia sin detenerse jamás ante los barruntos de tormentas. Ni invasiones, ni revoluciones, ni autocracias, han detenido su impulso.

180

Desde el balcón se otea hacia la dorada Chihuahua que no es extraña a las convulsiones sociales. Apenas hace unos días, por descuido, un grupo de manifestantes del Partido de la Revolución Democrática, en defensa del jefe del gobierno del Distrito Federal, Andrés Manuel López Obrador, considerado el político más popular del país de acuerdo con incontables sondeos de opinión, destruyó uno de los pilares, rematados con sendas figurillas aladas de metal negro, como si fuera un mal augurio. Pero la historia resiste y con ella la memoria colectiva. ¿Amnésicos los mexicanos? No tanto como para ignorar raíces, antecedentes y raigambres.

ᚕ

Este balcón, que tenemos al alcance de la mirada, desde el que es hoy lujoso despacho de Jaime Creel Sisniega, no sólo un empresario exitoso sino también una especie de albacea del tesoro familiar, sirvió de marco espléndido para que el general Porfirio Díaz Mori midiera el fervor de los chihuahuenses hacia el presidente, y donde habría de entrevistarse con William Howard Taft. El general Díaz, además, se hospedó aquí mismo, en donde hoy dialogamos, imponiéndole al ámbito, para siempre, el sello de su presencia.

–Yo, la verdad, soy panista —nos dice, como extendiendo una tarjeta de presentación, Jaime Creel Sisniega. Y creo en los gobiernos del PAN: no han caído, por supuesto, en los vicios y excesos de otros regímenes.

Espigado, setentón, con albo bigote recortado, sin un kilo de grasa encima, de porte más bien aristocrático como dirían los cronistas de la alta sociedad, y una cortesía tan natural como su acento norteño, finura de filigrana al dialogar diríamos, Creel Sisniega accede a hablar de lo que le es entrañable, de los suyos, de su entorno, de su pasión por un México tantas veces atenaceado por la imprudencia y la ineficacia; también del capital honesto que, invertido con corrección, debe ser siempre factor de equilibrio y no de estallidos. Y, sobre todo, es tiempo de dialogar buscando desentrañar los misterios por venir, incluyendo, claro, los vaivenes de la política.

–Tengo con Santiago —Creel Miranda, su sobrino, un gran contacto. Le observo con madera de estadista y visión de largo plazo.

181

–Por como me lo plantea, don Jaime, es una buena inversión política para el futuro.

–Es un hombre a quien le gusta llegar a los acuerdos, conciliador y serio.

–Y esto pesa, desde luego, en el escenario actual tan complicado, tan confuso.

–Bueno, yo no lo veo así. No me parece que existan riesgos a corto plazo.

El propio Creel Sisniega, en atenta misiva posterior a nuestro encuentro, refrenda su aval hacia el actual estado de cosas, con énfasis especial sobre el destino regional. Escribe al respecto lo siguiente:

Deseo confirmar mi postura optimista para la economía de México y de Chihuahua. En este estado, además de las condiciones nacionales e internacionales de las que hablamos y que por el momento son favorables, gozamos de un clima político de entera cooperación entre el gobierno estatal, el gobierno federal y los gobiernos municipales, especialmente con el de esta ciudad —la capital del estado—, que a pesar de ser de signo político diferente, el PAN, guarda entre sí una magnífica interrelación de apoyo mutuo. Todo esto me hace suponer que aunado a una estrecha relación con el sector empresarial y laboral, tengamos resultados positivos en nuestra economía que, sin duda, se reflejará en un incremento en los empleos.

Tal expresa don Jaime como defensor apasionado de un presente impregnado de un pluralismo, en apariencia sin rupturas posibles. En la conversación, por supuesto, deslizo algunas condiciones adversas que menguan la visión promisoria, entre éstas la llegada de capitales volátiles, que entran al país y salen en unos cuantos meses, luego de servir como detonantes especulativos, dejando un peligroso vacío, y, desde luego, la creciente zozobra política por la ausencia de sensibilidad en las cúpulas partidistas, no sólo la del gobierno federal, y las severas dificultades para lograr consensos mínimos.

–Bueno, ¿pero a usted qué le trae por aquí? —es ahora don Jaime quien pregunta.

–Fundamentalmente, Chihuahua —respondo. Y su atractivo

político. En México dos entidades polarizan la atención, Tabasco y Chihuahua. De aquí surgió Francisco Barrio y aquí tiene sus orígenes Santiago Creel. Uno de los dos estará en la disputa final por la Presidencia en 2006 y esto cuenta.

–¿Usted lo cree? Pero también está Felipe Calderón Hinojosa, michoacano.

–Más bien creo que ya está muy retrasado, don Jaime. Hace poco Barrio me dijo de él que no había despegado a pesar de haber lanzado primero, antes que ninguno, su proclama como precandidato.

–Pues son muchos quienes piensan, aquí en Chihuahua también y entre los panistas, que él es el mejor hombre. Y a lo mejor saben por qué lo dicen.

–Quizá —bromeo—, porque a los otros dos, Barrio y su sobrino Creel, los conocen muy bien. Y más vale un tercero...

El abogado Guillermo Márquez Lizalde, con quien dialogo en la víspera de nuestra visita a Creel Sisniega, en funciones de alcalde de Ciudad Delicias, la urbe más cercana a la capital de la entidad, situada al sur de la misma, gana la primicia sobre el particular:

–De entre los cinco regidores panistas que tengo en el cabildo, cuando menos tres se inclinan por Calderón Hinojosa. No hay que darlo por muerto.

–¿A pesar de que los otros postulantes para la nominación de Acción Nacional sean chihuahuenses?

–A lo mejor por eso mismo. No deberíamos sorprendernos. Hay muchos resentidos con Barrio y a Creel no lo conocen a fondo: jamás ha vivido en Chihuahua y viene muy poco por aquí. Su familia es otra cosa.

(Felipe de Jesús Calderón Hinojosa, expresidente nacional del PAN —lo fue entre 1996 y 1999—, el más joven de cuantos han conducido a este partido pues tenía 33 años al hacerse cargo del liderazgo, forma parte de un clan familiar que incluye a sus hermanos, Luisa María de Guadalupe, quien fue algo más que un puente entre la dirigencia del PAN y la casona presidencial tras el arribo de Fox en 2000, y Juan Luis, quien igualmente ha incursionado en la vida parlamentaria y como funcionario del ejecutivo, y a la esposa del propio Felipe, la también gregaria Margarita Zavala Gómez del Campo, con padre y hermanos panistas que extienden la prosapia, diputada federal por la vía

183

plurinominal desde 2003. "Destapado", con el auxilio del gobernador de Jalisco, Francisco Ramírez Acuña, el 30 de mayo de 2004, como pre-candidato a la Presidencia, riñó con el presidente Fox quien le condenó su proceder, a sus espaldas, aprovechando el estatus de secretario de Energía en el gabinete del mismo.)

En el despacho de Creel Sisniega, elegante y sobrio, atravesado por una columna que también presidía el antiguo comedor en donde fue comensal distinguido don Porfirio, cuelgan de las paredes algunas de las acciones del antiguo Banco Central Mexicano, antecedente del Banco de México, constituido en octubre de 1903 bajo la firma y el control de don Enrique Creel Cuilty. Y pasamos de la política al análisis de la economía nacional, tan vulnerada siempre:

–No nos olvidemos —puntualiza don Jaime— que los viejos banqueros nos desilusionamos con la crisis de 1982. Fueron, además, diez años de corrupción irrefrenable. Primero, la estatización de los bancos y el control de divisas tuvieron efectos demoledores; después, la privatización fue muy mal implementada por Carlos Salinas de Gortari. Fue él quien inventó a los neobanqueros que no tenían cultura ni experiencia. Los sacó de su condición de casabolseros para entregarles los bancos. Hubo, insisto, mucha corrupción.

–¿Cuáles fueron, a su entender, las peores consecuencias?

–Se ofrecieron muchos créditos sin respaldo real, mal dados. El país traía además una profunda inercia económica pero lo más irresponsable fue inflar el valor de las garantías que no pudieron recuperarse. Los bancos estaban llenos de garantías insuficientes

–Pero todo ello devino de la crisis de 1982, ¿no es así, don Jaime? Y todo porque se produjo un considerable saqueo de divisas. El dinero en fuga salió primero de los bancos mexicanos.

–Mire: cuando inició 1982 la banca funcionaba bastante bien y el peso estaba fuerte. A la banca no le convenía que se fueran los capitales; al contrario, era muy importante que permanecieran en México. Lo que de verdad nos hundió fue la soberbia del presidente José López Portillo.

–¿Y el saqueo, don Jaime, no posibilitó el rescate de los bancos de donde se habían llevado las divisas?

–No fue así. Cuando el peso comenzó a tambalearse los banqueros no promovieron el desajuste porque hubiera sido ir en contra de sus propios intereses. Más bien, López Portillo jamás admitió haber desarrollado una política económica equivocada que causó intranquilidad entre los inversionistas. Y recuerde usted que el capital no tiene patria.

La visión, desde luego, no es nacionalista sino práctica. Y explica, por sí, las disonancias tremendas entre las administraciones llamadas "populistas", en cuanto al acento paternal y electorero de sus aplicaciones —siempre consideré que tales eran más bien analgésicos destinados a aliviar momentáneamente el dolor social sin curar el mal de fondo—, y los dueños del dinero cuyo trayecto depende, en buena medida, de la correcta correlación con las políticas oficiales. Si el hilo conductor se rompe, la fórmula se diluye.

–En México —prosigue Creel Sisniega—, el capital debe generar riqueza. La salida masiva de capitales se debió, por supuesto, a la desconfianza en el gobierno. No olvide usted que la lista de saqueadores la encabezaban los políticos no los banqueros.

(El expresidente José López Portillo, meses antes de su fallecimiento, me confió que no había querido revelar la célebre lista —"que mantengo bajo siete candados", dijo—, porque los primeros de la misma eran distinguidos miembros de su gabinete. No especificó los nombres de los señalados pero cuando deslicé la posibilidad de que uno de ellos fuera el profesor Carlos Hank González, exregente de la ciudad de México a quien veía como su mecenas, lo negó con vehemencia, no así cuando mencioné a Pedro Ojeda Paullada cuyo desempeño bajo la administración de don José, como titular de la Secretaría del Trabajo y Previsión Social desde donde pasó a la dirigencia nacional del PRI para llevar adelante la campaña presidencial de Miguel de la Madrid, le permitió contar con información privilegiada, suficiente para labrar su porvenir.)

Sí, demasiada corrupción en cada uno de los niveles del gobierno. Pero también, complicidad entre quienes, habilidosos, crecieron gracias a sus alianzas estratégicas con políticos prominentes a cambio de seguridad, más bien de impunidad, bajo las reglas del establishment. La visión varía desde distintas perspectivas.

–El Fondo Bancario de Protección al Ahorro (FOBAPROA) —continúa Creel Sisniega— fue una medida dolorosa pero necesaria porque, de otra manera y sin alternativas, podría haberse reventado el sistema bancario mexicano. La cartera vencida lo asfixiaba.

Volvemos al origen. Jaime Creel Sisniega insiste en el elemento corruptor, en el sector público claro, como el detonante de una crisis profunda que todavía mantiene algunas secuelas.

–En 1982 —retoma don Jaime—, la estatización bancaria trajo consigo la destrucción de grandes grupos industriales. Muchos de ellos se dividen o se separan. Se pierden confianza y perspectiva.

–López Portillo decía que no le dieron tiempo a la medida —la nacionalización bancaria— para que pudiera desarrollarse como compensatoria, esto es a favor de los mexicanos depauperados. Tal era su queja recurrente, don Jaime.

–Lo que pasó es que se dividieron los negocios. Y se perdió mucho. Mi hermano Salvador, quien estaba al frente del Banco de Crédito Mexicano en 1981, fue despojado. La familia, entonces, debió dividirse: unos nos inclinamos por los parques industriales; otros por negocios diversos. Ya no con los bancos, ya no. Incluso habíamos adquirido el Banco Longoria y un grupo industrial y mobiliario de gran importancia. Con la estatización, la merma para todos nosotros fue considerable.

–Ése es el pasado, don Jaime. ¿Y ahora? No le veo mal a usted, precisamente.

–Vamos bien. Sin embargo hay señales preocupantes en 2005. A nivel internacional, la economía de Estados Unidos marca un crecimiento de 3.8%. No obstante, en Estados Unidos se está gestando un problema serio: el dólar está bajando contra el euro, el yen y otras monedas. También aumenta el déficit de su balanza comercial. Pueden vender más y más barato, pero a pesar de que se compran bienes y valores en dólares, la divisa estadunidense sigue bajando. Esto quiere decir que se van a deshacer de sus valores y podría darse una crisis. No podemos descartar esta posibilidad.

–¿Cómo podría detonarse?

–Si algunos países comienzan, por ejemplo, a cambiar sus reservas a otras monedas, el euro o el yen.

–Entonces el riesgo es más serio de lo que parece, don Jaime.

–Pero estoy optimista. Se lo digo en serio. La economía mexicana es un ejemplo a nivel mundial. Tenemos estabilidad y el control fiscal es rígido. Se han superado algunas condiciones que fueron adversas en el pasado.

–¿Podría pensarse en la dolarización de nuestra economía?

–No sería necesario. La moneda mexicana es bien aceptada. Y la tasa que se paga en dólares es bajísima, de 2.5%.

–Por lo que veo, usted le apuesta fuerte a la política económica del gobierno de Fox, don Jaime.

–Porque estamos conscientes, no como en el pasado, de que la flotación de la moneda no es ficticia. Se hacen los ajustes en tiempo y forma. Correctamente. Y eso es porque se le tiene confianza al peso.

–Entonces, ¿ha sido un buen gobierno el de Fox?

–Creo que sí. Los indicadores hablan por sí solos.

Creel Sisniega se detiene unos segundos. Del archivero detrás de su escritorio, también de madera, desprende una carpeta. La repasa lentamente.

Observo una fotografía que recoge el momento, en la víspera misma del encuentro de Díaz con Taft.

–Parece que no ha pasado el tiempo por aquí —le digo a don Jaime quien sigue absorto en la fascinación de su propia estirpe. Podría llegar, en cualquier descuido, don Porfirio.

Creel Sisniega ataja el comentario, quizá creyéndolo un sarcasmo aunque no fuera esta la intención, y se aplica, de nuevo, a la defensa:

–Terrazas y Creel fueron juaristas y se opusieron a Díaz cuando éste encabezó la rebelión de La Noria.

Es tal el interés de don Jaime en registrar este hecho que lo reitera, en su carta, enviada días después de nuestra plática:

Quiero precisar —escribe Creel Sisniega—

que tanto Enrique C. Creel así como don Luis Terrazas fueron juaristas de convicción durante todo su trayecto político. Al primero se debe la erección del monumento a don Benito Juárez en esta ciudad. Y don Luis Terrazas, como podrá constatarlo en su biografía, tomó la ciudad de Chihuahua sobre los franceses el 25 de marzo de 1866, permitiendo el retorno de don Benito Juárez, que se encontraba en Paso del Norte, hoy Ciudad Juárez, hacia el sur y finalmente a la ciudad de México. Don Luis también venció en armas a don Porfirio Díaz cuando éste se levantó contra el gobierno de Juárez en su pretendida reelección (la del Benemérito, claro). En realidad, don Luis se acercó a don Porfirio a principios del siglo XX no habiéndole debido su encumbramiento político al general Díaz sino a la fuerza que él mismo generó.

Un caso excepcional, sin duda, que exhibe no sólo la vigencia del poder regional sobre el central sino también su resistencia y capacidad de adaptación. Un secreto que, por supuesto, atesoran las generaciones del presente en su permanente ejercicio de supervivencia política. Quizá por eso no extraña que, a casi 100 años de distancia, uno de los herederos de Terrazas y Creel, aspire a la Presidencia de la República sobre el rastro de fanatismos, revoluciones, asonadas y caudillajes obviamente circunstanciales.

Creel Sisniega busca entre papeles, hojea un volumen que contiene la historia de los Terrazas, empastado en piel, y me observa, como midiendo terrenos para intentar descifrar intenciones.

–¿También fue aprobatoria la administración de Barrio en Chihuahua? —le pregunto para adentrarme, de nuevo, en el panorama regional.

–Sí, por supuesto. Fue mucho más lo positivo. Generó confianza y esto es lo que, le he dicho, trasciende. Bueno, no puedo negar que soy panista.

Sin embargo, los perfiles y los partidismos se entrecruzan también. Las actitudes suelen variar con la mutación inevitable de los candidatos que devienen en autoridades y no miden alcances ni posturas por el factor ideológico. Dos episodios, en el convulso escenario proselitista de Ciudad Juárez, exhiben las consonancias y disonancias del comportamiento sectario, maniqueo diríamos, de algunos actores políticos relevantes.

En 1995, todavía frescos los rastros de la barbarie política de 1994 exaltada por los asesinatos del candidato presidencial priísta, Luis Donaldo Colosio, y del secretario general de la misma organización, Francisco Ruiz Massieu, y reciente la crisis estructural marcada por el "error de diciembre" que determinó, por la ausencia de liquidez oficial, la depauperación de millones de mexicanos, el partido en el poder, el PRI, optó por nominar, como su abanderado a la alcaldía de Juárez, a Carlos Morales Villalobos con la bendición del centro y la animadversión de los militantes locales. Más todavía: la intensa lucha de Francisco Villarreal contra el centralismo, todavía sostenida durante la campaña electoral, motivaban al electorado a manifestarse a favor de los valores regionales.

No había, por tanto, muchas posibilidades para un priísmo anquilosado, reincidente en cuanto a sostener imposiciones sin respaldo popular, y obviamente situado dentro de la estructura del gobierno federal al que se culpaba por la violencia, el desastre financiero y el desprecio hacia el municipio libre. Así y todo, los comicios municipales, en julio, fueron "apretados". ¿La razón? El imperativo de hacer fuerte al nuevo presidente, Ernesto Zedillo Ponce de León, impulsado a romper con el pasado salinista así fuera en apariencia. A fines de febrero se confinó al hermano del expresidente, Raúl Salinas de Gortari, como presunto autor intelectual del crimen contra Ruiz Massieu como parte de la nueva escenografía. Y en Chihuahua era menester dar una lección al gobernador panista que tanto se había mostrado al lado de Salinas.

En Juárez las condiciones se extremaron. El PAN, pese a la dinámica de Villarreal como líder y munícipe, sólo logró una ventaja de tres mil votos... con ocho mil boletas anuladas. Los priístas presionaron, amenazaron, vociferaron y acabaron desbordándose al impugnar los comicios. El 11 de julio, el candidato panista a la alcaldía, Ramón Galindo Noriega, en compañía de su padre y del diputado Cruz Pérez Cuéllar —quien años después, en 2004, compite por la misma posición—, entre otros, acudieron al Consejo Municipal de Elecciones a solicitar limpieza y celeridad en los procedimientos. Centenares de priístas se agolparon a las puertas del recinto, esperando a sus adversarios, y a la salida de éstos los agredieron, golpearon y afrentaron. El candidato Galindo y una veintena de simpatizantes debieron enfrentarse a una turba de más de doscientos priístas obviamente reclutados para este fin.

Hedeberto Galindo, padre del aspirante panista quien sería proclamado vencedor, enfrentó directamente a los presuntos golpistas:

–¡Asesinos! —les gritó, indignado. ¿No se han saciado todavía con la sangre de Colosio, la de Ruiz Massieu y las de tantos otros que han matado? Pues también les ofrezco la mía...

189

Días después, el abanderado del PRI, Morales Villalobos, reconoció la derrota en Ciudad Juárez. De manera simultánea, la mayoría en el congreso del estado retornó al control del priísmo, acotando con ello al gobierno de Barrio Terrazas.

El segundo episodio, sintomático, ocurrió en julio de 2001. El empresario Gustavo Elizondo Aguilar, quien formó parte del Grupo Bermúdez al lado de Francisco Barrio y Francisco Villarreal, antecesor en el Ayuntamiento de Galindo Noriega —si bien éste no terminó su periodo para incursionar como abanderado a la gubernatura en 1998— y panista también, fue acusado por el PRI de haber utilizado los recursos municipales para promover a los candidatos de su partido y descalificar a los priístas; además fue denunciado por peculado y difamación.

Elizondo, por cierto, retuvo para el PAN la posición a pesar de que, tres años antes, en 1998, el "acorazado" Patricio Martínez, del PRI, ganó la gubernatura sobre su rival, el juarense Galindo, y casi se llevó todos los lauros. Fue una especie de compensación tras la alternancia en el poder estatal.

La querella contra Elizondo Aguilar se fundó en la emisión de varios mensajes televisivos, transmitidos el 27 y 28 de junio a través de los canales 5 y 44, en los que el alcalde, en cuadro, de plano arengó a los juarenses para que rechazaran al PRI:

"Últimamente han aparecido campañas que muestran una imagen distorsionada de Juárez y de los juarenses. Detrás de esas campañas están la desesperación y los oscuros intereses de un grupo político y del partido que representan por lograr a costa incluso de Juárez mismo el poder en el municipio."

Obvio es decir que la "mala imagen" se fundaba en las secuelas escandalosas de los asesinatos de mujeres, la referencia al narcotráfico incontrolable y la miseria urbana como saldos de las administraciones panistas sin reparar en las conexiones con la negligencia de las autoridades federales y estatales, priístas claro, al respecto. Los usos sectarios de la publicidad, diríamos, al amparo de una sesgada libre competencia.

El presidente del PRI en el municipio, Wilfredo Campbell Saavedra, puntualizó:

Es evidente que en los spots que dan lugar a esta denuncia, el presidente municipal de Ciudad Juárez ha causado deshonra, descrédito y perjuicio al partido que represento[...] De la transmisión de estos spots se desprende, además, una clara violación a los ordenamientos electorales al configurarse un delito sancionado por la legislación en la materia, la que prohíbe que cualquier persona, representante de partido, agrupación política o servidor público, realice labores de proselitismo tres días antes de una jornada electoral.

El primero de julio, día señalado para los comicios, el munícipe Elizondo mantuvo los polémicos spots al aire sólo que ahora, quizá para "taparle el ojo al macho", lo hizo a través de una emisora de El Paso, Texas, con cobertura regional. Así, claro, las televisoras locales se deslindaron del proceder irregular del alcalde.

Más todavía: al conocerse los primeros resultados de la contienda electoral en Ciudad Juárez, favorables al PAN y su candidato, Jesús Alfredo Delgado Muñoz, si bien con un altísimo nivel de abstención —aproximadamente 65%— el alcalde Elizondo Aguilar no pudo contener su alegría y clamó (*Norte*, 2 de julio de 2001):

–¡Esta victoria me sabe a gloria...!

Luego explicaría que había recurrido a las emisoras texanas, ante la resistencia de las de Juárez reguladas por la ley electoral, para tratar de incentivar a los votantes y evitar con ello un nivel más alto de ausentismo. Dice un apotegma jurídico: "a confesión de parte, relevo de pruebas".

El 20 de agosto, el Tribunal Estatal Electoral resolvió, de manera unánime, anular la elección para el Ayuntamiento de Ciudad Juárez y revocar la constancia de mayoría entregada al panista Delgado Muñoz. El magistrado ponente, José Rodríguez Anchondo, refirió que fueron 11 los agravios a los que dio lugar la impugnación presentada por el PRI. En la edición de *La Jornada* del 21 de agosto se especifican las causales:

El fallo que aprobaron en forma unánime los dos magistrados —Rodríguez y Héctor Hernández Varela—, consideró como causas graves de nulidad el alegato del PRI sobre la sustitución fuera de tiempo de dos candidatos suplentes a regidores en la planilla original del PAN; la reubicación de 27 casillas el día de la votación; así como la emisión de spots con un mensaje del alcalde Gustavo Elizondo en una televisora de El Paso, Texas, en los que llamó a votar a la población lo que influyó en la decisión de los electores[...]

Finalmente, el 8 de octubre, en la víspera del finiquito municipal de Elizondo Aguilar, el Tribunal Electoral del Poder Judicial de la Federación falló a favor de anular definitivamente los comicios de julio. Para cubrir el interinato, hasta la realización de nuevas elecciones, programadas para el 12 de mayo de 2002, se designó al priísta José Reyes Ferriz. El panista Jesús Delgado Muñoz volvió a contender en las elecciones extraordinarias y venció, si bien los comicios fueron de nuevo anulados por el Tribunal Estatal Electoral no así por el Federal que revocó la decisión anterior, y finalmente tomó posesión de su cargo el 27 de julio.

Sobre la administración de Elizondo Aguilar, el abogado Julián Javier Sosa González, presidente de la Barra de Abogados de Ciudad Juárez, penalista de reconocido prestigio, puntualiza:

–Lo que puedo decirte es que Elizondo cuando llegó a la presidencia municipal estaba quebrado, y al salir de ella no sólo había saneado todas sus deudas personales sino, además, contaba ya con suficiente caudal para asegurarse su porvenir y el de sus herederos.

La política vista como un gran botín no excluye a los ambiciosos ni a los gremios ni a los partidos de distinto signo ideológico. Sencillamente, atrapa; como la corrupción que extiende las ambiciones más allá de cualquier principio de decencia. ¿Moral? Según la perspectiva desde donde se le observe.

En fin, el desaseo, por supuesto, minó de manera considerable el civismo y la resistencia de los juarenses. Y evidenció conductas dispares por parte de los actores políticos ante circunstancias similares pero desde distintas posiciones.

En Chihuahua, como espejo de cuanto sucede en la patria mexicana, las mutaciones políticas frecuentes causan azoro sin modificar las reglas sectarias no escritas. Los actores pasan, circunstancialmente, y en cambio las estirpes permanecen. Detrás de los vaivenes y las veleidades, el hilo conductor lo mantienen los clanes, empresariales y familiares, para los que el juego de la vida pública no marca derroteros sino acentos fugaces a los que es menester adaptarse. Maquillaje tan sólo en vez de cortes de raíz.

–¿Desde cuándo están los Terrazas y los Creel por aquí? —pregunto a don Jaime Creel Sisniega, de frente al balcón por el que ha desfilado la historia.

–Creo que desde siempre. Hay referencias acerca de un poeta, Francisco de Terrazas, que llega a tierras aztecas con el ejército de Hernán Cortés.

–¿Y los Creel, don Jaime?

–Nuestra familia tiene orígenes en Europa, posiblemente de Escocia, y cuando llega a América se instala en Kentucky. Mire, mire usted.

Don Jaime desprende de una de las paredes un documento cuya fotocopia me brinda, amable. Es la fotografía de una placa colocada en un monumento ubicado en el Town Square de Greensburg, Kentucky, en Estados Unidos. Un "testimonio único", según la traducción del texto original en lengua inglesa, que exalta las virtudes y hechos de "padre e hijo": Reuben —Rubén— Creel, nativo de Greensburg nombrado por Abraham Lincoln cónsul general de Estados Unidos en Chihuahua, México, en 1863, y Enrique C. Creel, nacido en México en 1854 con una larga trayectoria: miembro del Congreso Nacional de 1898 a 1904, embajador en Estados Unidos entre 1907 y 1909, gobernador de Chihuahua e incluso intérprete oficial en las conversaciones sostenidas por los presidentes Taft y Díaz en 1912 —en realidad fueron en 1909. Además, ministro de Relaciones Exteriores del gobierno de Díaz hasta que la revolución, en 1913, le "confiscó" sus propiedades. Tal dice el "memorial" de referencia.

La placa también alude a un hecho por demás significativo: Reuben, es decir Rubén, padre de Enrique, viajó a México con el general Ward, también nativo de Greensburg, sirviendo como intérprete de éste durante la guerra con México. Y ya no volvió según asienta el homenaje escrito a los preclaros hijos de Kentucky.

–Cuando llegó a México Rubén, mi tatarabuelo —explica don

193

Jaime—, allá por 1851, se dedicó al comercio —además de servir al ejército estadunidense, se entiende. Y se casó con Paz Cuilty Bustamante, hermana de Carolina quien sería desposada por don Luis Terrazas. Era un hombre emprendedor y muy hábil. Invirtió cuanto tenía para convertirse en comerciante de granos lo que le obligó a viajar entre el norte y la ciudad de México con mucha frecuencia.

–Un buen negocio, sin duda, aun con las turbulencias de la época, don Jaime.

–Sí, pero no fue tan sencillo. Rubén, por cierto, siempre apreció la honradez conmovedora del pueblo mexicano.

Y cuenta la voz de la estirpe como, en una ocasión, de paso por Guanajuato, dejó Rubén una buena dotación de trigo y grano en una bodega. Al retornar por lo almacenado, escuchó ruido en las bodegas:

–Deben ser las ratas —le explicó el almacenista. Como algunos sacos se cortan para saber qué contienen... el trigo se esparce por el suelo.

Pero no eran los roedores sino unos niños quienes recogían las sobras para llevárselas. Rubén, el comerciante, exclamó con el corazón en un puño:

–Bendita sea esta tierra. Ésta es la honorabilidad del pueblo mexicano. Teniendo hambre no me falta ni un solo costal y estos pequeños sólo recogen lo que se ha regado por allí.

Entre los Terrazas y los Creel hay, por tanto, una doble conexión. Don Luis Terrazas y don Rubén Creel fueron cuñados, y luego Enrique, hijo de Rubén, matrimonió a Ángela Creel Cuilty, la quinta entre los catorce vástagos del matrimonio Terrazas Cuilty. Los otros fueron: Adela, Luisa, Juan, Carlota —muerta en su niñez—, otra Carlota, Luis, Elena, Guillermo —muerto en la adolescencia—, Federico, Elisa, Alberto, Celestina y Amada.

Por tanto, Enrique Creel y su mujer, Ángela, eran primos hermanos, muy al estilo de la aristocracia más refinada. Para cerrar el círculo, Amada Terrazas, la menor, se desposa con Federico Sisniega, igualmente antepasado de Jaime Creel Sisniega quien es entonces descendiente del poderoso militar, empresario y latifundista por partida doble. Cruzamientos convenientes con sabor gregario.

194

–La gran figura del clan, después de don Luis, es don Enrique C. Creel —apunto. Y él ya tenía su propia trayectoria antes de sumarse a los Terrazas.

–Por supuesto —continúa Creel Sisniega. Don Enrique comenzó con una empresa que elaboraba motores y con ella logró una apertura comercial para posibilitar el arribo de inversionistas estadunidenses.

Desde luego, origen y vocación le facilitaban las cosas. Y con estas interrelaciones pronto funda el Banco Central Mexicano en la ciudad de México.

–Era una banca de compensación —explica don Jaime—, que contaba con la facultad de emitir papel moneda lo que luego sería exclusivo del Banco de México —fundado por el general Plutarco Elías Calles en su papel de "jefe máximo de la Revolución".

–Cuando la Revolución llegó, cambiaron las circunstancias —expongo.

–Sí, los golpeó mucho, tanto a don Luis como a don Enrique. Cuando las cosas se aclararon se emitieron los famosos "bonos Terrazas" para indemnizar a don Luis por sus pérdidas.

La situación, por tanto, volvió a encaminarse por la ruta de la prosperidad aun cuando la familia se bifurcara. Unos se concentraron en el centro; otros permanecieron en Chihuahua.

–Sucedió —explica don Jaime— que cuando don Enrique C. Creel fue llamado a integrar el gabinete de don Porfirio se mudó a la ciudad de México y permaneció allí. Con él se fueron todos sus hijos, a excepción de Salvador Creel Terrazas.

–¿Y cuál fue el destino de Luis Creel Terrazas, el abuelo de Santiago Creel Miranda?

–Comenzó invirtiendo en el estado de Morelos, en Oacalco (al sur y muy cerca de Cuernavaca), en donde fundó un ingenio. Fue un hombre de negocios con gran pasión por el campo. Tuvo también una plantación de limones y fundó la Casa Creel, de la ciudad de México. Fue banquero también.

Luis Creel Terrazas, a quien se señala por haber servido al usurpador Victoriano Huerta, se matrimonió con Teresa Luján. Y el hijo de éstos, René Creel Luján, casó con Dolores Miranda. Son los padres de Santiago, secretario de Gobernación durante la administración de

195

Vicente Fox, heredero de la estirpe y con ella de buena parte de la historia de Chihuahua.

–No podrá sustraerse su sobrino, Santiago, de la guerra sucia —deslizo a don Jaime. Habrá referencias familiares y personales. Para colmo, el señor secretario tiene fama de ser muy enamorado.

Ríe don Jaime y no reprime su curiosidad:

–Eso se dice. Hasta se habla de una artista, muy conocida. ¿Usted la conoce?

–Bueno, es bastante famosa. La televisión, por supuesto, es fuente de celebridades.

–¿Podría anotarme el nombre de la joven estrella? Sólo para tenerlo a mano.

Escribo el nombre solicitado.

–Ninguno de los dos, ni ella ni él, han confirmado si es Santiago el padre de la hija de la agraciada protagonista de tantas telenovelas y musicales de larga duración. Sólo es el rumor... y el hecho de que la criatura es un "clon" del señor secretario.

–¿Chismes, no? —pregunta don Jaime.

–La política está llena de rumores. Y también cuentan. No tanto como la historia y las raíces aunque calan igual en el ánimo popular.

De cualquier manera, la estirpe continúa. Y eso es lo verdaderamente notable en una nación con escasa memoria y una honda resistencia social. Casi ciento cincuenta años han pasado desde el arribo del intérprete Reuben, Rubén Creel, guiando al ejército invasor. Largo tiempo con relámpagos, sacudimientos, revulsivos y alternancias. Y los Creel siguen asomándose al balcón.

196

El drama social

A

Cuenta el delegado de la Procuraduría General de la República en Ciudad Juárez, el licenciado Héctor García Rodríguez, alto, delgado, con bigote bien cuidado y pulcro en el vestir:

> Recién llegado, una madrugada me despertó el timbre del teléfono. El informe era para alterarse: había aparecido otra osamenta en el desierto. Sabía que en cuestión de minutos los periodistas llegarían al lugar motivados por la presión internacional sobre los llamados "feminicidios" —un término, por cierto, incorrecto que molesta a los peritos. Salté de la cama y me vestí con rapidez. Cuando estaba listo para salir, el teléfono volvió a sonar y la misma voz, ahora más tranquila, me dijo: "no se preocupe, mi lic., ¡los huesos son de hombre!". Aquello fue como un tranquilizante[...] y volví a conciliar el sueño. La habíamos librado por esta vez.

¿Cuándo comenzaron los asesinatos de mujeres en Ciudad Juárez? La estadística oficial, producto del airado y justo reclamo de una sociedad vulnerada, ofendida, sitúa el arranque de las pesquisas en 1993, el mismo año que señaló la pública revelación sobre las actividades del célebre cartel de Juárez, esto es como si se tratara de dos vertientes paralelas al drama social que gesta la violencia urbana. No obstante hay evidencias sobre crímenes anteriores fundamentados en causas aparentemente similares, desde la misoginia como aviesa deformación cultural hasta la impunidad que cubre y protege a quienes celebran las abyecciones como si se tratara de trofeos de caza.

El abogado Julián Javier Sosa González, quien fungió como director del Departamento de Averiguaciones Previas en Ciudad Juárez entre 1983 y 1986, recuerda con precisión dos casos que le impactaron especialmente. A mediados de 1985, en la rúa que comunica con la paupérrima colonia Anapra, en el poniente de la urbe fronteriza, y apenas a cinco metros del asfalto, fue encontrado el cadáver de una bellísima mujer, de 21 años aproximadamente, sin señales de descomposición dada la consistencia mineral del subsuelo. Incorrupta, podría decirse, pese a la desnudez:

–Realmente —puntualiza Sosa—, era una joven de rasgos finísimos, de ojos verdes y formas exquisitas. Maravillosa. Y tenía un mes de haber sido sacrificada por su marido cuando hallamos su cuerpo. El sujeto la mató porque ella se había negado a sostener relaciones sexuales con él. La discusión terminó con el asesinato de la muchacha. Luego el victimario la enterró y lo peor vendría después.

–¿Más allá de la muerte?

–Sí. Todos los días, según confesó, la desenterraba para ultrajar el cadáver a las sombras de la noche. Y volvía a sepultarla.

Guarda silencio el licenciado Sosa y como tratando de reducir el agobio personal ante el recuerdo, exclama:

–¡Y era un monumento de mujer!

Vuelve a quedarse pensativo antes de contarnos el segundo episodio, estremecedor:

–Por las mismas fechas un tipo joven, de unos 23 años, moreno, pasó por una casa humilde. Eran los días de calor y, por costumbre, las familias de Juárez sólo cerraban las puertas con una aldaba y dejaban abiertas las ventanas. El fulano ese, drogado por inhalar "pegarey" —o Resistol 5000, según la marca de moda—, entró al domicilio con intenciones de robar y lo primero que vio fue una cuna.

Baja la mirada el licenciado Sosa, cohibido por su propia memoria:

En su cunita estaba una pequeña de menos de dos años, dormida. El sujeto la tomó en sus brazos y se la llevó a un canal cercano. Allí la penetró con violencia y, cuando la bebé gritó por el profundo dolor, para callarla le colocó sobre la boca un trapo impregnado de pegamento. Luego la abandonó. Unos vecinos recogieron a la niñita y la llevaron al hospital desde donde me avisaron. La encontré casi muerta, con los labios sellados por el resistol.

–¿Lograron dar con el responsable? —debí haber dicho con la bestia.

–Sí, por fortuna. Casi no pude contenerme. Por un momento te confieso que quise proceder de otra manera. De verdad, hay quienes no merecen vivir. Al fin, lo consignamos.

Las estadísticas no son precisas. Hasta mayo de 2005 existe el registro oficial de 358 asesinatos contra mujeres en Ciudad Juárez a partir de 1993. Lo que se soslaya con frecuencia es el hecho de que por cada uno de éstos ocurren otros seis contra varones. En 2003, por ejemplo, se tuvo conocimiento de 160 homicidios dolosos contra hombres y de 26 contra mujeres, y en 2004 fueron 183 los asesinatos de hombres y 19 los de mujeres. La violencia, por tanto, no es sólo de género aun cuando tal no sea óbice para reclamar justicia e insistir en la degradación social como fuente del horror y en la corrupción oficial, que tiende a la negligencia y a la complicidad, como consecuencia.

Antonio Piñón Jiménez, abogado afable y prestigioso, quien fue encargado de la Procuraduría estatal de Chihuahua durante varios meses de 2004, en la fase terminal del sexenio de Patricio Martínez García, robusto y de mediana estatura, moreno y con ojos escrutadores, recuerda un pasaje que podría resultar jocoso sin reparar en la tragedia colectiva:

Por uno de los cerros que circundan Chihuahua apareció una mujer muerta, vestida con minifalda y blusa con atrevido escote. Sólo que al intentar cerciorarnos si había sido violada, al momento de alzarle las ropas, descubrimos el miembro viril. Era un trasvesti muy bien camuflado. Fue entonces cuando un médico, oriundo de Jalisco, Alfredo Rodríguez, no pudo evitar exclamar, en medio de la curiosidad de los reporteros: "francamente, nunca me ha dado tanto gusto ver un pito". Los periodistas, por supuesto, se fueron. Dijeron que ya no había nota.

Piñón, hombre comedido y discreto, al punto de haber rechazado contar con escolta cuando se desempeñó como titular de la Procuraduría, se permite una broma:

—Al poco rato llegó un helicóptero de la Agencia Federal de Investigaciones (AFI), con el estruendo del escándalo. Sólo que las aspas del aeromotor hicieron volar las evidencias, desde papeles hasta pantaletas, descomponiendo la escena del crimen.

Y es que la competencia por las jerarquías y las jurisdicciones también constituye un factor de dispersión, y, por supuesto, de género. Siete son las distintas instancias relacionadas con el tema de los "feminicidios" y siete las mujeres encargadas, en 2005, de hacerlas efectivas: la Procuraduría estatal está en manos de la abogada Patricia González Rodríguez; la subprocuradora de la zona norte es Flor Mireya Aguilar Casas; la fiscal especial del ámbito estatal, la muy joven Claudia Cony Velarde Carrillo; la encargada del Instituto Nacional de la Mujer, Patricia Espinosa; la titular del Instituto Chihuahuense de la Mujer, Luisa Camberos Revilla de Cruz, y en el ámbito federal, la fiscal especial, recién nombrada, Mireille Roccatti Velázquez, y la comisionada designada por la oficina de la Presidencia pero dependiente de la Secretaría de Gobernación, Griselda Morfín Otero. Ninguna de ella es juarense.

A la procuradora González Rodríguez, de largo andar por los juzgados, rubia y esbelta, de facciones finas y elegante perfil, sonrisa agradable y buen talante, madura pero jovial, le pregunto:

—¿Resulta conveniente que todas las posiciones claves estén cubiertas por damas?¿En estos terrenos escabrosos no se requiere, a veces, de un hombre curtido para introducirse en donde la natural sensibilidad de la mujer no llega? Perdóneme si la precisión parece un tanto misógina.

Ríe la procuradora y apenas esconde la mirada, un tanto cohibida. Luego alza la barbilla y contesta, segura:

—La verdad creo que la tarea no debe ser exclusiva para mujeres. Y vamos a ir modificando, poco a poco, el escenario.

Es en la misma ocasión cuando me presenta, con un dejo de orgullo inocultable, a Cony Velarde, la fiscal estatal especial, mientras cenamos en el Shangri-La, templo de la cocina oriental en el corazón de Juárez. La veo acercarse con la disposición, entre ávida y prudente, de una universitaria en lisa de presentar un examen. Parece una de ellas, apretada en el pantalón de mezclilla y con el pelo recogido. Viéndola a media distancia, con sus ojos saltones, claros, no es posible imaginar siquiera su jerarquía.

—¿Y esta niña —inquiero a la procuradora— es la fiscal?

Sonríe, de nuevo, la funcionaria, divertida ante nuestra sorpresa:

—Viera que es la primera de todas las fiscales que han pasado por el puesto con una especialidad en materia de investigación criminal. Yo le pido resultados y me los está dando.

Esa misma noche, la del miércoles 4 de mayo de 2005, se descubre el cadáver de Tomasa Echeverría, un ama de casa viuda, de 55 años de edad, con el cráneo despedazado a martillazos, en su domicilio. Parece un crimen pasional y la sospecha inicial señala hacia la pareja sentimental de la víctima. La procuradora González Rodríguez señala hacia el documento en donde está asentada la relatoría criminal del municipio fronterizo:

—Bueno, iban nueve asesinatos dolosos contra mujeres hasta hoy en el año. Ya son diez.

Tacho la cifra impresa y la corrijo. Ella hace una mueca, impotente, mientras responde al incesante llamado del celular. Unas horas más tarde, en la madrugada del jueves 5, una joven de 18 años es arrojada, sin vida, desde un vehículo en movimiento en una calle sin pavimentar en el oeste de la urbe, la zona más depauperada. Un testigo afirma haber visto cuando, sin detenerse, como si fuera un bulto de basura, unos sujetos abrieron la puerta de su automóvil para deshacerse del cuerpo. Y, por supuesto, vuelvo a modificar la estadística. Once.

—Me parece —le digo a la procuradora— que será imposible detener la secuela criminal mientras no se supere el drama social. Y yo la observo a usted muy optimista.

—Lo estoy porque estamos resolviendo los casos. Es verdad que la mayoría de éstos tiene que ver con la violencia interfamiliar y sus deformaciones. Precisamente por ello nos proponemos atacar, globalmente, el conflicto.

—Tengo una enorme curiosidad por saber cómo lo hará, procuradora.

—El gobierno del estado está dispuesto a entrar con programas

203

sociales concretos en las zonas de alto riesgo para introducir el agua potable, pavimentar las calles —la mitad de éstas en Ciudad Juárez no lo están—, instalar alumbrado público. En una palabra: mejorar los niveles de vida. Y, por supuesto, también la educación, creando conciencia de cuáles son los valores indispensables para reconstruir el tejido social.

–Una cruzada de largo alcance —apunto— que no parece posible realizar en el corto lapso de un sexenio; ni en dos.

–Ya verá que vamos a lograr resultados muy satisfactorios.

Vuelve a sonreír la funcionaria, confiada y serena. No disimula su ansiedad por los homicidios recientes si bien parece que los importantes son los que se cometen contra mujeres. Hablamos, claro, de la violencia de género, acaso incubada en el desprecio machista hacia los valores femeninos o quizá como efecto de una profunda descomposición comunitaria generada por la negligencia oficial que conduce a la impunidad.

–¿Y los casos seriales, señora procuradora?

–Los hay... pero están en tela de duda. Entre ellos los de los cuerpos hallados en el llamado "campo algodonero" y en el Cerro del Cristo Negro. No tenemos todavía un diagnóstico definitivo. Pero si usted observa la relación de asesinatos se dará cuenta de que hemos avanzado enormemente en el esclarecimiento de los mismos. Y muchos de los responsables están bajo proceso.

De acuerdo con la estadística oficial, proporcionada por la Procuraduría General de Justicia del Estado de Chihuahua y avalada por la Fiscalía Especial de la Procuraduría General de la República creada exprofeso para la atención de los detenidos relacionados con los asesinatos de mujeres en Ciudad Juárez, hasta enero de 2005 se ha resuelto 65.9% de los casos, esto es 230 de los 340 crímenes contra personas de sexo femenino entre 1993 y 2004. A éstos deben agregarse los asesinatos registrados a partir de enero de 2005.

Entre 1993 y 1998, en pleno despunte del cartel de Juárez, se observa el mayor número de asesinatos de mujeres por año, entre 12 y 15 víctimas. De 1999 a 2002 el promedio se redujo a 10 crímenes por año y luego se produjo un nuevo repunte: 26 en 2003, 19 en 2004 y en los primeros meses de 2005, quince. La tendencia oficial, sin embargo, se dio en el sentido de suavizar las cifras en uso de métodos más profesionales y convenientemente usados. Por ejemplo, en julio de 2004, la entonces fiscal federal, María López Urbina, aseguró que de un total de cuatro mil 454 denuncias sobre mujeres desaparecidas sólo quedaban vigentes 34 al haber sido localizadas cuatro mil 413.

En un documentado estudio, "La delincuencia organizada y el homicidio intencional", el exprocurador estatal Jesús Antonio Piñón presenta un cuadro comparativo de las 10 entidades con mayor número de homicidios intencionales considerando el año 2003; en este lapso, Chihuahua ocupa el décimo sitio, con 471 asesinatos, mientras que el Estado de México, con dos mil 741, encabeza las zonas de alto riesgo seguido de Oaxaca, con mil 571; Chiapas, con 921; Guerrero, con 808; el Distrito Federal, con 715; Veracruz, con 501; Puebla, con 488; Sinaloa, con 482 y Baja California, con 479.

El licenciado Piñón, durante su gestión como procurador, entró en contacto con sus pares de otras entidades para medir los niveles de criminalidad general. Y llegó a una conclusión:

–Les preguntaba a los procuradores —me cuenta— si tenían en sus respectivos estados tantos casos de asesinatos contra mujeres. ¿Sabes qué me respondían? Que nos superaban pero que no querían ser objeto de una mala publicidad. El foco rojo, casi por decreto, es Ciudad Juárez y nada más.

El escándalo rebasa la operatividad policiaca. Más bien, la mala fama de las instancias oficiales, salpicadas por el tufo de la irrefrenable corrupción, obliga a observar a los funcionarios con escepticismo bajo una incesante fiscalización pública no siempre objetiva. La impotencia de éstos, de cuantos actúan de buena fe aunque sean los menos, deriva del prioritario afán persecutorio, sobre hechos consumados, y de la ausencia de medidas preventivas para atemperar a los desviados. El punto neurálgico, insisto, es el drama social.

–La mayoría de los criminales —asevera la procuradora Patricia González—, es gente de fuera, en buena parte del sur del país, que se asienta en la periferia de Ciudad Juárez.

Sin que el censo oficial lo recoja se calcula, por ejemplo, que casi 400 mil veracruzanos, desesperados por el cierre de los ingenios azucareros y la ausencia de oportunidades de empleo, han llegado a la frontera en demanda de sitio y trabajo. Una población flotante que representa casi una quinta parte de la población estimada en la urbe.

—En los últimos meses —continúa la procuradora—, el índice de delitos sexuales no se ha movido. Y es revelador el hecho de que, 60% de los casos, los responsables son sureños.

Para los juarenses esta tendencia confirma que los foráneos han tomado por asalto la ciudad, hollándola, bajo el espejismo de las maquiladoras exitosas que aumentan las contrataciones de personal femenino —más de la mitad de sus nóminas—, generando un nuevo fenómeno de género. El licenciado Julián Sosa precisa al respecto:

—Los juarenses no somos siquiera el 30% de la población citadina. Y llegan aquí muchas mujeres que obtienen su independencia social gracias a sus salarios. Como ganan, quieren disfrutar a la par con los hombres. ¿Qué hacen? También van a los bares cada día de pago y los fines de semana. Como ocurre en El Tapatío que se llena de trabajadoras dispuestas a gastar sus extras en alcohol y alternes. Mientras esta situación no sea analizada y resuelta las obreras seguirán expuestas, dramáticamente.

La procuradora asiente con la cabeza. La observo más delgada que durante nuestro primer encuentro, tres meses atrás. La presión constante y el propósito de encontrar los hilos conductores siquiera para confrontar la presión internacional, gestada en la sostenida impunidad y la exacerbación de la misoginia como factores degradantes, inducen a un desgaste personal inevitable. Casada con Javier Pineda, juez séptimo de lo penal en el Distrito Morelos de la capital del estado, reconoce el severo costo familiar como consecuencia de la función pública.

—Vamos a controlar el fenómeno y a tratar de disminuirlo —insiste la funcionaria poniendo énfasis a sus palabras.

—¿Cuál es su meta, señora procuradora?

—Lograr una reforma procesal integral con el concurso del congreso estatal. También que exista una justicia restaurativa, no sólo persecutoria. Y que los diputados modifiquen la estructura legislativa para dar certeza a un modelo de justicia anquilosado. Hablo de transformar el sistema de justicia para recuperar la confianza perdida. Con las reformas, claro, deberán garantizarse dos aportaciones básicas: la realización de juicios transparentes y la autonomía técnica a los servicios periciales.

El desgaste también llega al discurso oficial. ¿Cuántas veces se ha hablado de reformas en México? Tantas como sexenios impregnados de demagogia. Pero tal no es freno para atajar los buenos propósitos aunque resulte difícil creer en ellos en tanto no lleguen los resultados. Como cuando el exgobernador Patricio Martínez alzó la voz para asegurar que no habría "ni una muerta más" —por violencia, claro—, y recibió como respuesta una nueva cadena de cadáveres.

–Si hablamos de flujos migratorios, señora procuradora, ¿ya hay indicios del arribo de algunas de las muy conocidas pandillas centroamericanas —como la de los llamados "maras salvatruchas"?

–No hemos detectado una presencia significativa de los maras en la franja fronteriza de Chihuahua. Pero sí hay alguna conexión.

–¿Cómo es eso?

–En diciembre de 2004, un joven, por cierto muy guapo, "levantó" a una chica en un bar de Juárez; luego, la muchacha apareció muerta. El sujeto resultó ser un zacatecano dado de alta en el ejército de Estados Unidos. Y ahora está refugiado en Los Angeles... precisamente en una casa de seguridad de los maras.

(En Oaxaca, en noviembre de 2004, recogí la versión de que miles de maras —nombrados así porque actúan como marabunta, su origen es salvadoreño y se sienten muy listos, por ello lo de truchas— estaban llegando a la frontera norte de México para controlarla en complicidad con las autoridades. Se hablaba de 150 mil emigrantes con estas características.)

Una fuente militar me informó que no se tenía registro alguno sobre la entrada masiva de maras:

–Hay por allí un elemento que detectamos. Pero fue un caso aislado —expresó, sin confirmar si se trataba del mismo sujeto encuadrado con los marines.

El campo es fértil para la cacería del horror. Más aun cuando no hay capacidad de respuesta, ni de la sociedad ni del gobierno, ante los embates de los grupos delincuenciales y de los criminales solitarios que se sienten con derecho a pasar sobre las vidas ajenas. ¿Qué hacer si de todo se desconfía, incluso de la sociedad misma infiltrada por las bandas y los carteles también las cofradías?

207

Hasta hace algunos años, una de las peregrinaciones ineludibles era la de quienes seguían los pasos de Juan Gabriel (Alberto Aguilera Valadez) nacido en Parácuaro, Michoacán, pero juarense por convicción. El cantautor de baladas como El Noa Noa.

Como en Juárez pasa todo, la urbe también se vuelve calvario: en junio de 2005, el compositor fue detenido por elementos de la Agencia Federal de Investigaciones (AFI) bajo el cargo de defraudación fiscal. Una eficacia selectiva, sin duda, mientras los narcos se mofan de las corporaciones. El incidente se diluyó porque, personaje al fin, fue liberado después de pagar la fianza correspondiente. Al término de su encierro fue conducido por el alcalde juarense Héctor Murguía Larrizábal, hacia donde lo seguían aguardando sus fans.

En otros tiempos no había quien no anclara en el lugar "donde todo es diferente". El Noa Noa, meca de los homosexuales, ardió en febrero de 2004. ¿La causa? Un cortocircuito. Su propietario, David Bencomo Licano, no pudo contener el llanto, conmovido hasta el extremo, a la vista de la enorme columna de humo.

Quedó la fachada y en ella la leyenda para enaltecer al ídolo que no negó sus orígenes. Las fibras sensibles de Juan Gabriel revelaron que aquél era, por supuesto, un sitio mágico en donde todos podían convivir sin prejuicios malsanos, ni limitaciones, a unos cuantos metros de la línea divisoria y de los dominios de la Border Patrol.

> *Éste es un lugar de ambiente*
> *donde todo es diferente*
> *donde siempre alegremente*
> *bailarás toda la noche... ahí.*

Rodrigo Laguarda en un lúcido ensayo explica que la palabra ambiente era en esos años, entre 1979 y 1981, equivalente al término gay, es decir personas homosexuales de ambiente. Y un lugar de ambiente es aquél donde todo es diferente, donde se rompen las reglas implícitas de la vida diaria. Es un lugar donde se puede bailar alegremente toda la noche. Sin olvidar que la palabra gay también significa alegre.

~

María López Urbina, designada primera fiscal federal en enero de 2004 para resolver los crímenes de género en Juárez —permaneció en este cargo hasta mayo de 2005—, oriunda del Estado de México, del rumbo de Atlacomulco —"tengo sangre mazahua", me dijo—, de 41 años, morena y apenas robusta, más bien de baja estatura, a veces desespera:

–Me siento muy sola —confiesa el 24 de febrero de 2005 ante el agobio de una nueva secuela de homicidios. ¿Qué más podemos hacer? Nos exigen resultados hasta con relación a las osamentas no identificadas. ¿Cómo consignar si no hay cuerpo del delito?

Quizá la interrogante misma plantea uno de los problemas de fondo: la sobresaturación de instancias que crea, sin remedio, un severo conflicto de competencias. En torno a los asesinatos de mujeres, por ejemplo, la mayoría de ellos, salvo los que son resultado de ajustes entre narcotraficantes o de otros delitos federales, se inscriben dentro del fuero común, esto es bajo la responsabilidad de las autoridades estatales que, por lo general, cuentan con menores recursos para administrar justicia. La procuradora González Rodríguez, como muestra, fue precisa al definir uno de sus objetivos torales:

–Vamos a tratar de que, a partir de ahora, se metan menos las autoridades federales. Ha habido demasiada contaminación.

La señora López Urbina, por su parte, insiste en que se ha dado una severa negligencia por parte de los investigadores estatales y consideró, en junio de 2004, que en el desarrollo de las pesquisas sobre 50 casos específicos, de 1993 a 2001, "se encontraron graves deficiencias en los informes y en el manejo de la investigación misma". De allí se desprendieron señalamientos incriminatorios contra 81 funcionarios incluyendo una de las exfiscales estatales, Suly Ponce Prieto, quien mantuvo el cargo de noviembre de 1998 a julio de 2001.

–La falta de una adecuada procuración de justicia —sentencia María López Urbina— genera la impunidad.

Con esta funcionaria sostengo una larga plática en el Hotel Lucerna, sin testigos ni grabadoras. Ambos tomamos refresco de cola. Me da la impresión de que ella, todavía entonces titular de la fiscalía especial dependiente de la Procuraduría General de la República, por momentos agobiada por la responsabilidad, demanda comprensión y exige respeto. Insiste en su actuar profesional con vehemencia, inquieta por los señalamientos periodísticos que acentúan el elevado presupuesto de la fiscalía —35 millones invertidos en 11 meses de 2004—, y deja fluir sus emociones:

—Cometí un error: quise sentirme mamá. En principio, no quería traerme a mi hijo, de 12 años, conmigo. Pero se puso muy triste y su maestro insistió en que debía estar conmigo, aquí, en Juárez. Y me lo traje. Lo tengo en una escuela de monjas.

—¿Le preocupa que corra peligro?

—Más bien no he podido evitar que se haya dado cuenta de algunas agresiones contra mí. Sobre todo después de presentar las denuncias contra los funcionarios estatales descuidados.

—Cuénteme esos incidentes, señora fiscal.

—Acudí a un centro comercial con mi hija, Anabel, de 17 años, en la ciudad de México. Cuando me acerqué a una de las estanterías, observé a un sujeto, alto y con dura mirada, que me observaba con fijeza. En un momento dado, el hombre este se acercó y me dio un empellón, golpeándome en el pecho. Enseguida lo reconocí: era uno de los negligentes acusados. Días después, con mi hijo, fui al cine y a comer hamburguesas. Nos sentamos muy tranquilos hasta que el niño me advirtió: "Mamá, hay dos tipos viéndote muy feo por allí. No te pares". Le dije que nada debíamos temer y me levanté para servirme de la barra de ensaladas. Fue entonces cuando un sujeto, el mismo del centro comercial, se me acercó y me dijo: "¿Qué se siente estarse tragando el presupuesto del pueblo? Es usted indeseable y ha puesto en duda nuestra probidad". Por supuesto que mi hijo se asustó mucho.

El episodio de la hamburguesería dio cauce a una versión distinta. El abogado Federico Solano Rivera denunció a la entonces fiscal, el sábado 22 de enero de 2005, por abuso de autoridad y amenazas explicando que la funcionaria había estacionado su vehículo en un lugar destinado a los minusválidos actuando de manera prepotente con el auxilio de sus escoltas.

—¿Qué pasa entonces en Ciudad Juárez, señora fiscal?

—Estamos ante una situación multifactorial. Los rezagos sociales son un detonante. Hay barrios en donde pueden contarse hasta ocho bares y ninguna escuela. Los viernes, por ejemplo, las obreras, cuando salen de las maquiladoras, son las mejores clientas. Algunas son chicas bien guapas, deseosas de divertirse. En fin, causas no faltan.

En esto coinciden quienes están frente al drama. Incluso cuantos asumen que la impunidad confirma la preeminencia de alianzas soterradas entre autoridades y mafiosos o para proteger a personajes encumbrados deseosos de satisfacer sus bajos instintos con el olor a muerte. Pese a ello, según los funcionarios involucrados, las indagatorias avanzan y son cada vez más los casos resueltos. Pero, ¿lo están de verdad?

El exgobernador Patricio Martínez, quien aseveró que durante su gestión se resolvería a satisfacción la demanda mundial sobre los feminicidios, aun cuando su intención fue siempre suavizar la presión general sobre los gruesos expedientes, acabó reconociendo un hecho incontrovertible:

—En principio —me dijo durante su última conversación como mandatario en octubre de 2004—, los crímenes sí fueron seriales; después no. Llegó un momento en que hasta a las mujeres víctimas de homicidios imprudenciales, por accidentes de tránsito, las incluían en la lista.

El escándalo creció a partir de este punto. De los considerados crímenes seriales destacan los que se adjudican a Abdel Latif Sharif Sharif, conocido como el Egipcio —si bien sólo se le sigue causa penal por uno de ellos aun cuando se le considera autor de dos—, señalado como el instigador y patrocinador de tres bandas ejecutoras de mujeres: Los Rebeldes, presuntos responsables de trece asesinatos, Los Ruteros o Los Choferes, sometidos a averiguación por ocho homicidios, y la pareja formada por Víctor Javier García Uribe, el Cerillo, y Gustavo González Meza, la Foca, sospechosos de otros ocho homicidios. Treinta y un casos, incluyendo cinco cadáveres no identificados y nueve osamentas también sin perfiles plenos de las víctimas.

Quien fungió como fiscal federal, duda, abiertamente, de la eficacia de las instancias estatales:

—Ya ves lo que le sucedió a la Foca, un elemento clave para dirimir varias indagatorias. De pronto le dio una infección y se les murió en prisión.

211

El Cerillo y la Foca fueron aprehendidos el 12 de noviembre de 2001 acusados de haber perpetrado once asesinatos si bien, al cabo de algunas semanas, se les fincó responsabilidad por ocho. Durante el proceso, sendos pandilleros insistieron en haber sufrido tortura para que confesaran y ganaron un amparo. El 8 de febrero de 2003 apareció el cuerpo sin vida de la Foca en el Centro de Rehabilitación Social de Aquiles Serdán. De acuerdo con el parte médico el sujeto murió por "una enfermedad de los vasos sanguíneos denominada coagulación intravascular diseminada", un mal muy difícil de prevenir y tratar a tiempo.

–No es necesario ser un experto —comento a la señora López Urbina—, para darse cuenta de la disparidad entre las actuaciones de cada una de las instancias creadas para la atención de los homicidios de mujeres en Juárez. Incluso hay asperezas notables. ¿No hay manera de evitar la duplicidad de funciones y los consiguientes celos profesionales?

La señora López Urbina parece dubitativa. Busca mi mirada para poner énfasis en sus palabras, suspira y explica:

–Fueron más las trabas en principio. No teníamos un ámbito de competencias plenamente establecido. Por fortuna en 2003 suscribimos un convenio de colaboración con el gobierno estatal para facilitar las tareas y no distorsionarlas.

–Podría crearse una especie de consejo consultivo para que no hubiera infiltraciones innecesarias, señora fiscal.

–Más que eso, lo que se requiere es realizar tareas preventivas efectivas. La sociedad se siente desprotegida, indefensa. Por eso se llega a las protestas y a los desbordamientos. También los familiares, las mamás de las víctimas, requieren de una atención psicológica permanente.

–Otra vez el drama social, señora fiscal.

–Así es. Si una madre no es valorada amorosamente, ¿puede exigírsele que ame incondicionalmente a un hijo?

El estereotipo revela que sí, la realidad no. En un entorno de profunda promiscuidad, en donde los valores morales marchan abajo del instinto de supervivencia, los cauces son diversos. ¿Cuántas veces se induce a la prostitución a las hijas para asegurar el sustento familiar? ¿Y cuántas el vicio impone las reglas del hogar por encima de los instintos maternales? Hago la reflexión y, por supuesto, me estremez-co. Que no queramos aceptar los hechos es otra cosa.

–Hay un caso —revela la entonces fiscal López Urbina— que se convirtió, para mí, en una pesadilla constante. Todas las noches me venía a la cabeza la imagen de esa jovencita, violada y muerta. Casi una niña, bonita y tierna. Fue víctima de un tipo bisexual quien se la llevó al patio trasero de una casa cerrada a plena luz del día. Eran las 11 de la mañana. Los testigos lo vieron y no hicieron nada. Cuando llegamos, apenas media hora después de haberse consumado la tragedia, el cuer-pecito de la chica estaba todavía caliente. Yo me pregunté entonces: ¿por qué nadie, absolutamente nadie, había hecho algo?

–¿Una sociedad culpable también por negligencia?

–Desde luego. Luego viene al arrepentimiento y los sentimien-tos de agobio. Cuando ya no hay remedio. Me impactó, sí, que la madre de la niña me dijera que su marido, alcohólico, la había retenido en la recámara cuando percibió la ausencia de su hija. Si la hubiera buscado de inmediato quizá habría podido salvarla. Ella se sentía muy mal por eso y así me lo dijo al visitarme, en compañía de su hijita menor, de ape-nas seis años. ¿Qué podríamos decirle a esta pequeña? Al verme, la chi-quita gritó que quería irse con su hermana muerta, que no podía soportar su ausencia. La abracé muy fuerte y le dije que tenía que se-guir viviendo. "¿Para qué?", me contestó.

La abogada López Urbina no es una inexperta; al contrario. Durante muchos años ha tenido contacto con asuntos escabrosos, vio-lentos. Y, sin embargo, percibo su agobio, entre la impotencia por los hechos irreversibles y la demanda de justicia que le estalla en las ma-nos. A veces, muchas veces, no duerme:

–Lo que no puedo olvidar —agrega la fiscal— es que una mé-dium, yo no sé si usted cree en esas cosas, en lo personal me resisto a darles credibilidad, me sacudió al pedirme que transmitiera un men-saje a la madre de la joven mancillada. No podía conocer del caso cuan-do apenas teníamos unos minutos de habernos enterado. No se había divulgado el crimen.

La ansiedad se vuelca en angustia incontenible. Si por buena fe fuera nadie dudaría en los empeños de las funcionarias, tantas, que penden sobre el delgado hilo de la credibilidad pública. Lo mismo la procuradora González Rodríguez, que la joven fiscal estatal y la abogada López Urbina. Escuchándolas, con la vehemencia ahogada por su propia desazón interior, no hay lugar para el escepticismo ni la altanera suficiencia que tiende a desacreditar todos los esfuerzos. Pero el drama pervive y con éste la pobreza estructural que asfixia a la sociedad toda. Los esfuerzos, empequeñecidos por la realidad, se diluyen ante el incesante reclamo de justicia.

–El problema real de Ciudad Juárez —insiste la señora López Urbina— no es como lo pintan.

El desafío es encontrar las respuestas. Observo la misma inquietud en cuantos brindan información al respecto, desde los amables directores de periódicos, empeñados también en la defensa de su ciudad, como en los profesionales de Juárez que quisieran, de una vez por todas, lavar el rostro de la urbe y sacudirlo de las infecciones manipuladoras. Lo mismo en quienes investigan honestamente a diferencia de otros empeñados en hacer negocio, de muy altos dividendos, a costa de explotar el dolor colectivo. Hay de todo, claro, dentro de la complejidad del drama social.

Suly Ponce Prieto, exfiscal estatal asignada a los homicidios de mujeres en Juárez, rubia, alta y garbosa, como las norteñas, de facciones finas endurecidas por la dura brega ministerial, acostumbrada a tratar con la rudeza viril de quienes fueron sus subordinados, no es mujer de exquisiteces ni de formas cuidadas. Su lenguaje, aunque cortés, es áspero como dura es la secuela en la que está atrapada:

–¿Usted cree —me dice a manera de saludo, el 5 de mayo de 2005— que si voy a la cárcel, como pretende la (entonces) fiscal federal López Urbina, se van a resolver los casos pendientes? Dicen que soy culpable de negligencia y, sin embargo, durante mi gestión resolví 70% de los casos que me tocó atender. Ahora, con diez homicidios —en 2005—, no saben qué hacer.

Habla, habla mucho, con subrayada pasión por defenderse:

–Fíjese, no soy de Juárez pero aquí me quedé. Doy la cara porque no me han amedrentado las acusaciones. Me la van a pelar.

–¿A qué se dedica ahora, Suly?

Parsimoniosa, abre el bolso y saca una tarjeta con colores llamativos y me la entrega:

214

–Tengo una florería, "Zully", casi como mi nombre de pila, por Insurgentes. No me va mal.

Inquieta, opta por no esconderse. Y lanza, a su vez, acusaciones en un permanente cruzamiento de descalificaciones mutuas:

–Cuando el presidente Vicente Fox resuelve apoyar la resolución de los crímenes, designa a una comisionada y luego a la fiscal federal. ¿Para qué? Para que auxilien a la investigación, y subrayo, la investigación de los homicidios y no de los funcionarios. Esta distorsión es la que, de verdad, me molesta. Como no hay resultados, cada quien cuida su chamba lanzando denuncias por todas partes y contra lo que se mueva. A mí me tocó.

–Usted me dice que sí dio resultados, Suly.

–Es curioso: han pasado por la fiscalía estatal siete funcionarias y a mí me han cargado todas las muertitas. Cuando fui fiscal estatal —de 1998 a 2001, a lo largo de 32 meses—, tuve conocimiento de doce asesinatos de género... y resolvimos los doce. ¿Ésta es negligencia?

–¿Y qué piensa hacer, Suly?

–El mío es un caso mediático, de distracción. He invitado a la (entonces) fiscal López Urbina para sostener con ella un acercamiento público y no ha podido ser. Me han dictado orden de aprehensión y hasta un acto de formal prisión. Y estoy defendiéndome. Repito: con esta persecución no se ayuda a esclarecer los casos sino sólo se aumenta la confusión general. Ahora yo he denunciado a la fiscal por abuso de autoridad y tendrá que declarar. Allí vamos.

–¿No se siente responsable, entonces?

–¿Por negligencia? No, por favor. En 1993 ya había osamentas sin identificar y no hubo ninguna acción concreta para proceder en forma. Cuando me tocó la responsabilidad, tuvimos conocimiento de 47 osamentas. Además confronté cuatro casos por ejecuciones —posiblemente por ajustes entre narcotraficantes. Todo está debidamente registrado.

–¿No le parece que hay demasiadas mujeres en las áreas de investigación?

–Una es la que tiene la responsabilidad directa, en este momento: Cony Velarde. Le pregunté por qué me juzgaba sólo a mí. "¿Y tú qué has hecho", le dije. Cuenta con mayor infraestructura y el apoyo de la Procuraduría General de la República, de la comisionada del presidente Fox, en fin. Cuando yo estuve al frente ni carros teníamos y yo tenía que andar mendigando que me prestaran los vehículos.

–¿Han empeorado las cosas?

–Una cosa sí le digo: nunca se había dado tanta violencia como en este 2005. El año pasado, en el mismo periodo, se produjeron dos homicidios de mujeres; ahora ya se pasa de la decena. ¿No es esto sintomático?

–¿A qué lo atribuye, Suly?

–El gran problema es la impunidad. Pero el origen está en la conflictiva social, en la disparidad de la población. A Juárez llega mucha gente extraña, miles de emigrantes. Además, también nos llega gente de Estados Unidos... y éste es un factor que debe tomarse en cuenta.

La frontera también separa las versiones. Desde El Paso, Texas, se percibe en México una decantada corrupción, imparable, como enroque entre el poder económico y el político con todo tipo de vertientes criminales; en Ciudad Juárez se cree que "del otro lado" sólo se ve la paja en el ojo ajeno cuando algunos de los factores incendiarios, como la permanente arribazón de estadunidenses dispuestos a desfogarse cada fin de semana, se generan en la nación vecina.

–¿Hay colaboración por parte de las autoridades estadunidenses?

–Sólo cuando se les solicita específicamente. Pero hay que servirles todas las piezas, incluidas fotografías, para que procedan a la búsqueda de algún sospechoso.

Un drama, sí, multifactorial que tiende hacia la exacerbación de las especulaciones para confundir y mantener los focos rojos.

–Cuando se habló de la posibilidad —continúa Suly Ponce— de que los asesinatos se dieran a causa de un comercio de órganos, como se dijo por allí, nos preguntamos cómo podría ser eso si los cadáveres encontrados estaban intactos sin marcas de ninguna índole ni huellas de haber sufrido alguna disección.

(En cuanto a las osamentas se estima más su antigüedad que la falta de algunos huesos. No es posible concluir, a partir de ellas, que los órganos de las víctimas pudieran haber sido usados como mercancías hacia el gran mercado de consumo del norte. No obstante, el fenómeno no puede circunscribirse sólo a las asesinadas de Juárez.)

216

Suly apenas ha sorbido el café humeante. No suelta la palabra, con la misma ansiedad con la que se conducen cada una de las funcionarias que cuentan con información precisa sobre el drama, y en la catarsis retórica va encontrando nuevos hilos conductores:

–Un domingo, cuando estaba en la fiscalía, por la televisión se transmitió una película, "El imitador" ("Copycat", en inglés), cuya trama es muy semejante a la que yo estaba viviendo en la realidad: se persigue a una investigadora que intenta dilucidar los crímenes de varias mujeres. El asesino de la cinta imitaba a otros psicópatas como posiblemente ocurre en Juárez. Cuando terminé de verla, llamé a mis colaboradores y les dije: "vamos a tener muerta en cuestión de horas". Y dos días después apareció otro cadáver.

Las historias se conectan con aires hollywoodenses; los imitadores convulsos también. Lo mismo asesinos seriales que buscadores de trofeos, así sea humanos, ávidos de atención. Los matices son tantos como la imaginación alcance. De este punto parte el relato más sugerente de Suly Ponce, la exfiscal estatal.

–Esto —me dice— no se lo he platicado a nadie. En abril de 2000 apareció el cadáver de una mujer (Amparo Guzmán Caixba) en el Cerro Bola —al poniente de la ciudad. Y semanas más tarde, otro (Liliana Holguín de Santiago). Cuando inspeccionamos el lugar observamos que los puntos en donde habíamos hallado sendos cuerpos estaban separados justo por 500 metros lineales. Y poco después encontramos una osamenta, también a 500 metros equidistantes de los sitios anteriores. Desde arriba, los tres lugares de referencia parecían formar una estrella muy especial, más bien un triángulo.

–Suena a algo diabólico —pretendo ironizar sin obtener respuesta precisa.

–Cuando se lo comuniqué al entonces procurador del estado, Arturo González Rascón, no me tomó en serio. Creyó que estaba perdiendo el piso. Le dije que podría presentarse otro caso. Al mismo tiempo indagué por mi cuenta. Le pedí a uno de mis colaboradores que investigara con un brujo sobre el significado de la estrella que estaba formándose con los rastros de la muerte en Cerro Bola. ¿Y sabe usted qué me mandó decir?

–Me causa cierto morbo descifrarlo.

–Que se trataba de la "estrella del diablo". Y más todavía: que me cuidara porque faltaba una muerta para completarla. ¡Ah! En cada uno de los lugares señalados descubrimos tambos que sostenían varias figuras de Buda. No podía ser obra de la casualidad.

–Y aún así, ¿no le hicieron caso?

–Bueno, al fin logré que me prestaran un helicóptero para sobrevolar el área. Cuando llegamos a la cima del cerro, el piloto me alertó: "Mire, señora fiscal, ya tiene usted un enamorado". Sobre la falda de la montaña, apenas debajo de la cumbre y señalizado con la misma pintura blanca, de cal, utilizada para pintar los pequeños monumentos de Buda, se leía un solo nombre: Zuly, así, con zeta.

–¿No hubo más amenazas?

–Por supuesto que sí. Una voz anónima me telefoneó para decirme: "la quinta muerta serás tú". Faltaba una cuarta y luego yo. No miento, allí está la relación.

La advertencia no se consumó aun cuando se midiera el temple de la funcionaria y la pobreza de sus apoyos. Fue un desafío sin conclusión aparente pero con mucho fondo: la exaltación de la impunidad, sobre todo.

Dos meses después de la llegada de Suly Ponce a la fiscalía estatal, a principios de 1999, uno de sus colaboradores le advirtió que tenía un extraño visitante, vestido con camisa y pantalones vaqueros, de mediana estatura y aspecto siniestro:

–Insiste en hablar con usted —comunicó el ayudante. Porque dice que él sabe.

El sujeto, al fin, fue recibido, a solas. Y sin mayores recovecos, le dijo a la funcionaria:

–Si usted me acompaña yo la llevo a donde están los cadáveres que usted busca. Es un rancho pasando el kilómetro 30, hacia Chihuahua. Pero es importante que venga usted sola, sin agentes ni nada. Confíe en mí.

Suly, curiosa, no desestimó la oferta. Y el sujeto aquel siguió viéndola, introduciéndose al despacho principal de la fiscalía por una puerta trasera que la propia señora Ponce le había indicado. Hasta que el agente judicial, responsable de la seguridad de ésta, le espetó:

–Oiga, señora, mejor córrame. ¿Cómo quedo yo si le pasa a usted algo? No se haga: está recibiendo a un fulano muy sospechoso. ¿Quién es?

–Es hijo de un vaquero que tiene su rancho hacia el sur de la ciudad. Tiene información y voy a cotejarla. No se apure.

Así, hasta que el extraño personaje le comunicó, agitado y casi de manera compulsiva:

–Hoy es el día. ¿Está lista para acompañarme?

Para buena fortuna de la fiscal en la misma jornada le habían avisado de la aparición de otro cadáver femenino. Y se rehusó. El tipo se puso furioso, fuera de sí:

–¿En qué quedamos? ¡Me está usted engañando y eso no se vale!

No se vieron más. Una semana después, desde su celda, el célebre Sharif Sharif, el Egipcio, lanzó una especie de amenaza pública contra la fiscal diciéndole que se arrepentiría de cuanto le había hecho.

–El reo —cuenta la señora Ponce— gozaba de ciertos privilegios. Cuando revisamos sus dos celdas descubrimos hasta una cama de agua y un salvoconducto para que pudiera trasladarse a cualquier punto del penal. También un diario de sus actividades que me enviaron. Estaba escrito en inglés y árabe. Sólo pudimos encontrar un traductor de inglés quien pudo descifrar algunos pasajes clave. ¿Se imagina usted lo que decía?

–No tengo la menor idea. Quizá una amenaza más.

–Hablaba de un tal R. Valenzuela. Y textualmente escribió: "hoy irá R. Valenzuela a contactar a Suly". La fecha coincidía con la primera visita del hijo del vaquero. Había otra anotación al calce: "Ella (Suly) tiene que desaparecer porque puede llegar a saber y debe morir".

–¿Cuál es su conclusión, Suly?

–Que el Egipcio me mandó matar. Y su enviado estuvo a punto de lograrlo por mi ingenuidad o, más bien, por mis ansias de desentrañar el misterio.

Suly Ponce interrumpe el relato. Por la cafetería del Hotel Fiesta Inn, clásico para los encuentros del mediodía en Ciudad Juárez, pasa también la todavía fiscal federal, María López Urbina, denunciante de Suly:

–Me gustaría presentarme —me dice la señora Ponce. Siquiera para que me conozca.

219

La aún fiscal López Urbina, al fin, se acerca a nuestra mesa. Y extiende la mano:

–Quiero decirle —se dirige a Suly Ponce— que no tengo nada personal contra usted. Son cosas del oficio.

–Lo entiendo —contesta Suly. Pero debemos hablar. Quizá si comemos juntas.

–Por mí encantada —responde la señora López Urbina. Le llamaré para ponernos de acuerdo.

Las observo, tensas, escrutadoras, y trato de relajar el ambiente:

–¿Es éste el abrazo del Fiesta? Llamémosle así para la crónica.

Dos mujeres, al fin. Sin sonrisas. Cada una se siente amenazada, vulnerable, sola. Igual que la procuradora Patricia González y la joven fiscal estatal Cony Velarde:

–También yo he recibido telefonemas intimidatorios —cuenta la procuradora González. Pero con relación a otro caso: la ejecución —el primero de abril de 2005 en Chihuahua— de Alonso Baeza López (regidor del Ayuntamiento de la capital del estado y empresario exitoso).

–¿Qué le dijeron, señora?

–Fue un mensaje directo: "Alonso murió por bocón, y tú te irás por lo mismo. Pídele al general Rafael Macedo de la Concha —entonces procurador general de la República, cargo al que renunció el miércoles 27 de abril de 2005— que te salve".

El temple de las damas funcionarias en apariencia resiste. Cada una cree avanzar o asegura haberlo hecho sobre el delgado límite que las separa del abismo; situadas, sí, entre la amargura que surge de sus propias limitaciones y la ansiedad por ganar la historia, la verdadera historia.

–Hemos pagado un costo muy alto —remata Suly Ponce nuestra larga charla. A mí la fiscalía me llevó al divorcio.

Hay un cierto dejo de tristeza en la voz, en la mirada. Al fondo, Ciudad Juárez, ruidosa. Y en medio, la sensibilidad femenina, silente, que marca derroteros frente al drama que no acaba.

B

–En El Paso viven, en libertad, 700 predadores sexuales que proceden de distintos penales de Estados Unidos. Los mandan allí al terminar su condena y con el pretexto de tenerlos bajo vigilancia, concentrados.

Esther Chávez Cano, licenciada y fundadora de la Casa Amiga, una de las 27 organizaciones no gubernamentales con registro en Ciudad Juárez volcadas sobre los rastros de la muerte, entrecruza las manos y endurece la quijada. Observa con sus ojos claros, cansados, y su madurez de 71 años. Quiere sentirse comprendida y no usada para exaltar el morbo con la torpeza propia de los mercenarios. Lo percibo y me transmite su pesar, sacudiéndome por dentro. Con este ánimo escucho recitar la estadística, expectante:

–Setecientos. Y andan sueltos. ¿Quién puede decirnos que no cruzan la frontera para desfogarse? Nada ni nadie los detiene.

Les basta, sí, con depositar 25 centavos de dólar, en las rejillas de peaje del antiguo puente Santa Fe. Sólo eso para llegar al desenfreno de la Avenida Juárez con sus estruendosos bares y centros de diversión en donde no hay más límite que el dinero. Cruzan a pie, claro, para evitarse las molestias del regreso embriagados. La policía texana no perdona.

Se encoge de hombros Esther y su breve silencio conmueve. Brillan en su mirada dos pequeñas lágrimas que no alcanzan a salir, contenidas por la emoción íntima. En otra jornada confirmaría la cifra en voz de María López Urbina, en la fase final de su responsabilidad como fiscal federal:

–No podemos precisarlo —me dice— pero se habla de 700 violadores y abusadores sexuales asentados en El Paso.

–¿Qué dicen las autoridades texanas al respecto?

–Ni confirman ni niegan.

La abogada Astrid González Dávila, quien encabeza al grupo Juárez Contra el Crimen A.C., filial de la organización estadunidense Crime Stoppers, niega la versión:

–Eso no es posible. Debo decirle que yo recibí entrenamiento militar para cumplir con mis tareas —fue designada, por breve periodo, directora del reclusorio de Ciudad Juárez—, y siempre he recibido

221

cooperación por parte de los especialistas estadunidenses en el tema. Hay incluso por allí una propuesta: legalizar la castración química contra pederastas y violadores. A éstos se les segrega, no se les integra a la sociedad.

Miguel Lerma Candelaria, juarense con residencia en El Paso, en donde vacaciona cuando sus tareas como director de asuntos especiales del periódico *El Universal* se lo permiten, abunda sobre otro aspecto poco investigado:

–Los soldados de la base militar de Fort Bliss —situada al norte del aeropuerto internacional de El Paso—, entran y salen de México con la mayor facilidad. Es uno de los focos rojos.

–¿Me dices que algunos de ellos podrían hacer las veces de "cazadores", por decirlo de algún modo, de trofeos humanos?

–Puede pensarse lo que sea.

Desde luego, en este aspecto, que se sepa, nunca los marines han tenido buena reputación. No es algo que se desconozca por la celebración constante de sus abusos en las crónicas y cintas fílmicas sobre los pecados de guerra. A confesión de parte... Entre rehenes y conquistados no hay mucha diferencia.

Los procedimientos carcelarios en Estados Unidos culminan cuando los reos, supuestamente regenerados, demandan un empleo y ubicación segura al cumplir sus sentencias. El Paso, considerada la segunda ciudad de la gran nación del norte con menos incidencia criminal, en contraste con la leyenda negra sobre Ciudad Juárez, facilita el esquema porque mira hacia México, al que muchos texanos consideran un mero traspatio.

Por supuesto no puede considerarse mera casualidad la paradoja: apiñar a los abusadores sexuales, de todo género, justo frente a la ciudad mexicana en donde la depredación de género, sostenida por la impunidad y exaltada por el morbo, es fuente del clamoroso repudio mundial. Esto, desde luego, sin soslayar el drama social como origen primario de la delincuencia irrefrenable y no sólo contra mujeres: insisto, seis hombres, en promedio, mueren asesinados por cada víctima del sexo femenino. Por supuesto, en ningún caso los crímenes pueden ser analizados con atenuantes tendenciosos.

–Más de la mitad de las asesinadas en Juárez —precisa la señora

Chávez Cano—fueron muertas a manos de sus esposos y compañeros sentimentales.

Sería formidable encontrar la diferencia entre el odio y la misoginia que conlleva la agresión contra una mujer indefensa, atrozmente mancillada como simple objeto de placer pasajero. Además, en la mayor parte de los casos registrados en Juárez, el punto considerado el más negro en cuanto a los crímenes de género, los factores primarios considerados para el Distrito Federal son los mismos: la concentración familiar que conduce a la promiscuidad y la autonomía económica de las mujeres que son mayoría entre los obreros de las maquiladoras.

Con una población cercana a los dos millones de habitantes, considerando la "flotante", Ciudad Juárez, y su conurbación con El Paso, con otro millón de personas, constituye una de las mayores concentraciones urbanas de la república mexicana sólo detrás de la ciudad de México, Guadalajara, Ciudad Nezahualcóyotl, Monterrey y Puebla. La relación criminal, vista desde este punto de vista, es proporcional al gigantismo citadino y la ineficiente estructura policiaca.

Continúa la señora Chávez Cano:

–El tejido social está completamente dañado. ¿Usted se imagina? Cuando hablamos de incestos debemos considerar desde los que cometen los abuelos con sus nietas y los colaterales también. No hay límites.

La misoginia, incubada en la antigua concepción del machismo que pretende justificar la toma violenta de la mujer como parte de la tradición fálica, se acrecienta a partir de una doble connotación: el hacinamiento que obliga, muchas veces, a compartir el techo con varias parejas en las zonas más depauperadas, y la capacidad económica creciente de las obreras que exaltan su autonomía asumiendo el antiguo rol masculino, incluso para trasnocharse bajo el asedio del alcohol y las drogas. El abogado Piñón Jiménez, exprocurador estatal, considera que éste es el numen del drama:

–En tanto las mujeres trabajadoras vayan a los bares, alternen y gasten sus extras en condiciones similares a las de los hombres viciosos, los riesgos para ellas seguirán siendo muy altos.

Para la señora Chávez Cano, feminista por esencia y convicción, la disparidad de género, bajo patrones sociales que tienden a pri-

223

vilegiar al hombre, posibilita los mayores abusos y la más execrable sintomatología criminal:

–Los mismos hechos, a lo largo de muchos años, confirman esta tendencia —apunta. Conocimos el caso de una mujer violada en la parada de los autobuses. Ella, como normalmente lo hacía, simplemente esperaba la llegada del transporte. Y en cuestión de minutos fue ultrajada. Lo peor vino después con la reacción del marido ofendido: le dijo que ya no soportaba verla ni tenerla al lado porque "ya estaba usada por otro". No le importaba de quién había sido la culpa; su esposa era, sencillamente, desechable. Como basura.

La crónica de las abyecciones surge, en cascada, desde el dolor agobiante de quien, como dice la propia Esther Chávez Cano, ha decidido ofrecer su vida a la causa de la vindicación de la mujer:

–Sólo cuando se vive aquí —enfatiza— es posible entender la realidad. Jamás había vivido la violencia tan directamente.

–¿Y las autoridades?

Esther baja la cabeza, se reclina sobre la mesa de la cafetería como si iniciara una oración, juntas las manos, y exclama:

–Pues nos acaban de cerrar los albergues infantiles. El alcalde —Héctor Teto Murguía Larrizábal, priísta— dice que no tiene recursos para ayudar a su sostenimiento. Y dígame, ¿a dónde vamos a mandar a un niño violado, indefenso, temeroso hasta de sus padres? Bueno, allí le va otro caso.

Me dispongo a escucharlo, perdida la capacidad de asombro. La crudeza de la cotidianidad, impregnada de escenas dantescas como efecto de la inagotable sed de superioridad entre los seres humanos, nos obliga a adaptarnos sin distingo de bajezas ni de patologías incubadas en una sociedad de consumo ahíta y como tal insatisfecha ante los espejismos del placer y la falsa felicidad. La señora Chávez Cano da un sorbo al refresco y prosigue:

–Sucedió en el hogar de un burócrata en Chihuahua. Allí, quizá por un enorme vacío interior, un niño de 11 años, en plena infancia, violó a dos de sus hermanas porque, según dijo, así lo hacían todos.

Los estereotipos también cuentan. Por ejemplo, la filosofía popular que se basa en los libretos de las telenovelas de moda, salpicadas de lugares comunes y asuntos escabrosos que luego se repiten —"los imitadores" de los que me habló la exfiscal Suly Ponce—, crece y se desarrolla al calor de los pequeños y grandes infiernos familiares.

–Sí, un niño de 11 años —subraya Esther. A la única que no tocó fue a la menor de sus hermanitas, de menos de dos años. Y él mismo explicó por qué: "Es que me dio mucho asco el pañal". ¿Cómo podemos proceder con un niño tan perturbado?

–¿Y qué hicieron con los niños?

–Fueron entregados al DIF estatal —fundado para la atención de la infancia bajo la supervisión de las esposas de los ejecutivos estatales y del federal en su caso— y, por supuesto, nada hicieron salvo colocar a las niñas en un albergue privado mientras el niño violador se quedaba con su mamá. Sin terapia ni atención psicológica de ninguna índole. Así como se lo digo. ¿Se imagina? A ese niño, seguro, alguien lo violó y por eso actuó así, vengándose.

Parece un relato de terror y sólo es la crónica de un suceso más, perdido entre los archivos, que ni siquiera figura en la secuela de crímenes que son objeto de atención prioritaria. Para ello es necesario que la víctima sea mujer y, además, que esté muerta. Cualquiera otra cosa es asimilable, según los estándares establecidos por las presiones internacionales: los asesinatos, primero; el drama social, después y a mucha distancia.

–No hay seguridad para la mujer —insiste la señora Chávez Cano. Las sanciones que establece el Código Penal son insuficientes. ¿Qué hace la sociedad civil? Por lo pronto, en Casa Amiga contamos con un refugio secreto. Siquiera para que no maten a quienes llegan a pedirnos ayuda.

Veintisiete organizaciones no gubernamentales en el ámbito de la violencia en Ciudad Juárez. Y todas meten su cuchara, como se dice por aquí, algunas sólo para alcanzar celebridad fácil. Desde las instancias gubernamentales se divulga que no son pocas las que únicamente medran con el dolor de las víctimas y de sus familiares. Porque, además, se percibe que hay derramas económicas muy importantes, de distinto origen, distribuidas, casi siempre, de modo discrecional, esto es de acuerdo con los estrechos criterios de los mandos medios.

–Mantener Casa Amiga —explica Esther Chávez Cano— cuesta alrededor de 250 mil pesos —poco más de veinte mil dólares—al mes.

225

Claro, buena parte se nos va en sueldos. Hay profesionales, entre terapeutas y abogados, que nos aportan su tiempo completo y aunque no ganan lo suficiente aceptan colaborar. De veras, hacemos milagros: los psicólogos ganan siete mil pesos mensuales y acabamos de contratar a un joven abogado, quien cursa ahora su doctorado, por cuatro mil pesos al mes. Son sueldos de risa como para que alguien nos los eche en cara.

–¿Cómo obtienen sus ingresos, señora?

–Bueno, a nosotros nos ayuda la Secretaría de Desarrollo Social —desde el nivel federal. Además colectamos fondos hasta en el teatro. Por ejemplo hace días lo hicimos después de la representación de la obra "Los monólogos de la vagina". Allí reunimos doce mil pesos.

Para que todo quede dentro de la misma escenografía, pienso. Círculo cerrado. En México es de tal magnitud la "danza de los millones", a través de prebendas que extienden las complicidades hasta niveles muy altos, que siempre se desconfía. Donde hay un peso pervive una sospecha. Y más cuanto son muchas las manos demandantes, desesperadas, en un auténtico carnaval de ambiciones marcadas por la desesperanza social. El cuento de cada día a decir de unos y otros, según distintas percepciones. O como dice el refrán: "cada quien habla de la feria como le va en ella".

Inquiero a Astrid González Dávila, del grupo Juárez Contra el Crimen, acerca de la distribución de los recursos destinados a paliar las ofensas consumadas.

–¿Podemos hablar de un negocio bien remunerado con las ayudas destinadas a la atención de las víctimas? —le pregunto.

La señora González, dubitativa, no elude la cuestión. Se inclina hacia delante, como impulsándose, y responde, segura:

–Sí, señor. No son muy eficaces los conductos usados para las donaciones. En 1997 se creó un organismo de denuncia anónimo para intentar contrarrestar los abusos. Pero fue insuficiente. Hubo recompensas de por medio y la ansiedad por obtenerlas se desbordó. Es necesario comprender que la mayor parte de los afectados, incluyendo las madres de las jovencitas asesinadas, carecen de recursos para enfrentar las consecuencias de los hechos.

No podemos juzgarlas. A finales de abril de 2005, un abigarrado grupo de señoras, la mayor parte de ellas madres que demandaban justicia para sus hijas muertas, encaró, en Ciudad Juárez, al gobernador José Reyes Baeza y a la procuradora estatal Patricia González, señalándolos y exigiéndoles justicia expedita. De plano, les salieron al paso y les espetaron a quemarropa:

–¡Basta de mentiras! ¡Queremos soluciones!

El mandatario estatal, a siete meses de su asunción al Palacio de Gobierno de Chihuahua, las dejó hablar ante la inquietud manifiesta de los elementos de seguridad. Y, para atemperar los nervios perdidos, comenzó su discurso con comprensivo acento:

–A una madre que ha perdido a su hija se le soporta todo.

Una buena salida aunque a algunos les pareció demagógica. Pero, ¿qué otra cosa podía decir? En el rosario de culpas y de intentos fallidos las cuentas no son iguales pero alcanzan a todos, lo mismo a las autoridades vistas como negligentes, y no pocos acusados por esta causa, que a la sociedad infectada por las deformaciones culturales y políticas.

–El soporte de cada quien es su autoridad moral —sentencia, lapidaria, Astrid González.

Y ella tiene su propia historia. Menuda, rubia, inquieta. No deja de mover sus pequeños ojos mientras trata, apuradamente, de merendar un caldo de res en "El Barrigas", uno de los restaurantes con sazón de la frontera.

–¿Cómo comenzó su interés por el crimen en Ciudad Juárez? —le pregunto.

Astrid se pone tensa, deja a un lado el plato que rebosa olores penetrantes, y respira hondo antes de responder:

–Fue en agosto de 1993. Mi padre, el doctor Adolfo González Arreola, fue asaltado a las puertas de su casa, luego de bajarse de su automóvil. Él era muy bragado y se resistió. Quizá pensó que debía evitar, a toda costa, que el ladrón se metiera a su hogar en donde se encontraban, solas, mi madre y mi hermana.

–¿Identificaron al agresor?

–Sí, fue un menor de edad. Y allí comenzó el calvario. En la Procuraduría hasta la ojiva de la bala asesina perdieron. Hicieron una in-

227

vestigación descompuesta, torpe. Por eso reaccioné incorporándome a la investigación. Nada fácil, por supuesto.

—Un largo andar, sin duda. ¿Decepcionada, Astrid?

—Siento decepción por la descomposición general y, sobre todo, por la utilización de las mujeres para captar recursos. En todo esto hay mucho mar de fondo.

—Hay que hacer algo, desde luego. ¿Cómo comenzar?

—La lucha debe darse por la recomposición del tejido social. Recuperar, con firmeza de convicciones, los valores familiares.

—Desde su punto de vista, ¿por qué se perdieron?

Astrid hace una pausa mientras inhala, profundamente, el cigarro que casi le quema los dedos. Y cavila sus conclusiones:

—Creo que la violencia interfamiliar se acentúa cuando la mujer se convierte en la gran proveedora del hogar. Es entonces cuando el hombre, para intentar recuperar sus espacios, busca imponerse por la fuerza.

La coyuntura se da, entonces, entre la oferta de plazas laborales destinadas al elemento femenino y el paulatino incremento del desempleo entre los hombres. Una tremenda zanja social como detonante.

—Lo paradójico —continúa Astrid González— es que en 1965, cuando comienzan a asentarse las maquiladoras en Juárez, a la par se desatan los divorcios "al vapor". Las parejas "truenan" con el inicio de la independencia económica de las mujeres. También se dispara el número de madres solteras.

De la libertad al libertinaje parece haber solo un paso. Y los roles tradicionales cambian con el impulso de la bonanza, o más bien del espejismo.

—En las maquiladoras —prosigue Astrid—, las mujeres se comportan de manera muy dócil, no discuten y acatan las órdenes. Jamás faltan, salvo excepciones.

—¿Acaso esta resistencia, Astrid, las lleva después a desfogarse cuando se sienten libres de la presión del trabajo y la opresión de los patrones?

—Es posible. Cualquiera puede entenderlo, ¿no?

Como si entrar a un bar fuera para una mujer trabajadora una especie de grito libertario, de emancipación respecto del macho que antes mantenía exclusividad sobre los antros y las francachelas. Si aunamos a esta tendencia la otra arista del drama social, la violencia que deriva de los severos desequilibrios económicos, la combinación resulta mortífera.

–En 1995 —precisa Astrid González— deambulaban por la ciudad 17 mil pandilleros, algunos de alto riesgo, dedicados al robo de autos, al contrabando de armas y a las batallas campales que terminaban con algún asesinato. La colusión comenzó en este punto. Luego vino el narcotráfico.

–Una auténtica invasión, Astrid.

–En principio el famoso cartel era manejado sólo por 40 operadores. Y no dejaban tanta droga en Juárez: toda pasaba al otro lado. Ahora, en cambio, abundan los "picadores" en cada colonia de la ciudad. El desenfreno es mayor.

En 1995, de la mano del auge industrial, Ciudad Juárez alcanzó el primer sitio entre las urbes mexicanas con mayor generación de empleos. ¿Fue ésta una fortuna o, por el contrario, contribuyó a profundizar más las distancias sociales? Dinero y plazas de trabajo, una amalgama ciertamente peligrosa. Pienso en los oasis del desierto, siempre perturbadores y que, de repente, son sólo espejismos.

Una confidencia del cardenal Juan Sandoval Íñiguez, segundo obispo de la diócesis de Juárez, resulta muy ilustrativa:

–Durante las visitas pastorales que realicé por Ciudad Juárez, pude percatarme de que muchas escuelas habían cerrado por el auge de las maquiladoras. Los chamacos querían trabajar y ganar dinero y no quedarse atados en el aula. No les importaba no contar con derechos laborales. Para ellos ocuparse, con sueldo, era una bendición.

Manuel Aguirre, jefe de redacción del *Norte*, abunda sobre las tremendas distorsiones escolares:

–En la Secundaria Federal Número Uno, como en muchas otras, se detectó que 80% del alumnado había sido afectado por el narcomenudeo. Los padres de familia, al enterarse, desafiaron a los maestros sin poder encontrar explicaciones. La impotencia lleva a muchos a bajar la cabeza y cerrar los ojos.

El vicio y la urgencia de dinero señalan los derroteros, no la enseñanza. Los espejismos se desvanecen en este punto. El dolor, en cambio, no. Veamos la perspectiva general: si se acusa al populismo por crear expectativas falsas con costos elevados hacia el futuro, ¿qué puede decirse del liberalismo mal llamado social, impulsado al calor de los gobiernos tecnocráticos cuya continuidad no fue interrumpida con la victoria de la oposición en 2000, detonante de agudas diferencias de clase que llevan, sin remedio, al estallido? El salario, por supuesto, no lo es todo en este complejo entorno de revulsivos sociales.

Una de las primeras víctimas, exactamente la novena, dentro del lapso que abarcan los feminicidios en Juárez, aun cuando existen otros notables antecedentes, era obrera de una maquiladora. Guadalupe Ivonne Estrada Salas, desapareció el 8 de junio de 1993 y seis días después, el 14, su cadáver fue encontrado a un costado de la Planta Tratadora de Aguas Residuales ubicada dentro del Parque El Chamizal. El móvil, según la versión oficial, se determinó como sexual sin que se señalase a un presunto responsable.

El sitio tiene fama de ser un lugar de reunión propio para parejas en celo, un "fajadero" en términos populares. Muy cerca de allí, sobre el Puente Internacional Córdoba, funciona hoy la oficina de Turismo que distribuye mapas y ofrece una estrecha bibliografía regional. Una de las encargadas, una chica no mayor de 20 años, esbelta y sonriente, vestida con una corta blusita que deja al aire el ombligo y la cintura para solaz de la clientela, nos ilustra sobre la seguridad citadina:

—Yo salgo de aquí a las nueve de la noche y nunca he tenido ningún incidente. Lo malo les pasa a las que andan buscando problemas por los antros.

—¿Tú no te los buscas con ropa tan ceñida? —le pregunto, divertido.

La jovencita enrojece, nerviosa. No sabe qué contestar y opta, sencillamente, por sonreír. Es la otra cara de la moneda. Porque, desde luego, la leyenda negra no impacta a todos por igual. La visión desde fuera suele ser dramáticamente opuesta.

En el lado mexicano el dinero que entra sirve para estimular los giros negros; en el estadunidense, en cambio, las divisas disparan la vida comercial. Las maquiladoras son consecuencia de la misma disparidad: se asientan en Juárez porque los texanos tienen normas ambientales más enérgicas y difícilmente podrían aprobar la instalación de fábricas contaminantes; además, claro, del ahorro que significa la barata mano de obra de los paisanos. Éste es el verdadero centro neurálgico del conflicto aun cuando se aprecie la industria como la plataforma del desarrollo. ¿No será más bien una panacea?

Uno de los argumentos que escuché de una fuente que me pidió confidencialidad por sus conexiones con los dirigentes empresariales, tiene que ver con la reacción de los obreros paseños ante el proyecto desarrollista de las maquiladoras juarenses:

—Es muy posible —me dijo— que la campaña de desprestigio contra Ciudad Juárez haya partido, en principio, de las uniones de trabajadores estadunidenses, inquietos por el rápido crecimiento de los parques industriales mexicanos. Frenar tal expansión pudo ser un imperativo para ellos por la dimensión de las ofertas de empleo y la llegada constante de emigrantes desde todos los puntos de la república.

—¿Me hablas también de la violencia y los asesinatos?

—No desconocemos que los procedimientos amafiados son frecuentes entre esos grupos desde hace ya muchos años. No vamos a sorprendernos ahora.

Así están las cosas. Sólo que, entre la gama de especulaciones sobre el origen de los homicidios de mujeres, que va desde las versiones sobre los cultos satánicos hasta señalamientos sobre un posible tráfico de órganos, o el "sexo duro" por el que se paga enormes sumas disfrutando del dolor videofilmado, la hipótesis menos explorada es la que surge de la conurbación binacional y sus efectos colaterales, con los marcados contrastes sociales exaltados por la mera observación desde dos distintos territorios.

~

—Le voy a mostrar algo —me dice el conductor que nos sirve de guía al momento de virar hacia el puente fronterizo. Mire cómo se ve desde México la colina aquella, del otro lado, en donde viven los ricos de El Paso. Puras mansiones de lujo, con valores por encima de cientos de miles de dólares. Allá a los más "fregones" los situaron en los cerros para que ellos costearan, con su capacidad económica, sus propios servicios. En cambio, aquí fue al revés: los millonarios se apropiaron de las zonas bajas y mandaron a la "raza" hacia los peñones.

Y desde allá, en Estados Unidos, la visión es otra: las casuchas de cartón de la colonia Anapra, una de las más miserables, forman una especie de amenazadora legión contra el "american dream". Una latente advertencia, silenciosa pero sostenida, por el mero reflejo de la impotencia que sólo puede ser superada por la rebeldía. Esto es una incubadora de la violencia, como en el siglo pasado, como siempre.

Franja de "narcotúneles" y "narcofosas", pero sobre todo de complicidades mayores sólo explicables si se asume la pervivencia de los vínculos de uno y otro lado de la frontera bajo el manto protector, ¿puede decirse así, sin eufemismos?, de los poderosos carteles cuyo rastro se pierde, precisamente, al cruzar los límites entre dos países asimétricos y separados no sólo por la geografía y la sangre sino también por las afrentas, de toda índole, sin disculpa ni perdón. ¿Ciudades hermanas? Lo son, ¿pero acaso la historia no es la concatenación misma de los celos fratricidas exaltados por el fragor de la conquista?

Erich Krauss y Alex Pacheco, agentes al servicio de la Patrulla Fronteriza de Estados Unidos, la Border Patrol —el primero ha sido entrenador de combates cuerpo a cuerpo amén de informador—, describen en su libro *En la línea* (Plaza y Janés, 2004) situaciones que plantean un enfoque distinto, desde el suelo estadunidense, a la correlación entre la gran potencia del norte y la nación satélite:

> Los sucesos sangrientos que suceden en la frontera —escriben Krauss y Pacheco— son los secretos mejor guardados de este país. Sólo ahí puede suceder que la muerte de 14 hombres, mujeres y niños no figure en las noticias. Sólo en la frontera puede un ciudadano estadunidense frustrado portar un AK 47 sobre su hombro para proteger su propiedad y difícilmente alguien se fija. Sólo en tal sitio pueden fuerzas militares extranjeras invadir el territorio de Estados Unidos, abrir fuego contra agentes federales con rifles de asalto y después irse a casa sin sufrir la menor repercusión, que es justo lo que me sucedió en la primavera de 2002, mientras estuve emplazado en la estación de la Patrulla Fronteriza de Ajo, en Why, Arizona.

En una época salpicada por la xenofobia vindicada tras los atentados terroristas en Nueva York, en septiembre de 2001, una descripción como la anterior enciende los ánimos revanchistas y tiende, por supuesto, a justificar los excesos bajo el prurito de defender propiedades y derechos ante la oleada "criminal" de los indocumentados atraídos por los salarios en dólares, aun cuando sean más bajos con relación a lo que devengan los estadunidenses por trabajos similares, y atenaceados por la miseria de sus familias. En 2004, las remesas enviadas por los trabajadores mexicanos a los suyos, 16 mil 612 millones de dólares, significaron la segunda mayor fuente de ingresos para su país. Para 2005 se calcula que podrían rebasar los 20 mil millones de dólares.

Óscar Cantú, director del diario *Norte*, explica una de las aristas del drama cotidiano:

—¿Qué harías tú si por el jardín de tu casa, a cada rato, se atravesaran unos extranjeros desconocidos por donde juegan tus hijos, sin detenerse ante las vallas protectoras ni darte explicación alguna? Imagina lo que sienten los agricultores de Arizona que son propietarios de terrenos colindantes con la frontera mexicana. Hay que entender su punto de vista para poder analizar el problema global.

A fines de marzo de 2005, las autoridades de Arizona dieron su consentimiento para que elementos civiles, armados, conocidos como Minutemen, dispararan a quienes invadieran sus propiedades. Algunas decenas de "cazadores" humanos comenzaron sus rondas a lo largo de la franja limítrofe para apoyar, dijeron, a los agentes de la Border Patrol. El hecho perturbó a las autoridades mexicanas que sólo, como es costumbre, extendieron la protesta de rigor. Según los particulares estadunidenses el paso de los ilegales por sus tierras va aparejado a otros delitos.

(En contraste y en otro punto de la frontera, entre Tamaulipas y Texas, la efeméride por la Independencia de Estados Unidos inicia en el City Hall de Laredo, Texas, y culmina en la plaza principal de Nuevo Laredo, en territorio mexicano, como una muestra de hermandad entrañable. La celebración binacional ya es toda una tradición.)

Lo expresado por Krauss y Pacheco, denunciando además una pertinaz violación al suelo estadunidense por parte de las fuerzas armadas de México —"adondequiera que vea militares mexicanos los más probable es que encuentre contrabandistas cerca"—, amerita una réplica oficial que no se ha dado. Por ello intenté buscar a alguna fuente militar para responder a lo expresado por los agentes citados. La ce-

233

rrazón natural, derivada de la férrea disciplina castrense, fue un obstáculo casi insalvable. Pese a ello, con la promesa de la confidencialidad, un elemento accedió a darnos su opinión luego de leer, pausadamente y dos veces, los párrafos clave:

–Son puras mentiras. Yo no sé cuál sea la intención de todo esto. Pero es absurdo. ¿Usted le cree?

–Mejor que sea un soldado quien me lo diga.

–¿Cómo voy a creerle yo? ¡Por favor! ¿Ha visto usted cómo vigilan la frontera? Tienen cámaras de televisión, conectadas por satélite, que captan cualquier movimiento; censores, radares, patrullas y, para colmo, armamento. No tenemos siquiera un equivalente en capacidad de fuego. Ellos son el ejército más poderoso del mundo. Nosotros no tenemos armamento para contestarles siquiera. Bueno, nos darían en la madre, para decirlo con toda claridad. Ni modo que nos aventuremos a entrar en su territorio como Pedro por su casa. ¿Ya vio lo que hicieron en Irak?

–Aseguran que los militares mexicanos apoyan a contrabandistas y narcotraficantes, escoltándolos.

–¿Y por qué no dicen a dónde van a parar las drogas cuando entran allá? Ni modo que se esfumen. Exigen que nosotros detengamos a los narcos, ¿y ellos? ¿Usted tiene conocimiento de que hayan apresado a un pez gordo allá? Todos se les van de las manos.

–Bueno, ¿y ellos no pasan a México con mayor libertad?

El militar niega con la cabeza. Hace una larga pausa acaso tratando de encontrar las palabras precisas. Y continúa:

–A veces ellos entran unos metros y nosotros también hacia allá. Y hasta platicamos. Pero eso de que disparamos en su territorio, es una absoluta pendejada. Ni modo que nos expusiéramos a que nos aplastaran. ¿Y luego?

–¿No ha habido incidentes?

–Incidentes, eso sí. Aislados. Y por lo general a nosotros nos pegan. Hace unos días, allá en Puerto Palomas —en el lado contrario a la emblemática Columbus en donde Villa exaltó su leyenda—, se llevaron a dos soldados nuestros porque los agarraron dentro de Estados Unidos. Unos metros nada más. Los aprehendieron y los condujeron a la base de San Antonio.

–¿Cómo reaccionó el mando?

–No muy bien, la verdad. Sobre todo porque nos exigieron que fuera a buscarlos a San Antonio un oficial de rango para que nos los entregaran.

–¿Los trataron mal? ¿Los humillaron?

–No, hasta eso. Les fue bien. Les dieron de comer en serio. Hasta en eso nos diferenciamos: cuando nos toca el "rancho" de este lado nos ponemos a calentar frijolitos, tortillas y chilitos. Ellos se tragan sus hamburguesas gigantes o un buen pollo "del coronel Sanders".

Por la V Zona Militar, con sede en la capital de Chihuahua, han pasado algunos de los militares más afamados de los últimos tiempos. De entrada, tres de los últimos titulares de la Secretaría de la Defensa Nacional: Félix Galván López, quien permaneció en la Zona entre 1974 y 1976, Juan Arévalo Gardoqui, entre 1976 y 1981, y el actual general secretario, Gerardo Clemente Ricardo Vega García, entre mayo y noviembre de 1996. Además, el subsecretario en funciones, en este 2005, general Guillermo Galván Galván, se mantuvo en esta sede de 2000 a 2002.

–No es todo —prosigue la fuente militar. También fueron comandantes de la zona, el general Práxedes Giner Durán, de 1959 a 1962, quien luego sería gobernador de Chihuahua, y el general Fernando Pámanes Escobedo, entre 1971 y 1974, antes de fungir como gobernador de Zacatecas.

–Un verdadero trampolín, al parecer.

–Eso habla de la importancia estratégica de la V Zona.

Durante la hegemonía priísta fue tradición mantener algunas posiciones políticas electorales como parte de una especie de "cuota" a favor de las fuerzas armadas, compensadas así para detener cualquier impulso de futurismo presidencial o de golpismo en cierne. Al asumir el abogado veracruzano Miguel Alemán Valdés la primera magistratura, en diciembre de 1946, sustituyendo al general Manuel Ávila Camacho, se consumó la tersa transición hacia los gobiernos civiles que, en México, parece irreversible aun considerando las inquietudes de la clase militar por las desviaciones conceptuales de los regímenes marcados por el populismo, la tecnocracia o la indefinición.

El 27 de abril de 2005, al consumarse el remplazo del general Rafael Macedo de la Concha en la Procuraduría General de la República ——fue designado en su lugar al abogado Daniel Cabeza de Vaca, notario de León de mediano perfil—, corrió el rumor de que la jerarquía castrense, incómoda por el cambio que observaba la dependencia citada como una de las concesiones para disciplinarse ante la primera alternancia con sesgo hacia la derecha —rechazada ideológicamente por los formadores de la clase militar—, estaba por inconformarse ante el presidente Vicente Fox incluso exigiéndole su renuncia. La especie duró un suspiro pero circuló entre los medios informativos. Cuando inquirí a una fuente militar sobre el particular, la respuesta fue casi jocosa:

–¡Ojalá lo hubiéramos hecho! —y recargó la cabeza, hilarante, sobre la silla. Buena falta nos haría. ¿No le parece?

–Dígame usted, mejor.

–Pues es que... ¡no sabe mandar!

La sede de la V Zona Militar, una antigua edificación que sirvió para un hospital, es comandada, en mayo de 2005, por el general Alfonso García Vega, oriundo del Estado de México y de 56 años de edad. Tiene fama de ser un eficaz combatiente de los plantíos de mariguana que se extienden por las abruptas serranías cercanas a pesar de no ser un entusiasta de la aviación. Pese a ello sobrevuela la región, de manera cotidiana, con buenos resultados. Dialogo con él, brevemente:

–Lo importante es atacar los cultivos para que no tengamos después que perseguirlos con muy elevados costos. Y así lo estamos haciendo.

A la entrada de la sede de la comandancia puede leerse la sugestiva leyenda, asentada en una placa en piedra, atribuida a Pedro Calderón de la Barca:

"Aquí la más principal hazaña es obedecer."

Para que no quepa la menor duda al respecto sobre disciplina y jerarquías. En la pequeña sala por la que se entra al local, se aprecia una gran fotografía que recoge el instante mismo del aseguramiento de un gran cargamento de más de seis mil kilos de mariguana el 20 de junio de 2001.

–Ya hemos tenido confiscaciones hasta de sesenta toneladas —me informa un uniformado. Diez veces más.

El lunes 2 de mayo, cuando visitamos el lugar, la cónsul de México en San Antonio, la señora Martha Lara, tuvo un largo encuentro con el jefe de la Zona Militar quien le acompañó hasta la puerta. Fue entonces cuando saludamos al general García Vega, más bien bajo de estatura y de cabello entrecano, moreno, quien se disponía a viajar a Ciudad Juárez para inaugurar, al día siguiente, las instalaciones fijas del retén de Samalayuca, en el kilómetro 315 de la carretera entra la capital del estado y la urbe fronteriza.

—Estos retenes, general —me animé a preguntarle a bocajarro—, ¿no atentan contra la libertad de tránsito amparada por la Constitución?

El general de brigada, diplomado de Estado Mayor, esto es con tres estrellas, no pudo contener la risotada y con gesto amable, pero imperativo, replicó:

—Ya sabía yo que me iba a decir eso. A veces son ustedes muy predecibles. ¿Quiere que le diga una cosa?

—Por supuesto, aquí es usted quien tiene la palabra, general.

—Le pregunto: si usted llega al retén y lo revisamos quizá pierda unos 20 minutos de su tiempo... a menos de que le encontremos algo indebido. Si no es así, usted continúa su viaje y puede llegar a comer o cenar con quien tenía previsto. ¿En qué se falta a la libertad? Usted cumple con su itinerario y nosotros con el deber de combatir el tráfico ilegal de drogas. ¿No se le hace que no se afecta ninguna ley?

—Lo que pasa —prosigue la fuente militar— es que el territorio de Chihuahua es gigantesco y cubrirlo no es fácil. Pero contamos también con retenes volantes que se instalan en distintos sitios. Sí, son efectivos si consideramos las dimensiones de cuanto se ha confiscado.

La V Zona Militar cubre 350 kilómetros de la frontera más transitada en el mundo según reportes internacionales.

—Lo hacemos —asevera la fuente— con medios naturales. A vuelo de pájaro, diríamos. No tenemos otros recursos que los atributos personales. ¿Me entiende? Es muy grande la diferencia con respecto a los de allá.

—Una última interrogante. ¿Los soldados texanos de Fort Bliss pueden entrar a sus anchas a territorio mexicano, para divertirse por ejemplo?

Hay un pesado silencio. El militar se rasca la cabeza y jala la gorra hacia atrás. No es una cuestión sencilla, ni su planteamiento tan previsible como pudiera pensarse. Y responde, casi mascullando entre dientes:

–Pueden ocurrir tantas cosas cuando las fuerzas son tan disparejas...

El 29 de agosto de 2005, un soldado del ejército de Estados Unidos, Ever Villagrán, adscrito a Fort Bliss, fue ejecutado en Ciudad Juárez. El incidente obligó, de hecho, al gobernador de Chihuahua, Reyes Baeza, a permitir la intervención del FBI con el propósito, dijo, de evitar tensiones diplomáticas, principalmente con el estado de Texas, días después de que Arizona y Nuevo México se declararon en emergencia por la violencia fronteriza.

A lo largo de 2005, siete ciudadanos estadunidenses han sido asesinados en Juárez, según estadística de la vocera del consulado de Estados Unidos, Patricia Muñoz.

Sí, cualquier cosa puede ocurrir.

C

–Siempre las ventajas han sido para Estados Unidos. Sus ciudades fronterizas dependen de las de nosotros y, sin embargo, las nuestras siguen siendo pobres.

Habla Enrique Terrazas Torres, quien alguna vez defendió ser más empresario que político, descendiente directo de don Luis Terrazas Fuentes, el mayor terrateniente del que se tenga memoria, y uno de los principales socios de Cementos de Chihuahua, al lado de su hermano Federico, una de las industrias de mayor éxito en el norte de México. Además fue aspirante del Partido Acción Nacional al gobierno de Chihuahua —desempeñado por varios de sus ancestros triunfadores— en 1998, desprendiéndose para ello del gabinete de Francisco Barrio.

–¿Por qué nuestro país no se desarrolla teniendo tantas posibilidades? —pregunta el empresario. ¿Es una fatalidad acaso? Y más todavía, ¿por qué la urgencia de que el Tratado de Libre Comercio de América del Norte (TLC) se firmara tan rápido? Porque con él no se negoció lo que se debía y las condiciones las fijó el poderoso, a su medida.

Una visión nacionalista que se contrapone a los lineamientos oficiales justificatorios en el sentido de exaltar al TLC como la gran panacea de la supervivencia global. La divergencia de opiniones sobre los saldos del tratado sitúa a los empresarios en dos bandos: los que insisten en desarrollarse sin desprenderse de sus compañías y cuantos optan por asociarse con los consorcios multinacionales en expansión. De acuerdo con la postura de cada cual es posible encontrar el vínculo definitorio.

Terrazas Torres es también accionista de la Constructora de Partes de Chihuahua, e impulsor de los parques industriales. Delgado, cincuentón, serio y cortés en sus maneras, disfruta de uno de los despachos de la periferia de la ciudad de Chihuahua con mejor vista: bajo los ventanales, la capital que se extiende desde la sierra de Bachimba.

–El desarrollo estabilizador —inquiero—, que culminó con la administración de Gustavo Díaz Ordaz en la década de los sesenta, ¿fue un modelo eficiente?

–Habría que explicar, para llegar a una conclusión veraz, el gran proteccionismo para el sector privado con el consiguiente control de las importaciones impulsado entonces.

Al agotarse el esquema, bajo la presión internacional, el populismo y la tecnocracia nos llevaron a la crisis financiera. Ya antes la conflictiva política parecía haber tocado fondo con la represión injustificada contra las tendencias izquierdistas de la época. No se encontró el justo medio ni pudo resolverse la problemática económica de las entidades norteñas, sobre todo en las regiones fronterizas dependientes en extremo de las administraciones estadunidenses, a su vez proteccionistas en extremo. Sin los candados nacionalistas, los inversionistas mexicanos quedaron a la deriva.

–En Chihuahua —especifica Terrazas Torres, ligado familiarmente a los Creel—, además de las desventajas económicas, la sequía causa estragos. Menos mal que 2004 fue un buen año para la agricultura.

–¿No percibe, don Enrique, que en Chihuahua la clase empresarial resuelve la vida y perspectiva políticas?

–Más bien creo que los políticos —admite en esta condición que él no estima prioritaria en su doble faceta— llegamos dando patadas y queremos, siempre, empezar desde cero. Seguimos estando "mutilados".

239

–¿Qué falta entonces?

–Una educación de calidad y, desde luego, ganarle la carrera a la corrupción.

Para Terrazas el fraude electoral de 1986, cuando Barrio fue derrotado por las malas artes del priísmo hegemónico, obligó al gobierno a realizar negociaciones muy importantes con los empresarios, mediando distintas concesiones:

–Fernando Baeza era el gobernador, lo era de hecho. Aunque muchos no pudimos dejar de señalarlo como usurpador, acabó ganándose a los empresarios, muy hábil. A mí no me convenció aunque sí participaba en los programas[...] pero me era muy difícil olvidarme de que había llegado mal al gobierno estatal. ----Continúa Terrazas Torres: Ese año —1986— consideré inútil la participación política sin una dirección fuerte. Nos retiramos de la vida partidista para fundar, con otros empresarios incluyendo varios militantes del PRI, el Centro de Liderazgo y Desarrollo Humano con la condición de lograr una nueva cultura de excelencia sin ligas con ninguno de los partidos. Concluimos así la elección de 1992 cuando ya no hubo necesidad de una resistencia civil.

–Vino entonces, don Enrique, la identificación de Salinas con Barrio.

–Estoy convencido de que el acercamiento entre ellos no fue mayor al de cualquier otro gobernante que coincide en su ejercicio con un mandatario nacional de signo contrario. ¿No ocurre lo mismo ahora entre el presidente Fox y el gobernador Reyes Baeza?

En 1992, recordémoslo, la victoria del panismo vernáculo se dio favorecida por no pocos empresarios con raigambre y el voto del duelo tras la tragedia familiar de los Barrio. Y en 1994, en la órbita federal, la confluencia fueron los sufragios "del miedo". Dolor y horror confabulados para marcar las pautas políticas circunstanciales. Así, hasta 1998 cuando Terrazas, entonces secretario de Desarrollo Económico dentro de la administración de Pancho Barrio, decide andar hacia la gubernatura:

–Uno se la cree —recuerda Terrazas— y durante la convención del PAN pensé que iba a ganar.

Con él otros tres precandidatos buscaron la ansiada nominación, dos de ellos con reales posibilidades de alcanzarla: el exsecretario de Gobierno, Eduardo Romero Ramos, y Ramón Galindo Noriega quien se desprendió de la alcaldía de Ciudad Juárez para contender. Durante la primera vuelta, el favorito, Romero Ramos, bendecido además por el entonces gobernador y su grupo con afanes continuistas, ganó por estrecho margen pero sin alcanzar la indispensable mayoría absoluta.

–Muchos señalan hacia usted, don Enrique, como el factor determinante al haberse retirado favoreciendo a Galindo Noriega y dejando atrás al delfín Romero.

–Ahora resulta que fue culpa mía —ironiza. Sólo eso faltaba. La verdad es que sí, me sentía gobernador porque mi actuación en la secretaría a mi cargo fue muy buena en un excelente momento de la correlación económica con Estados Unidos. Las cosas no se dieron como se dice. Luego de la primera vuelta decidí no ir a la segunda... pero no induje a mis partidarios a sumarse a los de Galindo. Eso no es verdad. ¿Le digo una cosa? Yo voté, en la segunda vuelta, por Romero Ramos.

–Y el PAN no pudo retener la gubernatura de Chihuahua aun cuando usted me dice que la actuación de Barrio fue positiva y reconocida. ¿Por qué?

–Fueron varios los factores: Ramón Galindo no era el candidato adecuado; los panistas estábamos muy desunidos, y no hubo coincidencia en torno a un proyecto de gobierno, lo que tanto subrayé cuando decidí participar en la justa.

–Se les fue de las manos el gobierno, entonces.

–Así lo siento. Se entregó al PAN, nos entregamos.

En política, aseveran los viejos zorros, sólo se comete un error y todo lo demás es consecuencia. No hay excepciones a la regla. Menos cuando se trata de un duelo en la cúpula por el control no sólo político sino también económico en una entidad regida por el desarrollo industrial y detenida por las diferencias extremas entre una población depauperada y una clase empresarial boyante, exitosa, con excepcional capacidad de adaptación. Hay una enorme dificultad entre los chihuahuenses para integrarse ante perspectivas tan disímbolas. Así, igual, en la frontera.

–¿Qué pasa en Ciudad Juárez, señor Terrazas?

–Se da una situación muy especial. A los emigrantes no les interesa la vida de la ciudad. Están siempre de paso aunque se queden varios años. La mayor parte de la población, que viene de fuera, es indiferente a su entorno, desapegada de la vida en comunidad.

Una dura sentencia, sin duda, dictada con una visión a 360 kilómetros de distancia. Desde la capital del estado se aprecia y asimila el hecho de que la economía de la urbe fronteriza es mayor y más significativa para la vida de la entidad; sin embargo, el motor político permanece en la ciudad de Chihuahua porque, entre otras cosas, la mayor parte de quienes habitan Ciudad Juárez, con todo y su expansión poblacional, no son juarenses ni chihuahuenses y lo que es más significativo: no parecen interesados en el futuro de la región, ni en su despegue ni en su consolidación financiera.

–Le voy a platicar algo que puede resultarle muy significativo —sugiere Terrazas Torres. Me metí a la construcción de viviendas económicas en Juárez y busqué mejorar ciertos satisfactores vitales, por ejemplo para ganar algunos espacios verdes y evitar las construcciones encajonadas. ¿Y sabe usted qué ocurrió?

–Habrá faltado financiamiento, como suele ocurrir.

–Pues no. Cuando fraccionábamos, los futuros beneficiarios de las casas de plano no aceptaban tener un pequeño jardincito. Nos decían que a ellos les interesaba arreglar sus viviendas en sus lugares de origen, en Veracruz o Sinaloa, en otros sitios: "mi casa está allá", nos repetían una y otra vez. Allá pensaban regresar y fincar a su gusto. En Juárez sólo querían sobrevivir con el mínimo de gastos posibles. Por supuesto, eso sí, demandaban, siguen demandando, servicios con cargo al municipio de Juárez. Mientras no se entienda esta realidad será difícil abordar el conflicto global de la urbe.

Una ciudad de paso para algunos; traspatio para otros, desde la despectiva visión de los texanos que no disimulan su xenofobia. Y en medio, el drama social, permanente y asfixiante, que atempera los propósitos de progreso y separa hondamente a los chihuahuenses.

–Con la administración de Reyes Baeza —prosigue Terrazas—, iniciada en octubre de 2004, se intenta crear un consejo para el desarrollo integral. El gobernador, de entrada, advirtió: "para que el plan tenga éxito es necesario jalarnos a los empresarios de Juárez". ¿Y sabe usted qué nos respondieron? De entrada preguntaron en dónde iba a estar la sede del organismo; es decir, lo apoyarían sólo si se situaba en Juárez y no en Chihuahua. Hasta este extremo llegan los celos.

No faltan quienes proponen incluso la erección de un nuevo estado de la República, el de Juárez, desprendiéndolo de Chihuahua y considerando otros antecedentes —por ejemplo Aguascalientes que se desmembró de Zacatecas—, para exaltar que no con ello se perderían las raíces y los vínculos entrañables. El proyecto, muy elaborado por cierto, insiste en el imperativo de privilegiar la economía fronteriza sin las ataduras centralistas que implica, *per se*, la dependencia política.

–El centralismo fiscal nos asfixia —señala, con subrayado disgusto, el diputado Ramón Galindo Noriega, exalcalde de Ciudad Juárez y excandidato al gobierno de Chihuahua y con aspecto de profesor preparatoriano. En Juárez las diferencias son monstruosas en cuanto a las formas de vida y la manera de planear el desarrollo.

Galindo, a siete años de su fracaso electoral, admite que quizá no fue la mejor opción, en su momento, para intentar prolongar la influencia panista en el gobierno estatal. Pero no ha perdido el tiempo ni se ha dejado llevar por el agobio personal como otros que han vivido similares experiencias. Alto, delgado, con lentes fuera de moda en consonancia con cierto aire de estudioso para quien es difícil adaptarse al entorno, el político y contador público rechaza la condición de empresario a pesar de mantener algunos "muy pequeños" negocios.

–Por lo general —puntualiza Galindo— las comunidades crecen en su nivel de convivencia a la par con su derrama económica. En Juárez no ha sido así y el saldo no es positivo.

–¿Por qué, diputado? ¿Acaso por ausencia de un modelo de transformación adecuado o por negligencia de las instancias gubernamentales?

–Vamos por partes. Las inversiones generan tres factores para consolidar la economía: primero, un mayor número de empleos y en consecuencia de salarios destinados a paliar los lastres sociales; segundo, un monto superior de utilidades para los empresarios que arriesgan sus capitales; tercero, los instrumentos de justicia social que devienen de los tributos, de los impuestos. El problema es que en Juárez la recaudación no se queda en casa como tampoco los sueldos que, en su mayor parte, se destinan a otras plazas en donde están los arraigos de los emigrantes.

Otra vez, el drama de la desigualdad que se gesta en una mala, quizá nula aplicación del federalismo que, en cuanto a las entidades del norte del país, hinca el diente a las regiones que despegan con el pretexto de subsidiar a las que se quedan a la zaga.

–En Chihuahua —puntualiza el diputado Galindo—, los municipios pobres son muy pobres y los municipios ricos también son pobres. Todo ello se debe a una mala distribución fiscal y la ausencia de compromisos globales para el desarrollo.

Un drama, por supuesto, que va al parejo con la permanente paradoja de la historia. La pugna es la misma que en los días de las definiciones tras la victoria de la insurgencia en 1821 y la proclamación de soberanía nacional. No hay, de verdad, grandes diferencias lo que establece una correlación viciada con la mascarada de un federalismo inexistente en la praxis.

–Las grandes decisiones —continúa Galindo su contundente monólogo— son de elite, en *petit comité*. Lo mismo cuando se trata del clero católico, de los sindicatos o los empresarios. Y ello, desde luego, impide una observación que tienda hacia una transformación integral.

–¿Es culpa del federalismo mal aplicado?

–Más bien el pecado ha sido centralizar las decisiones y las responsabilidades. Cuando ello ocurre la comunidad no puede sentirse parte de un proyecto ni corresponsable de su aplicación. Y es que se deja al grueso de la población fuera de su propio contexto.

El drama es mayor a cuanto pueda expresarse en unas cuantas líneas. La percepción es la de una ciudad sitiada por las desigualdades extremas, la correlación desventajosa con la mayor potencia del orbe y la desmesura del centralismo que observa muy lejos la frontera y asume que puede impulsarse sola. Por otra parte, los lastres que enseñorean la geopolítica nacional:

–Tenemos —resume Galindo— sindicatos corruptos que sólo sangran el país; grupos indígenas acostumbrados únicamente a extender la mano en demanda de subsidios, y a miles de municipios sometidos, por atavismos irresolubles, a la dependencia. Sencillamente el carrito ya no camina.

Y, al parecer, en Ciudad Juárez ya está desbielado. Aporta 55%
de la actividad económica de Chihuahua y no recibe en proporción semejante la inversión necesaria para elevar su infraestructura. Está entre los dos fuegos de la incomprensión, muy cerca de Estados Unidos
y muy lejos del resto de México; cerca, sí, de la cultura anglosajona
siempre en plan de expansión por el poder de su capacidad económica
y militar; lejos de una patria en donde las diferencias de clase y las secuelas de una demagogia feroz, gracias a la cual tiene vigencia el liberalismo que exalta a los socios del sistema a costa de mantener el
ahorro basado en la mano de obra barata de los trabajadores.

La coyuntura es, ciertamente, dramática. ¿A quién sorprende,
entonces, la irrupción de una violencia cortada a la medida de las mafias dominantes?

–Hay que cambiar el modelo —sentencia Galindo Noriega.
Porque todavía estamos en la dinámica del paternalismo.

–¿Cómo hacerlo sin caer en los viejos modelos, como el populismo, también frustrantes, diputado?

–Podría comenzarse con una correcta redistribución del Impuesto al Valor Agregado. Parte de éste debe quedarse en los municipios que lo generan. Porque como están las cosas la injusticia no puede
ser mayor: un municipio, como Juárez, que se esfuerza es "premiado"
con menos aportaciones, menos dinero. En esta perspectiva a los alcaldes no les queda más remedio que recoger basura, podar árboles, tapar baches.

¿Y la visión de futuro? No existe salvo en la mente de los empresarios emprendedores, digamos como los Bermúdez o los Zapata,
dos de las familias con mayor raigambre y solvencia, quienes se sienten
satisfechos por haber creado empleos aun cuando no hayan contribui-
do a resolver el drama social imperante, brutal. Dueños de latifundios
urbanos sin parangón posible, de varias hectáreas en el corazón de la
urbe, no se detienen ante el contraste severo de las zonas marginadas.
En ninguna otra parte la convivencia es más extrema: en Juárez pueden observarse cinturones de miseria, así, en plural, de mayor calado
que en el resto de la República, y mansiones, igualmente sin símil posible, que coronan el éxito empresarial bajo el prurito de que el despegue regional sólo depende de sus inversiones.

245

–Con parte del Impuesto Sobre la Renta —especula Galindo Noriega— podrían promoverse las inversiones sociales necesarias para interrumpir los detonantes. La fórmula debería ser muy sencilla: consumo por mayor calidad de vida.

Nadie está descubriendo el hilo negro. Salvo los economistas al servicio del sector público cuando intuyen como solución las facilidades oficiales para acaparar bienes, a favor de los mismos aliados-cómplices del viejo régimen, listos a crear nuevas fuentes de empleo aun cuando ello no provea de una formación sólida para atemperar las distorsiones que suele generar el dinero cuando éste quema las manos de cuantos han peregrinado a través de cientos, miles de kilómetros, para conseguirlo.

–Ciudad Juárez —insiste Galindo— provee de enormes recursos fiscales. Sólo que las participaciones, federales y estatales, se fundamentan en dos parámetros: la población y los grados de marginación. Los esfuerzos locales atemperan la pobreza extrema pero sin curar los males de fondo.

A eso le llamo los analgésicos del paternalismo irresponsable. Disminuyen el dolor pero dejan latente la enfermedad por falta de antibióticos eficientes que la detengan y la venzan. Los contrastes, por supuesto, no son casuales ni pueden imputarse al carácter sumiso, festivo y hasta supuestamente irresponsable de los mexicanos, uno de los estigmas más utilizados para exaltar la incomprendida buena fe de los dueños del dinero. Las diferencias extremas siempre provocarán rencor.

–Por desgracia —afirma el diputado Galindo—, la violencia es todo lo que queda de la emigración.

Meditemos en este punto. Como las revoluciones no pueden armarse al vapor, las frustraciones atávicas, aunadas a la facilidad con la que entra el dinero —entre otros cauces por la vía del narcotráfico deformador de valores—, se vuelcan hacia la furia de las pandillas, las agresiones de género, la vulnerabilidad de los hogares y hasta las ejecuciones entre grupos antagónicos, también políticos, bajo el manto de la impunidad prohijada sea por la negligencia gubernamental o por la abierta complicidad de autoridades y bandas delincuenciales. Tampoco hemos hecho ningún descubrimiento.

246

Galindo, quien pertenece a la Comisión de Federalismo de la Cámara de Diputados y en tal condición ha podido empaparse de las resistencias centralistas, hijo de una pareja de emigrantes, de Sonora, provenientes de la región lagunera, intenta ejemplificar la torpeza de los diseñadores de la política interior de México, encuadrada en el paternalismo condescendiente, en una frase lapidaria:

–El mensaje que se envía desde la capital del país a las ciudades de la República es: "háganse güeyes" —como decir que se les resbale todo.

Así, mientras menos se produzca y se crezca habrá mayores posibilidades de que se les tome en cuenta y se les apoye desde el centro. La cultura del ostracismo como consecuencia del ocio; derivación, sin duda, del síndrome de los pueblos conquistados cuya supervivencia depende del sometimiento. Quizá por ello el absurdo de que los pobres, en la conurbación fronteriza, financien a los ricos y sostengan el espejismo de la abundancia que atrae a los ilegales a cruzar mojoneras y río llevando su potencial laboral, depauperado, en prenda.

–Sí, Juárez parece un motel de paso —resume, con un dejo de amargura, el diputado Galindo. Quienes llegan saben que no van a quedarse aunque pasen 20 años aquí. ¿Usted sabe que en Juárez hay una gran cantidad de habitaciones abandonadas?

Las dejan como si fueran parte del lastre. No vuelven atrás después del retorno, tardío, desde una frontera que les llenó tan sólo de espejismos: quienes no pudieron vadear la frontera, el fin del desierto de la inequidad para algunos, se quedaron en el falso oasis de las maquiladoras. Una compensación para sus ímpetus de aventura en busca de oportunidades, trabajo y dinero. Sólo los sueños pueden proveer las peores pesadillas. Y para tenerlos es imprescindible el valor; porque la resignación, en todo caso, es conducta de cobardes.

–En agosto de 2004 —recuerda Galindo—, se dio la alarma en la colonia Anapra: los niños presentaban un alto grado de contaminación por plomo como consecuencia de la quema de desperdicios y la expansión de gases altamente peligrosos para los seres humanos provenientes de la fundidora Asarco —American Smelting and Refining Company (por sus siglas en inglés)—, ubicada del otro lado, en territorio estadunidense. No se ha dado una explicación al respecto.

247

Hasta mayo de 2005, a lo largo de dos décadas, 28 personas, incluso menores de edad, han muerto por leucemia en esta infectada y paupérrima zona en el poniente de Ciudad Juárez. Veintiocho. Las autoridades, por supuesto, tratan de paliar las consecuencias pero sin atajar el conflicto de origen: la execrable prepotencia de los contaminadores estadunidenses que arrojan sus fumarolas mortíferas hacia México. Allá, en suelo ajeno, aseveran que el problema no les incumbe pues están plantados dentro de su jurisdicción soberana; aquí, en Juárez, hay conciencia, sólo eso, del daño irreversible.

Visito el lugar el 2 de abril de 2005, unas horas después de que, por todos los canales de difusión, se extendió la noticia de la muerte de Juan Pablo II, en olor a santidad. Paso frente a las casas apiladas, entre cartones usados, en donde los pequeños juegan con el lodo y corretean sin zapatos. Una mujer se esmera en lavar la ropa, de un gris profundo, al lado del polvoriento acceso. Nosotros, como burgueses, brincamos dentro de la camioneta a golpes de baches inacabables.

La comisionada del gobierno federal para atender las secuelas criminales contra mujeres en Juárez, Guadalupe Morfín Otero, me comenta al respecto días después:

–La fundidora está por reabrir sin que se haya podido determinar el daño causado. Ésta es la dura realidad.

¿Tiene capacidad un gobierno dependiente, satélite, para recriminar a la mayor potencia del mundo y exigirle respeto por la vida de quienes son parte de otra nación? Las protestas se quedan en el papel.

Volvemos a dar tumbos dentro del vehículo. Vamos hacia el Rancho Anapra entre un terregal que parece no tener fin. Por un lado, casuchas; por el otro, una invitación para incorporarse al Club de Tiradores y Cazadores "Cruz Blanca"; más allá, las mojoneras que separan el territorio de Nuevo México del de Chihuahua:

–Le digo que estas casas —confirma nuestro guía y conductor— sirven de bodegas para los narcos. Aquí también se refugian cuando les pisan los talones. Y es que nadie llega hasta aquí.

El occidente abandonado. Y de ello se tiene conciencia sin que se asuma, en serio, la responsabilidad del rescate. ¿Cómo intentarlo ante la anacrónica sumisión que obliga a absorber los tóxicos estadunidenses con tal de sostener el penoso, degradante esfuerzo por sobrevivir en el límite? Los niños mexicanos se mueren; los industriales estadunidenses cosechan utilidades.

༄

—Los ricos de Juárez —acusa Esther Chávez Cano— no dan nada. Ni los Bermúdez ni los Zaragoza ni los Fuentes. La fundación del empresariado de Chihuahua quiere construir, eso me dicen, un albergue para Casa Amiga.

—Eso es algo, Esther. Puede ser un cambio de actitud, ¿no le parece?

—Mire, aquí no hay el hábito, como en Estados Unidos, del altruismo. Aquí los pudientes dan lo que ya no les sirve, la ropa usada que ya no les cabe en sus clósets.

Y creen que con ello ganan indulgencias. La realidad cala. Inquieta percibir la indiferencia que no repara en los polvorines sociales, encendidos ya. Y hay quienes se preguntan sobre el origen de la violencia y tratan de encontrar explicaciones a partir de los hechos consumados sin analizar el contexto. Esto es como si sólo existiera la porción que a cada cual interesa. A los políticos, por ejemplo, las nutrientes electorales que son atemperadas con el paternalismo proverbial; a los empresarios, la oferta de empleos destinados a utilizar una mano de obra depauperada por la ausencia de capacitación; a los indigentes, su propio martirologio para exigir prebendas de cuantos se dejen; a los clérigos, incluso, la devoción que se fundamenta en la doctrina de la resignación.

Lo escucho por doquier:

—No vamos a creer en las autoridades hasta que haya resultados.

Lo repite la señora Chávez Cano igual que los directores de periódicos y el ciudadano común. Como si hubiera dos realidades: la que percibe la sociedad atenaceada y la que describe la autoridad empeñada en su vindicación. El exalcalde Galindo Noriega, cuando inquirí sobre los saldos deficitarios de los gobiernos con respecto al creciente drama social de Juárez, incluida la violencia de género y el *boom* incesante del narcotráfico, me dijo, como si extendiera un reproche sobre los medios informativos:

–A Barrio, Villarreal, a mí, ahora a Reyes Baeza, nada nos hubiera satisfecho más que resolver cuanto se relaciona con los asesinatos. Habría sido una medalla enorme para cualquiera de nosotros, sin distingo de partidos. ¿Qué podemos ganar ocultando la verdad?

–¿Y las posibles complicidades?

Galindo asimila la interrogante, sereno. La esperaba. Serio, juicioso, apuesta por la modestia:

–Sin resultados puede darse una especulación así.

Y no los hay satisfactorios, como reconocen incluso las nuevas funcionarias empeñadas, con optimismo, en atajar el drama para salir con banderas desplegadas. Pero también es cierto que hay empeños no reconocidos acaso por el explicable escepticismo de una sociedad cansada de navegar entre la difamación y el horror. Lo observo así cuando recorro, a invitación expresa, el Complejo Estatal de Seguridad Pública, sito en el periférico de la capital de la entidad, inaugurado en 2003 y del que se dice es vanguardista en América Latina. Me guía el abogado Antonio Piñón, exprocurador de Chihuahua.

El Complejo, integrado por un área de comunicaciones, la escuela de policía y los laboratorios para la investigación genética y forense, tiene trazos primermundistas y modernos equipos para la exploración sanguínea y el registro del ADN. En este sitio, según me dicen, se ha concentrado buena parte de las osamentas y cadáveres femeninos encontrados en Ciudad Juárez y en Chihuahua.

Además, mediante técnicas aplicadas con excepcional rigor científico, es posible reproducir, a partir de un fragmento de cráneo, el rostro de la persona a quien perteneció. De hecho, ahora se reconstruyen las facciones de un hombre prehispánico hallado en las serranías hace meses. Al momento de visitar el laboratorio respectivo la atención estaba puesta en los restos de Esmeralda Herrera Monreal, muerta en agosto de 2001, plenamente identificados, uno de los casos de homicidio atribuidos a Víctor García Uribe, el Cerillo y Gustavo González, la Foca.

–Por recursos no se ha parado —comento al licenciado Piñón. ¿Pero han dado frutos?

–Más de 70% de los casos —responde Piñón— están resueltos. Ésta es una realidad insoslayable.

En su interesante ensayo sobre delincuencia organizada y homicidio intencional, que me entrega en propia mano, el licenciado Piñón plantea que la relación entre homicidios dolosos y ejecuciones en el estado de Chihuahua, entre 1993 y 2004, es de ocho crímenes del fuero común por cada uno relacionado con vendettas atribuidas a las mafias, sobre todo las del narcotráfico. En los primeros nueve meses de 2004, por ejemplo, se registraron en el estado 325 homicidios intencionales y 58 víctimas por ejecución, reduciéndose el margen a casi seis por uno.

Respecto de la modernización de la infraestructura para la investigación, Piñón expresa en su trabajo:

> Con una inversión de 20 millones 413 mil pesos concluyó la creación y acondicionamiento del Servicio Médico Forense de Ciudad Juárez, con tecnología de punta en medicina forense, química, odontología y antropología entre otras áreas, y se organizaron, además, dos laboratorios móviles para analizar la escena del crimen.

Tal es la aportación oficial; pero el drama sigue y la sociedad desconfía, atenaceada por versiones de toda índole y por la constante referencia al sostenimiento de la impunidad como elemento central para señalar hacia la colusión de los mandos con los ejecutores de las bandas delincuenciales, carteles incluidos. Desde luego, como tanto se dice, la opinión pública exige resultados y éstos no son satisfactorios porque, sobre todo, la violencia de género pervive y ésta no será controlable hasta no resolverse la amarga coyuntura comunitaria.

Puestos en un extremo indeseable se requeriría acordonar amplias zonas urbanas, lastimadas por la depauperación, para perseguir y reducir a los delincuentes que proceden por un hondo rencor social; sitiarlas, sí, por el delito de ser pobres y carecer de expectativas satisfactorias. Ello conllevaría, claro, a renunciar a los afanes democráticos, a los principios básicos sobre igualdad y justicia, para desencadenar una oleada de reacciones internacionales contra un gobierno fascista promotor de ghettos y de campos de concentración. Como tal no es razonablemente posible, los criminales, y sus imitadores, prosiguen su andar mofándose en las barbas de los policías.

–Lo único que puede decirse —asevera la señora Chávez Cano, acreditada por su autoridad moral— es que ha faltado voluntad política. Durante once años —casi doce— las autoridades no han sido capaces de señalar a los verdaderos responsables.

–¿Y la Iglesia no ayuda?

–Para nada. El obispo, de vez en vez, habla pero de manera muy diplomática, para no enfadar a las autoridades.

Una extraña complacencia mutua tras el reconocimiento a la personalidad jurídica de las iglesias, precisamente en 1993 cuando comenzó la secuela criminal de género en Ciudad Juárez y fue evidente el control del cartel bajo las órdenes de Amado Carrillo Fuentes, el Señor de los Cielos. La coincidencia molesta y obliga a reflexionar.

–¿Hay o no intenciones de lucro entre quienes claman por justicia?

Esther Chávez Cano guarda silencio, baja la mirada por breves instantes y cruza las manos, otra vez, para disimular su nerviosismo. A ella también la han acusado de disponer de fondos altruistas para beneficio personal dentro de una interminable pugna de intereses creados y de afanes protagónicos incalificables.

–No es tan sencillo —explica Esther— que se nos dé dinero. Hay que llenar muchos requisitos.

–¿Los familiares de las víctimas medran o no, señora?

–Hay que considerar que las víctimas están mal, son pobres. No faltan quienes quieran sacar provecho del escándalo. La ambición por el dinero es permanente. De pronto se sabe de remesas hasta por millones de pesos, destinadas al reparto entre los deudos. ¿Se imagina lo que ello puede significar entre quienes nunca han tenido más que su miseria?

–Esta situación contamina profundamente los escenarios posteriores, Esther. ¿No lo cree así?

–No puede negarse que algunas de las madres de las víctimas sacan alguna ventaja. Han viajado a Estados Unidos y hasta a Europa para hablar y denunciar las injusticias que las asfixian.

–¿Y realmente tienen autoridad moral?

–Cuando se vive con tanta necesidad y se tiene una familia tan extensa, actúas y piensas de otra manera. No sería justo descalificarlas cuando han sufrido tanto. No hay suficiente compensación para ellas.

252

Por supuesto, la señora Chávez Cano tiene razón. Nadie tiene derecho a juzgar a quien ha perdido a una hija y no entiende por qué. Aun cuando, como hemos apuntado, el descuido y hasta la deformación moral, en un medio infectado por la promiscuidad y el desapego, prohíjen las condiciones que posibilitan la constante criminal. En realidad, el drama social no puede considerarse el origen sino más bien la causa de la injusticia extrema basada en la explotación humana, la demagogia oficial y las enormes diferencias de clase.

De cualquier manera, el afán de lucro, como lo hay sin duda, no es equiparable al horror de la violencia y la crudeza deshumanizada del proceder psicópata.

–Cuando me decidí a hacer cuanto pudiera para auxiliar a las víctimas de tantos ultrajes —explica la señora Chávez Cano—, no podía dormir imaginándome los escenarios. ¿Cómo pueden existir seres humanos capaces de arrancarles a mordidas los senos a una jovencita?

Esta brutal deformación, que sólo exalta la degradación de los perversos capaces de llegar a estos extremos, no puede contrarrestarse con el alegato de que los familiares de las víctimas comercian exaltando su dolor. Más aún cuando se percibe, como elemento central de las protestas, una honda negligencia pública que puede dar cauce a sospechas mayores.

–Te pregunto —insiste, con vehemencia, Óscar Cantú, director de *Norte*—, ¿a quién beneficia directamente la impunidad? Cuando contestes esta pregunta estarás en camino de descifrar el fondo de todo este asunto escabroso. Antes no.

La crónica del dolor crece. Esther Luna, quien encaró al gobernador Reyes Baeza el 29 de abril de 2005 reclamando justicia y menos palabrería, tiene motivos suficientes para desconfiar de la buena fe de los funcionarios: durante seis años el cadáver de su hija, Brenda Alfaro Luna, permaneció en una caja en el forense.

–El agobio de ella es muy profundo —cuenta Esther Chávez Cano. Mandó a su hija a trabajar como sirvienta porque ya no podía mantener a la abuela de la niña. Brenda no llegó al domicilio de sus patrones.

El asesinato de Brenda, perpetrado en septiembre de 1997, está registrado como el número 131 de la larga lista que comenzó a elaborarse en enero de 1993. Se sabe que el móvil fue sexual. Tales datos, desde luego, no sirven para contener la angustia de una madre afrentada quien se siente culpable por haberle pedido a su hija que trabajara para auxiliar en el gasto de un hogar paupérrimo. Y será difícil convencerla de lo contrario.

Quienes dudan sobre las causas y efectos de la violencia de género, tratando de reducir el problema a su mínima expresión, desdeñan la dimensión de los abusos: jovencitas y niñas halladas en basureros; osamentas femeninas sin identificar bajo los rigores del desierto; mujeres tratadas como animales en pleno desfogue de instintos bestiales. No, el mal no es exclusivo de Ciudad Juárez, ni de Chihuahua —en la capital del estado también han ocurrido crímenes contra féminas desprotegidas—, y es éste el rango que nos preocupa dentro de un sinfín de hipocresías y lugares comunes. Pese a ello, no es posible negar la persistencia del fenómeno.

–Vamos a hablar del caso de una señora a quien llamaremos Virginia para protegerla —invita Esther Chávez Cano. Ella es madre de cinco hijos, tres viven con ella y dos más con los abuelos de éstos. Sola, separada del padre de sus criaturas, era visitada por un trabajador de la empresa maquiladora en donde ella también laboraba. Una tarde cualquiera, el hombre aquel llegó acompañado de un amigo suyo al hogar de Virginia. Tomaron unas copas y se marcharon.

Esther no se contiene. Por momentos parece ser vencida por la incontenible rabia interior y dos pequeñas lágrimas le asoman por sus ojos claros.

–El amigo —continúa el relato— regresó instantes después. Dijo que se le había olvidado su cartera en el patio pero en realidad quería otra cosa. Ella lo dejó entrar sin reparar en sus intenciones. Al pasar por la cocina el tipo sujetó a Virginia violentamente, la arrojó al suelo y abusó de ella. Cuando terminó le dijo: "ya me conoces y te tengo que matar; gracias por tus servicios".

Esther se encoge de hombros como extendiendo la impotencia de aquella mujer confiada, devorada por su entorno y sus circunstancias.

–¿Se imagina lo que hizo el sujeto ese? —continúa la señora Chávez Cano. Le dio 23 puñaladas. ¿Puede usted entender tanta saña? Veintitrés cuchilladas para que no fuera a hablar. Y se fue dejándola

254

por muerta. Pero Virginia sobrevivió, no sé cómo. Y cuando se la llevaron al hospital y recobró la conciencia no quiso entrar al quirófano hasta que la policía localizó al tipo que la agredió. Es una mujer extremadamente valiente. Ella perdió un ojo y sufrió daños neurológicos severos. Es una señora que siempre está sonriendo, de buen talante. No se da por vencida a pesar de que...

Esther, de nuevo, calla por unos segundos. Y vuelve a mirarme con fijeza:

–Se necesitan 17 mil pesos para operarla.

El drama no termina. Porque el horror no sólo tiene que ver con los homicidios que excitan la curiosidad general, también la indignación de distintos sectores de opinión, dentro y fuera de México.

–¿Qué está pasando en la sociedad? —se pregunta Esther. Me llegan casos de mujeres quebradas por sus maridos; una tenía los brazos quemados y, por pudor, los escondía siempre bajo las mangas largas de sus vestidos aun en tiempos de calor. Y hay otra que no se atrevía siquiera a confiarme lo que había vivido. También a mí me mortifica transmitirlo...

Nueva pausa, ésta un poco más larga. Esther sorbe agua y la bebe lentamente, destrabando la cerrada garganta que no puede sustraerse a la emoción. Yo estoy demudado.

–A esa mujer el marido la obligaba a sostener relaciones sexuales con animales delante de sus hijos. Sólo así disfrutaba, viendo las caras de sus niños, asustados por el sometimiento de la madre. Nos enteramos porque una de las criaturas no pudo más y fue a vernos. Llegó casi asfixiada, llorando a mares, y nos dijo: "¡Quiero irme; mándenme a donde sea! ¡Ya no quiero estar aquí!". Dígame usted, ¿qué está pasando?

Los dos cruzamos miradas. No hay más preguntas por hacer. Los apuntes están en la memoria, no en la libreta. Querámoslo o no son ya parte de nuestras propias vidas porque, obvio es decirlo, todos permanecemos aquí y somos testigos. El drama está a la vista.

–La impunidad —insiste Esther— es lo que más duele.

Cuando recién se fundó la Casa Amiga, allá por 1999, Esther Chávez Cano pudo constatar hasta donde llega la vileza que se engendra en la corrupción. Durante cinco años, un sujeto desalmado, José

Saldívar, violó y abusó de dos niñas y un niño quienes vivían al lado de su casa. Obvio es que los padres de éstos los descuidaron. El tipo, además de abusar de los menores, los drogaba y fotografiaba a placer. Y les decía además:

–Me lo van a agradecer cuando crezcan... porque en este mundo sólo las putas sobreviven.

Metía a los tres a la cama con él y les hacía cuanto es dable imaginar. Era una especie de ceremonial de perversión. Hasta que alguien denunció el hecho. Pero, al integrarse la causa, el juez que la conoció no procedió:

–Se vendió —afirma la señora Chávez Cano—, para decirlo claramente. Luego se llevó el asunto ante el Tribunal Superior de Justicia. Por fin, se sentenció al sujeto a 12 años de prisión... ¡pero jamás lo detuvieron! ¿Y sabe usted qué es lo peor?

–¿Todavía hay algo más?

–Pues sí. El tipo ese, Sáldívar, vive en El Paso, Texas, y nadie le hace nada. Dicen que tiene muy buenas relaciones.

Cuando Esther se dirigió a la autoridad competente para señalar la negligencia extrema, el entonces subprocurador de justicia en el estado, Óscar Valadez, le preguntó a la denunciante, sarcástico:

–¿Por qué cuando lo vea (a Saldívar) no me habla para que vayamos por él?

El drama social, el de la impotencia ante los abusos de autoridad, no se detiene ante mojoneras ni vados. Crece, todos los días, a cada rato, desde el hacinamiento físico y moral. Es lo cotidiano en la frontera en donde los contrastes son vistos con el superficial acento de lo folclórico mientras la emigración continúa sin parar.

D

"En todo esto, hay muchas cortinas de humo." La frase se repite como demanda contenida en Ciudad Juárez. Las hay para ocultar los enjuagues políticos, también los rastros criminales y la realidad de cuanto sucede, con el escaparate de la violencia que confluye hacia la impunidad, en la ribera del Bravo. Lo asumen así, desde frentes distintos, lo mismo quienes desempeñan funciones públicas que los representantes de las organizaciones no gubernamentales. Para todos sólo así es explicable que no se diga la verdad. Pero, ¿cuál es ésta?

El domingo 15 de mayo de 2005, en un tambo relleno de cemento encontrado en una covacha de madera y cartón, a la altura del kilómetro 30 de la carretera entre Ciudad Juárez y Casas Grandes, fue encontrado el cadáver de Airis Estrella Enríquez Pando, de siete años de edad, mancillada y con huellas de un severo traumatismo craneoencefálico. El caso número 12 del año en la amarga lista de víctimas de sexo femenino. De acuerdo con la información oficial, la niña fue brutalmente golpeada con un objeto "contundente" y después herida con arma blanca. Saña, otra vez, tras el ultraje incalificable.

Cinco días después del suceso, la procuradora Patricia González Rodríguez, declaró:

–"El asesino es un psicópata que entra y sale de la frontera y que ha cometido más crímenes de este tipo. Tiene, además, dos cómplices que viven en Juárez".

De nuevo, el hilo conductor que sitúa la tranquila y segura ciudad de Texas vecina, El Paso, como fuente de criminales listos a usar al territorio mexicano, bajo el cielo de la impunidad aparente, para el desfogue de sus instintos bestiales.

Pocas horas después del hallazgo de Airis, otra niña, de 10 años de edad, Anahí Orozco Lorenzo, fue violada y asfixiada en el interior de su casa, en la colonia Luis Olague. La versión oficial señaló a Antonio Ibáñez Durán, de 22 años y empleado de una gasera, como responsable. El drama ocurrió a las 11 de la noche del lunes 16 cuando la madre de Anahí laboraba en una maquiladora y la niña cuidaba a su hermanita, de un año y nueve meses, y a una vecina, Karla Iveth, de tres, hija del presunto homicida. El sujeto, en principio, se declaró culpable luego de que su pequeña, Karla, aseveró que su padre se había quedado solo con la víctima. Y dijo también que había matado a Anahí cuando la pequeña se desmayó al momento de penetrarla; fue entonces cuando la envolvió en una cobija y la quemó. Un número más en la estadística: 13.

Pese a la confesión de Ibáñez Durán, los familiares de éste, encendidos, se enfrentaron a los agentes ministeriales al momento de la presentación del indiciado a la prensa. Gritaron a los cuatro vientos que la policía estaba tratando de fabricar un culpable:

–Toño sólo es —expresó la esposa de Ibáñez, Ileana Orozco— un chivo expiatorio.

Ibáñez después se dijo inocente y aseveró haber sido torturado, circunstancia que fue señalada por algunos reos, entre ellos uno apodado el Peque (*Diario de Juárez*, jueves 19 de mayo de 2005): "Los judiciales le dieron de chingadazos, diciéndole que él era el bueno y que no se hiciera pendejo".

Por deseo de la madre de la muchachita asesinada, el cuerpo de ésta fue trasladado a Veracruz, en donde nació. Otra historia, brutal, de emigrantes desesperados por la falta de trabajo en el sur del país y dispuestos a contratarse en las exitosas maquiladoras del norte. La oportunidad, quizá un espejismo, conduce al drama: la niña, en su primera infancia, cuidaba a dos más pequeñas, vulnerable y vulnerada, cuando el homicida se quedó solo con ella. No hubo más marco que el de la injusticia. Y la cuenta sigue: desde 1993, 89 niñas han sido muertas luego de ser ultrajadas en Ciudad Juárez.

La única salida que encontró el presidente Vicente Fox para encarar el drama fue convertirlo en una controversia política insana, inoportuna y torpe. El lunes 23 de mayo, el titular del Ejecutivo Federal declaró, con ampuloso tono:

> Hago responsable al Congreso de la Unión, a senadores y diputados del PRI y el PRD, exigiendo a nombre de estas niñas y de todos quienes sufren violencia e inseguridad en el país, que se apruebe la ley que enviamos hace más de un año. Y no queremos abonitos, no queremos aprobaciones parciales.

Todo un tratado de democracia. El presidente en su defensa de la iniciativa de Ley de Seguridad y Justicia Penal, remitida por el Ejecutivo al Legislativo, condena los contrapesos a los que dio lugar el revulsivo electoral de 2000, por él encabezado, sin utilizar los términos correctos —es iniciativa no ley—, y aprovecha el entorno deplorable gestado por la impunidad manifiesta y la negligencia de los órganos destinados para administrar justicia, para armar, con tintes proselitistas por la precipitada carrera sucesoria hacia el año 2006, un nuevo debate con sus adversarios, acusándolos.

La iniciativa en cuestión incorpora al organigrama gubernamental la figura de una fiscalía federal, sustituta de la procuraduría, con rasgos autónomos bajo el supuesto de que sólo así podrán deslindarse las instancias judiciales de las consignas políticas. A confesión de parte, relevo de pruebas. Además se prevé concentrar en una sola todas las corporaciones policiacas a cargo de la Federación y elevar la coerción sobre delitos que devengan de la actuación de las bandas y carteles. ¿Y la responsabilidad del ejecutivo? De acuerdo con la normatividad vigente, un funcionario, cualquiera que sea su rango, que tenga conocimiento de un ilícito debe denunciarlo. Y si los diputados y senadores del PRI y el PRD son responsables del drama de Juárez, consecuencia de conductas delictivas sumamente graves, ¿por qué no procedió contra ellos en los términos jurídicos apropiados? La farsa montada devela el verdadero perfil del negligente mandatario, siempre dispuesto a desfogar rencores... haciéndose publicidad.

–Sí, ya lo sé —me expresa una compungida fiscal federal, María López Urbina, por teléfono, la tarde del 19 de mayo, unos días antes de su remoción, el 30. Aun cuando tenemos 70% de casos resueltos, estos dos hechos vienen a dar con el traste a todo el trabajo realizado. Yo creo que ya va siendo hora de que las policías preventivas hagan también su trabajo.

Los asesinatos de las dos niñas encienden a la sociedad juarense, cansada de paliativos retóricos. Lloran sus compañeros de escuela, conmovidos; protestan las organizaciones no gubernamentales; en la ciudad de México, a mil 850 kilómetros de distancia, las diputadas al Congreso de la Unión exigen explicaciones al secretario de Gobernación y precandidato presidencial, Santiago Creel Miranda; agentes del FBI, a petición de la procuradora estatal, peinan la zona "cooperando" con las autoridades mexicanas, y hay cierta estática, más bien ruido, en los medios operados desde el centro neurálgico pero sin la cobertura de otros tiempos. Finalmente, bajo el clamor, la Procuraduría General de la República designa, el lunes 30 de mayo, como fiscal especial "para la atención de delitos relacionados con los homicidios de mujeres en el municipio de Juárez, Chihuahua", en sustitución de María López Urbina, a Mireille Roccatti Velázquez, doctora en derecho y académica —con escaso conocimiento en el área procesal— quien presidió la Comisión

Nacional de Derechos Humanos entre 1992 y 1996.

La recurrencia cansa salvo cuando se trata de la sostenida guerra verbal entre los políticos de relumbrón. Sólo el presidente Vicente Fox tiene una percepción distinta:

–México y su gente —declara el 19 de mayo de 2005— están mejor que nunca.

En esa misma jornada, 11 personas fueron ejecutadas, un recuento que incluyó cuatro entidades del país: Sinaloa, Nuevo León, Veracruz y Chihuahua. En Juárez, uno de los operadores del cartel del que únicamente se habla con voz poco audible, Jorge Armando Arellano Meraz, de 32 años, fue acribillado y muerto cuando intentaba arrancar su camioneta frente a su domicilio, en un fraccionamiento con nombre sintomático: Oasis Revolución. Le dispararon 25 tiros desde dos vehículos en marcha a las nueve de la mañana. Sigue la suma: 97 asesinatos en el año en la urbe chihuahuense y de éstos, 13 homicidios de género y 21 ejecuciones por cuenta de las mafias dominantes. Mejor que nunca.

Me detengo, de nuevo, en un punto: la presencia del FBI en Ciudad Juárez realizando pesquisas sobre los rastros criminales, precisamente unas horas antes de que la procuradora González Rodríguez insistiera en la filiación del asesino prófugo de la niña Airis cuyo cuerpo, en un tambo, fue encontrado por un par de paseantes en una zona utilizada para los "campings" dominicales. ¿Fue la solicitud de la funcionaria una declaración de impotencia? ¿O más bien tendía a confirmar el tránsito de personas indeseables, desde Texas a México, como una de las causas del horror? Concentrándonos en la segunda hipótesis, ¿era viable que las entrometidas autoridades estadunidenses asumieran parte de la responsabilidad sobre el mito de la seguridad en El Paso? Habría sido muy ingenuo.

En el Centro de Readaptación Social de Chihuahua, al pie de la Sierra de Bachimba, intento encontrar algunas respuestas al mediodía del lunes 21 de febrero de 2005. Los responsables del penal, corteses, me dejan solo con un personaje de aspecto sucio, con barba de tres días, alto y de ondulante andar, entrecejo pronunciado, manos ásperas y grandes, y una mirada profunda, inquietante. Camina con dificultad y aprovecha la perentoria buena disposición de los custodios por nuestra presencia para solicitarnos un cigarro y agua antes de sentarse en la mesa del estrecho cubículo carcelario.

–Yo puedo ayudar a Chihuahua —me dice. Tengo un corazón muy bueno. Quiero mucho a los niños y me gustan los animales.

Habla Abdel Latiff Sharif Sharif, llamado el Egipcio en honor a su origen, nacido hace 58 años en Kalee, Kafu El-Sleikh —él mismo escribe el nombre de su pueblo en mi libreta de apuntes—, y a quien se atribuye la autoría, material o intelectual, de algunos de los crímenes considerados seriales y perpetrados durante los años de 1994, 1995, y después de su confinamiento en 1996 a través de tres bandas supuestamente a su servicio, Los Rebeldes, Los Ruteros y el dúo de el Cerillo y la Foca, en 1998, 1999 y 2001.

–Son monstruosos —señala así Sharif a sus acusadores. Ya tengo nueve años preso y soy inocente, señor. Estoy solo, sin familia; la embajada de mi país no quiere conocer mi asunto porque no es político.

–¿Por qué está aquí, entonces?

–Porque necesitan fabricar a un culpable. Yo no maté en mi vida ni pagué a otros para que mataran. Y me trajeron a Chihuahua para torturarme y castigarme por decir la verdad.

Suly Ponce Prieto, exfiscal estatal, con quien hablé después de entrevistarme con el Egipcio, tiene una versión distinta:

–Tenía dos celdas para él y no le faltaba nada. Por supuesto que le otorgaban privilegios. Me consta. Hasta contaba con una cama de agua para estar más cómodo.

Sharif piensa que las autoridades se han confabulado en su contra porque no tienen otra manera de ofrecer resultados.

–¿Y sus antecedentes? Hay dos cuando menos.

El reo se tensa y palmea nervioso. Inhala profundamente el cigarro y mira hacia el frente, sin encararme:

–Son mentiras. Sólo hubo una vez y no fue como lo cuentan. Sucedió en Pensacola, Florida. Me gustó una mujer que tenía miedo, mucho miedo de hacer el amor conmigo. Estaba enojada con la vida[...] pero no hubo lesiones. Ella dice que la forcé.

Sharif hace una pausa. Lentamente sorbe de la botella de agua mineral que sus carceleros le dieron y observa, de reojo, hacia la puerta semicerrada detrás de la cual un vigilante aguarda. Baja la voz y susurra aunque el timbre ronco que le caracteriza se escucha con claridad:

–Me han querido fabricar 144 cargos. Y nadie ha podido incriminarme. Soy un hombre sano, inteligente y con memoria fotográfica. A veces los jóvenes reclusos me dicen: "cuando salga voy a matar". Y yo les pregunto por qué y les digo que deben respetar la vida.

–Quienes le acusan consideran que usted es un hombre de alta peligrosidad.

El Egipcio vuelve a guardar silencio unos instantes. Se lleva la mano diestra a la frente y recarga sobre ella la cabeza, dubitativo:

–A mí me agarraron por bailar en el Joe's. Todo lo demás fue inventado. Señor: no maté a nadie.

–¿Cómo podemos estar seguros de lo que usted afirma?

–A ver, déjame defenderme —interrumpe con energía, impaciente, tuteando.

Pensativo, todavía con algunas dificultades para expresarse en español —¿usted habla inglés?, me preguntó—, el reo alza el entrecejo mientras los pliegues de su frente forman surcos sobre el rostro:

–Fíjese bien lo que voy a decirle. De todos los casos de los que me han acusado sólo queda uno pendiente y por éste me tienen aquí. Me sentenciaron a veinte.

–Le faltan once de condena por cumplir, entonces.

–¿Y qué voy a hacer cuando salga? Tendré casi 70 años. Por eso ya le mandé una carta al gobernador para que me deje trabajar. Yo soy un científico, un investigador. Puedo ser útil todavía.

–¿Usted cree que le dejen salir, permutando la pena?

–Eso quiero. Pero primero déjame explicar. Dicen que maté a Elizabeth Castro García que tenía 16 años —17 según las indagatorias sobre el homicidio número 57 de la lista iniciada en 1993—, el 13 de agosto de 1995. Ella era blanca y tenía el cabello café, la nariz chica y calzaba del seis y medio. Vestía pantalón jean azul. Por cierto, dos días después desaparece la hermana, de nombre Patricia y a ésta la ven comprando ropa en una colonia cercana a su casa. Volvamos con Elizabeth: tenía 1.75 de estatura y estaba "llenita". Una amiga de ella aseguró que llevaba tenis de color blanco. ¿Anotaste todo?

–Tal y como me lo dijo, Sharif.

–Ahora viene lo bueno: El 19 de agosto la policía encuentra el cadáver de una mujer morena, de cabello negro recogido con un chongo, de 1.63 de estatura, delgada y en estado de descomposición avanzada, no de cinco días. Además vestía un pantalón verde y unos tenis negros del tres y medio.

–Por lo que me dice no hay ninguna similitud.

–Todavía hay más. Los papás de Elizabeth y la hermana, Patricia, que regresó, la identificaron sin querer verla. Sólo por los pies aunque los del cadáver eran mucho más pequeños. Todo eso está asentado en el expediente. ¿Sabe usted cuántas fojas tiene? —alega con conocimiento del término. Unas tres mil.

–Pero los familiares la identificaron, ¿no es así?

–Ay, señor. Lo que pasa es que cobraron un seguro por 64 mil dólares y necesitaban el dinero. Les interesaba que declararan muerta a Elizabeth.

En el expediente se señala que la víctima murió a causa de "asfixia por estrangulamiento". Lo mismo que Silvia Elena Rivera Morales, de 15 años, violada y estrangulada el 3 de mayo de 1995 y cuyo cadáver fue descubierto exactamente dos meses después. Este crimen también se le adjudica a Sharif aun cuando el juez resolvió no obsequiar la orden de aprehensión, declarándolo inocente.

–Pasó igual con esa otra mujer, Elena. No coincidieron sus características con las del cuerpo encontrado. Tres veces me acusaron y no pudieron encontrarme nada. El cadáver no era el de ella.

–Pero alguien debió ser culpable...

–No lo sé. Cuando me arrestaron fue por este caso y dijeron que era yo responsable de tres delitos además del asesinato: secuestro, violación y lesiones. Lo primero no pudo comprobarse y, además, el cuerpo de la muchacha no estaba lastimado. Cinco doctores lo examinaron y no encontraron, ¿cómo se dice?, huellas de violencia o de sexo forzado. ¿Usted me entiende?

–Quizá si fuera usted un poco más explícito, Sharif...

–Cuando una mujer es forzada, la vagina no se humedece por sus líquidos íntimos. Y ella no presentaba este cuadro.

–¿A sesenta días de haber sido asesinada, Sharif?

–Siempre es posible encontrar los rastros que le digo.

–Y lo absolvieron, ¿no es así? Pero usted sigue siendo muy señalado.

–Fue un asunto político. Los procuradores de Francisco Barrio son los culpables de mi desgracia: Francisco Molina Ruiz y Arturo Chávez Chávez. Todo fue cosa del gobierno del PAN.

–¿De Barrio, en concreto?

–Sí. Ese animal mató mis sueños. Es mentiroso, corrupto. Cuando hablaba de mí se ponía furioso —la mímica del preso pone énfasis con las manos— porque sabe mentir muy bien.

–En ese caso, usted habría salido durante la administración priísta posterior. Y no fue así.

–¿Sabe qué? Arturo González Rascón —quien fue el primer procurador estatal durante el régimen de Patricio Martínez— es panista. ¿Usted sabe para quién trabaja? Para Enrique Terrazas que quería ser gobernador por el PAN y le dio los votos a Ramón Galindo. Él siempre defendió a Barrio.

–Pero Patricio Martínez fustigó a Barrio y fue su adversario...

–Yo no sé de eso. Pero el procurador González Rascón no quiso que saliera la verdad porque era muy malo para el PAN. Patricio era muy agresivo, pero no inteligente. Yo le mandé dos cartas y nunca me contestó.

–¿Para expresarle que con usted le estaban jugando doble, para beneficiar al PAN?

–Sí, sí. Yo creo que no se las dieron. Desde aquí es difícil saberlo.

La conversación se alarga. El Egipcio solicita otro cigarro, se lo damos y lo acaricia con suavidad, humedeciéndolo, deleitándose. Luego, observa con fijeza tratando de leer nuestra mente, midiendo sus terrenos.

–Cuénteme de su infancia, Sharif, allá en Egipto.

El convicto no refleja mayor pesadumbre ante la pregunta. Vago, hasta con un dejo de fastidio, la enfrenta y responde:

–Estuve en el campo. De bebé era muy pobre. Mi familia apenas podía sobrevivir. Salí de Egipto a los 24 años y pasé otros 24 en Estados Unidos. Y ya llevo casi diez años en Chihuahua, en la cárcel. Bueno, menos el tiempo que estuve en Juárez.

–¿Lo torturaron?

EL DRAMA SOCIAL

–Volvieron a cambiarme la vida. Allí (en el penal de Juárez), ya tenía mi tiendita y había un sistema de seguridad mínima. Aquí no. Me trajeron el 5 de abril de 1999 como castigo, para doblarme. Estoy más solo. Por eso quiero tener una nueva oportunidad.

La propuesta de Sharif Sharif es para mejorar, con sus conocimientos científicos —es ingeniero químico—, la calidad de las redes hidráulicas de la entidad. Aun cuando parece resignado a esperar otra década tras las rejas, insiste en declararse inocente si bien ha modificado su estrategia: ya no se rebela contra el gobierno sino que pretende coadyuvar con éste para mejorar el nivel de vida de los chihuahuenses. ¿Por gratitud? Difícilmente podría esperarse tal cosa de quien, como él, ha debido enfrentar un largo proceso para el cual no ha sido suficiente su inteligencia ni su capacidad para envolver sus interlocutores. Las largas horas de reclusión, por el contrario, estimulan las neuronas y abren expectativas que sólo él conoce.

Sharif es alto, de tez cobriza, con un pasado de miseria asfixiante y una mala relación familiar que le impulsa a salir de Egipto; también se muestra reservado y meticuloso, sobre todo por su formación académica, no es pulcro pero sí cuidadoso de la cortesía aun en su condición de asediado. Su físico impresiona no sólo por la estatura sino, sobre todo, por sus largas y fuertes manos que obligan a imaginar cuan fácil le resultaría colocarlas alrededor del cuello de una frágil señorita de 15 años hasta estrangularla. Sin que éste sea un juicio a priori, puesto que no ostento el perfil de juez, debo confesar que este pensamiento se mantuvo en mí durante toda la charla con él. Y no dejé de observar sus ásperas, duras manazas.

Astrid González Dávila, del Comité Ciudadano de Lucha contra la Violencia y exdirectora del reclusorio de Juárez, me dijo sobre el Egipcio:

–Él es culpable. No tengo duda. Basta conocer sus antecedentes y observarlo. Un día, molesto, después de comerse una manzana, destruyó a mordidas su propia dentadura para llamar la atención. Tiene reacciones violentas, incontrolables.

En el cubículo de la cárcel chihuahuense, es Sharif quien ahora interrumpe mis divagaciones para lanzarme una oferta:

–¿Podría usted recomendarme con una editorial? Quiero escribir todo lo de mi vida y si usted me ayuda, porque yo no soy bueno en español, podemos dividir las ganancias. ¿Le interesa? Me dicen que podría ser un éxito.

—Bueno, de alguna manera, ya estamos haciendo el relato, Sharif —replico. Pero, ¿diría usted toda la verdad en ese libro? ¿Confesaría?

El Egipcio ataja la interrogante. Sus ojos aguileños parecen distenderse ante lo que él considera, quizá, un sarcasmo, una salida ingeniosa para atraparlo; el gesto, como un esbozo de sonrisa, antes de contestar, exhibe su impaciencia:

—Contaría lo que me ha sucedido. Mi infancia en Egipto, mi estancia en Estados Unidos, el juicio contra mí. Todo eso. ¿No le parece bastante?

—Depende de a quiénes quiera dirigirse, Sharif. No es nada sencillo.

—Estoy seguro de que venderíamos mucho. Imagínese. Con todo lo que se ha dicho de mí.

Celebridad, al fin. Y negocios a la par con la fama. La añeja cultura de los mercaderes. También Sharif cruzó la frontera, desde El Paso, para internarse en el desenfreno. Bailó y creyó seducir. Y no ha podido hacer valer sus versiones sobre las evidencias que dicen tener las autoridades, sobre todo en cuanto a sus conexiones con las bandas consideradas las responsables de los asesinatos seriales de mujeres en Juárez. Aun considerando la multiplicación de los "imitadores" y la proclividad de los violentos contra el género femenino, por una deplorable distorsión de la moral colectiva, cuando menos dos decenas de asesinatos exhiben el mismo modus operandi.

Una de las características de los asesinos seriales es su condición masculina que conduce a un frenético propósito de superioridad sobre la mujer. Misoginia, sí, como consecuencia de una profunda deformación mental. Esto es, la fuerza física que arrebata y sojuzga la bella fragilidad femenina. Mientras más débil sea la víctima, de allí la recurrencia de los crímenes sexuales contra menores de edad, mayor será la patología del dominador que se satisface y regodea mancillando a la mujer más aún cuando con ello no sólo realiza una fantasía sino también cobra las facturas pendientes por una infancia preñada de desprecios, de dolor e incluso de experiencias abominables. Otra vez, el drama social.

266

Esther Chávez Cano, de Casa Amiga, denuncia:

—Es ilógico que de los ocho cuerpos encontrados en el campo algodonero (el 6 de noviembre de 2001), cinco en un día y tres al otro, cinco sean osamentas todavía sin identificar... ¡a pesar de la supuesta confesión de los culpables! (Víctor Javier García Uribe, el Cerillo, y Gustavo González Meza, la Foca).

Los casos figuran entre los números 251 y 258 de la lista oficial y, aunque sólo tres cadáveres han sido plenamente identificados —los de Esmeralda Herrera Monreal, Claudia Ivette González y Laura Berenice Ramos Monárrez—, se considera que en todos los casos el móvil fue sexual y atribuible al dúo criminal responsable de una de las mayores secuelas de crímenes seriales. Los otros homicidios seriales se imputan a las bandas Los Rebeldes —en 1996— y Los Ruteros —en 1999. Todos estos sujetos tienen en común, de acuerdo con las indagatorias de la procuraduría estatal, su relación con el Egipcio aunque éste lo niega con vehemencia.

—¿Cuál ha sido el mérito de las fiscales del estado? —pregunta la señora Chávez Cano— ¿Torturar a el Cerillo y asesinar a la Foca? Y luego, ¿por qué mataron al abogado de este último?

(Mario César Escobedo Anaya, defensor de Gustavo González Meza, la Foca, resultó muerto, el 6 de febrero de 2002, al estrellar su vehículo, luego de una peliculesca persecución por parte de los agentes de la Policía Judicial del Estado, en el cruce de las calles Municipio Libre y Namiquipa, en la colonia Belisario Domínguez de Ciudad Juárez. La versión oficial, difundida por el entonces procurador estatal Jesús Solís Silva, pareció más bien una torpe justificación; según ésta, el profesional "se hizo pasar" por el asesino Francisco Mendoza Jiménez, alias el Venado, prófugo por el homicidio de un agente judicial, obligando con ello a la desafortunada acción.)

Para las autoridades estatales significó un triunfo "esclarecer" los homicidios obviamente seriales aun cuando, por ejemplo, en varias ocasiones fueran equivocadas las identidades de las víctimas y en otras ni siquiera pudo saberse de quiénes se trataba. De igual manera hay vertientes que se ocultan.

—Hace años —cuenta la señora Chávez Cano—, una holandesa pasó por aquí. Se llamaba Hester Susanne Van Nierop y fue atacada y muerta por un estadunidense. Los padres de la chica hicieron el viaje a Juárez y solicitaron los informes oficiales. Les dijeron que el FBI cooperaba también para esclarecer el homicidio. Pero el FBI jamás fue avisado. ¡Ah! Y por cierto la documentación proporcionada a los familiares resultó falsa.

El hecho ocurrió el 20 de septiembre de 1998 y está enlistado con el número 173. El móvil se considera "pasional" aun cuando se desconoce el nombre del victimario lo que, desde luego, confunde acerca de la conclusión del dictamen respectivo. ¿Por qué no intervinieron entonces, ante la sospecha de que el ejecutor podría ser estadunidense, las autoridades del poderoso vecino? ¿O acaso éstas optaron por silenciar el asunto para evitar que el escándalo traspasara los límites fronterizos? Crímenes seriales, sí; binacionales, no. El Paso es, desde luego, una ciudad segura.

¿Y Juárez? Aquí es donde se concentra la promiscuidad, de acuerdo con la observación sesgada de los hechos, que alienta la cacería para solaz de los poderosos cuya fuerza, desde luego, sólo se explica mediando conexiones transnacionales de enorme envergadura. Lo mismo si se trata del cartel cuyos rastros desaparecen apenas se cruza el río Grande que de los más exitosos inversionistas quienes pudieron consolidarse y crecer gracias al estímulo de sus socios, sobre todo estadunidenses. No es un misterio para nadie aunque casi todos optan por callarlo.

Los contrastes confluyen hacia el drama. Allí, donde habitan los trabajadores de las maquiladoras que son timbre de orgullo para el despegue industrial, las escenas sacuden:

—Cuando he visitado las colonias más pobres de Juárez —explica Esther Chávez Cano—, el horror se materializa. Recuerdo especialmente un cuartito, de unos cuantos metros cuadrados, en donde viven tres familias. No tienen baño; no hay cortinas. Están en permanente contacto. Por las mañanas, las señoras se desviven por tener todo en orden, muy limpio. No observas una sola cacerola con cochambre ni ropa percudida. Pero, desde luego, tanta promiscuidad asfixia. La miseria es limpia.

El tiempo pasa, no así el sueño de regresar hacia los entrañables terruños en donde, con lo ganado, ya nada será igual. Allí cada familia tendrá su hogar y cada uno de éstos reflejará el esfuerzo dejado en las fábricas, en las horas muertas de la lejanía. El hacinamiento no es sino una cárcel, mental si se quiere pero igualmente asfixiante. Se aprende a soportar cualquier cosa en busca de la ansiada redención social. Mientras tanto es necesario resistir, sobrevivir... y adelantar, de vez en vez, el sueño de percibir la liberación económica como sustento del poder personal. He aquí, concentrados, todos los elementos que son detonantes de los mayores horrores criminales: pobreza, marginación, sed de dominio y deformación cultural.

La demagogia, por supuesto, también forma parte del entorno que prohíja el dolor y lo esparce.

—¿Alguna vez —retomo la conversación con Esther— ha tenido contacto con la señora Marta, la esposa del presidente Fox, quien tanto insiste en mostrarse como adalid de la lucha de las mujeres por su emancipación política y moral?

—¿Marta? Bueno ella no tiene ningún interés en el tema. Ha sido nefasta para las feministas porque presume de ser una de ellas. Sólo es una ambiciosa que ha dañado la imagen de su marido.

—Pero, ¿se ha interesado por los asesinatos de mujeres?

—No. Nunca ha venido ni conoce los casos. Casa Amiga le envió una relatoría de los hechos y una petición para que ella, desde Los Pinos, interviniera usando el poder que tiene. No contestó.

—Ningún contacto entonces...

—Bueno, una vez, con motivo de la entrega del premio que otorga la Comisión Nacional de Derechos Humanos a quienes se destacan en la lucha social, en esa ocasión a favor de un albergue para inmigrantes en Chiapas, la vi y la saludé.

Fue un encuentro breve, casi un saludo de circunstancias en plena exaltación de la figura de la "primera dama" por su altruismo, una condición que casi le viene por decreto. Esther le dijo:

—¿Recibió la lista y la petición que le enviamos?

Marta Sahagún Jiménez de Fox, desposada civilmente con el presidente y exitosa promotora de la anulación de sus respectivos matrimonios religiosos —sólo el de ella ha prosperado sin el aval del excónyuge relegado, el doctor Manuel Bribiesca Godoy—, detuvo su inquieto andar, de pasos cortos en pleno trote sobre las nubes del poder, y con su aguda vocecita, tan bien modulada, respondió:

—La verdad es que quiero ir a Juárez pero no me dejan por asun-

269

tos políticos. Cuando vaya le prometo que voy a visitar Casa Amiga.

Y así desde entonces. Capacidad operativa no le falta a la señora Fox; por ejemplo, para enviar a un avión de la Fuerza Aérea con el propósito de trasladar a un inmigrante moribundo. Y, sin embargo, ante el horror exaltado de los feminicidios, opta por tomar sana distancia. Igual que su esposo más dispuesto para exaltar, publicitar y exagerar los "logros" de su administración.

¿A quiénes convienen las cortinas de humo dispuestas para ocultar vertientes de alta peligrosidad mientras la opinión pública se detiene ante ellas? Por supuesto a quienes ostentan el verdadero poder.

—¿Qué hay detrás de las cortinas de humo? —le pregunto a Ramón Galindo, exalcalde de Juárez y frustrado aspirante a la gubernatura de Chihuahua.

Sereno y serio, sin perder jamás la compostura y el tono suave de su exposición, el político no elude la interrogante:

—Buena parte de los crímenes, sobre todo los seriales, tienen que ver con excesos de los narcos. Tienen tanto poder y dinero que no encuentran placer fácilmente por los desfogues digamos normales. Tienen todo; también un enorme vacío interior que deben satisfacer.

—¿Ése sería el móvil, diputado Galindo?

—Sí. No tienen límites para consumir, para nada. Y la impunidad hace el resto.

El camuflaje tiene que ver con la doble moral comunitaria. Por un lado, la impotencia ante el flagelo que carcome por dentro; por el otro, la disposición a alternar con los mafiosos en su condición de impulsores de bienaventuranzas económicas. Por eso los operadores, los llamados "puchadores" que se encargan del narcomenudeo con la paulatina "dolarización" del mercado, y las "mulas" que introducen las cargas a Estados Unidos sin despertar sospechas, son cada día más.

—Los narcos —confirma Galindo Noriega— están metidos en la sociedad hasta el cuello. De repente, en un lapso muy breve, ser narco ya no significó tener una imagen tan mala. Y esto es consecuencia de una descomposición social profunda, con diversos orígenes y causas.

Para Patricio Martínez García, según me confió en su último día de despacho en el Palacio de Gobierno de Chihuahua, el primero de octubre de 2004, la interpretación es distinta pero en algo coincide:

–Sí, hay varias cortinas de humo en Ciudad Juárez. Por ejemplo, cuantas mujeres fueron asesinadas por cualquier causa, incluso por homicidios imprudenciales, fueron incluidas en la lista.

–¿El cartel está detrás?

–No es cosa del narcotráfico. A los capos les interesa que la plaza, como ellos dicen, no esté caliente.

Para el propio exmandatario, no obstante, el atentado sufrido en enero de 2001, en las escalinatas de la sede del Ejecutivo estatal, no puede explicarse sin el concurso de los grupos ligados al narcotráfico supuestamente incómodos por las actuaciones de las policías locales.

Cuando converso, el 5 de mayo de 2005, con el senador Javier Corral Jurado, derrotado en los comicios por la gubernatura en 2004, quien nació en Ciudad Juárez en agosto de 1966 y es considerado uno de los más relevantes colaboradores y simpatizantes de Francisco Barrio, de aspecto juvenil, bigote bien recortado, con huellas del acné juvenil y un tono de voz siempre engolado, la interpretación cambia:

–Lo del atentado contra Patricio fue, sí, una cortina de humo.

–¿Cómo es eso, senador?

–Buscaba aumentar y expandir el control de la policía en la entidad. Y pudo hacerlo. Sus oficinas en Palacio se convirtieron en un verdadero búnker.

–¿Una especie de estado-policía con todas sus consecuencias?

–Bueno, no tanto. Pero no estuvo lejos.

Militante de Acción Nacional desde los 16 años —"tengo mi tarjeta de afiliación fechada en agosto de 1982"—, Corral Jurado comenzó a colaborar en el periodismo en *El Fronterizo* de Ciudad Juárez, un eslabón de la Organización Editorial Mexicana de los Vázquez Raña, en 1983. Andado el tiempo sería subdirector de *Norte* y comentarista de radio y televisión:

–Me decían el niño maravilla —reconoce el senador—, porque andaba por todas partes. Así cubrí, en 1982, las campañas del priísta Miguel de la Madrid, el panista Pablo Emilio Madero y el socialista Arnoldo Martínez Verdugo.

Y no puede soslayar su condición de joven rebelde, aun desde el partido que ganó la Presidencia de la República en 2000. Cuenta Corral:

–Cuando quise dialogar con el presidente Fox sobre el desatino del juicio de procedencia contra Andrés Manuel López Obrador —desaforado, al fin, el jueves 7 de abril de 2005, pero contra quien no se ejerció acción penal por un acuerdo presidencial que implicó la salida del general Rafael Macedo de la Concha de la Procuraduría General de la República, el miércoles 27 del mismo mes—, observé al presidente francamente crispado, iracundo. Y me dije que algo andaba ya muy mal por allí.

Militante crítico de Acción Nacional, anfibio en su relación con los medios desde una visión maniquea —los "buenos" son los que le dan espacios—, Corral Jurado no dudó en pedirle cuentas a Santiago Creel, lanzado como precandidato del mismo partido a la Presidencia el primero de junio de 2005 renunciando para ello a la Secretaría de Gobernación, sobre los 130 permisos para operar casas de apuestas y salas de sorteos que, en su última semana de gestión en el gabinete foxista y con evidente signo proselitista, concedió al grupo Televisa, para consolidar su presencia dentro del consocio de Emilio Azcárraga Jean:

–Creel —declaró Corral el 14 de junio— cedió a las presiones de Televisa. En lugar de democratizar el mercado del juego de apuestas lo que debió impulsar fue la democratización de los medios electrónicos de comunicación y romper el duopolio televisivo —el de Televisa y Televisión Azteca— que tiene de rodillas a la política.

De chihuahuense a chihuahuense, aunque Creel sólo lo sea por filiación familiar. Unos días antes, el 11 de junio, una nota avalada por Notimex planteó que durante 70 años de hegemonía priísta sólo se autorizaron 116 centros de apuestas remotas —los llamados *books*— y 47 salas de sorteos. Y en unas cuantas semanas, Creel superó el récord.

"Del 25 de abril (2005) a la fecha —explicó la información de Notimex— ha autorizado (la Secretaría de Gobernación) a siete empresas, entre ellas Apuestas Internacionales ligada a Televisa, la operación de 176 *books* y 206 *bingos*."

Destaca la resistencia de los antiguos vicios destinados a favorecer las ambiciones personales. La ética no pasa de este punto y los chihuahuenses notables tienen idea clara al respecto.

Coadyuvante en la iniciativa de la Ley Federal de Transparencia y Acceso a la Información, cuestionada por sus candados sobre la intimidad y la secrecía en casos relacionados con la "seguridad del estado", y promotor de un ordenamiento que delimite la discrecionalidad gubernamental en los medios masivos de comunicación, Corral Jurado no soslaya las vendettas en Chihuahua, marcadas por el sectarismo exacerbado, y dibuja sus paisajes detrás del manto gris de las fumarolas artificiales:

–Le aseguro —acentúa Corral durante nuestro encuentro, en el Shangri La, claro— que todo lo relacionado con el escándalo del llamado clan Trevi-Andrade —judicialmente fincado en Chihuahua—, es también una cortina de humo. El gobernador Patricio Martínez explotaba cada que se tocaba el tema. Lo agarró como un asunto personal.

Por la mañana del sábado 21 de mayo de 2005, busco a la procuradora Patricia González Rodríguez para recoger su opinión sobre los asesinatos de las pequeñas Airis Estrella Enríquez y Anahí Orozco —una hallada en un tambo, sepultada en cemento, y otra ultrajada y muerta en su casa en donde cuidaba a dos bebés, en la tercera semana del mes.

–Estamos, la verdad, bien tristes —suena la voz de la funcionaria, entrecortada. Menos mal que ya tenemos a uno de los asesinos y al otro casi. Por desgracia, la percepción de la opinión pública cambia cuando se da un nuevo homicidio y luego otro más.

–La reacción es explicable, procuradora. Son dos hechos que indignan *per se*.

–Sí, sobre todo cuando la difusión se concentra sobre los aspectos negativos.

Trece asesinatos de género en los primeros meses de 2005. Y los que faltan. Un ritmo brutal que no cesa a pesar de las fiscalías especiales, la amplia infraestructura para la atención de las víctimas y el seguimiento de los casos y una permanente auditoría periodística sobre las infectadas escenas de los crímenes.

–Hace dos días —comenta Patricia González—, detuvimos a uno de los feminicidas que más buscábamos. Y lo comunicamos a los medios; pero, por supuesto, la acción pasó desapercibida.

–¿De quién se trata, procuradora?

–De José Luis Ávila Ochoa, uno de los homicidas de Aída Ara-

273

cely Lozano Bolaños, una bailarina de 24 años muerta el primero de agosto de 1998. El tipo cambió de nombre dos veces, en Estados Unidos, en donde se refugió, y aquí, en Juárez. Nos costó un enorme trabajo localizarlo y aprehenderlo. Pero los medios apenas lo captaron.

–Quizá sea explicable por el interés causado por los bárbaros asesinatos de las dos niñas, ¿no cree?

–Pero es que tampoco la sociedad ayuda mucho —reprocha la funcionaria. ¿Sabe dónde ocurrió el asesinato de la bailarina? Pues en el Hotel Campo Real, en Juárez, el mismo sitio en donde vieron posiblemente al asesino de la niña Airis, apenas el 4 de mayo pasado.

–¿Hubo testigos y no actuaron?

–Las prostitutas que van seguido allí declararon que observaron, la noche del 4, a eso de las dos o tres de la madrugada, a un hombre que llevaba en brazos a una niña, con el cuerpo lacio, posiblemente drogada. ¿Y sabe usted cuál fue el pretexto para no avisarnos?

–La verdad no me lo imagino siquiera, señora procuradora.

–Pensaron, y así nos lo hicieron saber, que el tipo se había peleado con su esposa y quería "gozarla" con la niña. ¡No les llamó la atención! La muchachita desapareció de su casa el lunes 2 y ya teníamos conocimiento del hecho. ¡Hubiéramos podido atrapar al sujeto!

La sociedad, culpable por negligencia o quizá por su capacidad para adaptarse al horror convirtiéndolo en un hecho cotidiano, esto es que no altera la "normalidad" del paisaje urbano. La ciudad sirve, igualmente, como esponja para concentrar a los victimarios y camuflarlos. Una última queja de la procuradora González enciende una nueva alerta:

–Me enteré que 180 delincuentes sexuales han sido deportados, desde distintos puntos de Estados Unidos, y traídos a Ciudad Juárez. Entre ellos nacionales de El Salvador y de otros países centroamericanos. Los tenemos aquí, en alguna parte, diluidos entre la población flotante.

La mayor, la más alta de las cortinas de humo asfixia a Ciudad Juárez.

E

–A mí o me matan o me "entancan" —en la jerga habitual así califican el ser encarcelado. No tengo de otra. Y mientras llega la última hora nada más disfruto.

No tiene siquiera 30 años y ya es toda una celebridad en Ciudad Juárez. Hace apenas unos cuantos veranos servía como almacenista en la bodega de un "gabacho" avecindado en El Paso, Texas. Todavía hoy, de vez en cuando, acude a su antiguo lugar de trabajo para recordar los tiempos, tan cercanos, en los que dependía de un salario, en dólares pero miserable en comparación a cuanto devenga en la actualidad. Le llaman el Memo —obvio que no me es dable dar sus verdaderos patronímicos— y es uno de los más conocidos operadores del célebre cartel que tomó el nombre de la urbe fronteriza.

–La verdad es que no me interesa lo que escriban de mí —agrega con un dejo insolente que pretende ser coloquial. A lo mejor me gustaría que, al final de todo, me hicieran un corrido, como el de "Jefe de jefes". Sería a toda madre, ¿no?

Su historia personal puede ser la de cualquiera. Una infancia paupérrima, con hondas carencias, con raíces en una de las derruidas casuchas de Lomas del Poleo, en Juárez. Un padre alcohólico, drogadicto, y una madre falena que escatimaban gastos para el hogar no así para los vicios. Sufrió violencia y desprecios hasta que aprendió a defenderse para sobrevivir. Así fue como entendió que "del otro lado", en la ribera estadunidense, podría ganar su independencia desafiando a la Border Patrol.

–Cuando me fui con los gringos no tenía ni en dónde caerme muerto. Me pasó de todo... pero no me morí de hambre.

–¿Lo trataron mal sus patrones estadunidenses?

–Viera que no. Los peores son los mexicanos que se sienten dueños del mundo porque chacotean el inglés y logran tener un negocito allá. Ésos son los que explotan a los "paisas" y los esclavizan con el pretexto de que, si no aceptan, van a denunciarlos a la "migra"

–Usted padeció esa experiencia...

–Unos meses nada más. Era insoportable. Dormía en un cuartucho en donde se almacenaban aceites y thiner. Andaba yo por las nubes toda la noche. Imagínese. No podía sino inhalar aquello. Hasta que me enfermé.

–¿Fue muy grave?

–Los pulmones estaban reventados. Y los patrones me corrieron con tal de no hacerse responsables de mí. Me salvé de milagro, gracias a la caridad.

–¿No pensó en regresar a Juárez?

–Era una cosa de orgullo. Me aguanté como pude y así hasta que me dieron la mano. Luego ya tuve una chambita mejor.

Quizá exagera para darle forma al corrido en cierne. Que se escriba de él cuánto padeció para labrarse un porvenir. Si dice la verdad, en el supuesto de que queramos creerle, podría ser una apretada síntesis de cuanto sucede a otros "indocumentados" que despiertan al "sueño americano" tras la pesadilla. Otra vez, el drama social es la escenografía bajo el tormento de una realidad en la que sólo triunfan los fuertes y quienes están dispuestos a morirse con tal de darse unos años, sólo unos años, de excepcional plenitud.

–Mire —filosofa el Memo—, nos pasa igual que a los mineros. Ellos saben que no podrán vivir mucho porque los minerales y gases tóxicos los destruyen por dentro. La diferencia es que ellos nunca dejan de ser pobres. Nosotros, sí. Y vale la pena. Total: cuando nacimos ya estábamos condenados. Yo no le temo al infierno porque ya pasé por uno y aguanté.

–Si no valora su vida, menos las de los demás...

–Yo sólo cuido lo que es mío y golpeo a quienes se meten conmigo. Si me das con tus armas te contesto con las mías.

Me estremezco. La misma sentencia la escuché, hace algún tiempo, de labios de uno de los legendarios excomandantes judiciales, Guillermo González Calderoni, a quien se atribuyó nexos con el llamado cartel del Golfo (de hecho fue amigo y confidente del célebre capo Juan García Ábrego), acribillado en MacAllen el 5 de febrero de 2003. Era aquélla una especie de advertencia acerca de cuáles debían ser los límites, de unos y otros, en el terreno de los valores entendidos. Más ahora cuando la frontera parece sitiada por las bandas delincuenciales desatadas, desde Tamaulipas hasta Baja California. Un agente investigador me confió en corto:

–Ya no sabemos quiénes son los malos y quiénes los buenos. ¿Las policías? Están metidas en el narco hasta el cuello y protegen a los grupos que las patrocinan. Y así a través de toda la escala jerárquica... hasta llegar a lo más arriba. ¿Para qué nos hacemos tontos?

Se lo cuento al Memo y éste estalla en carcajadas, dejando al descubierto su blanquísima dentadura con dos o tres incrustaciones de oro, del mismo metal de las esclavas que circundan sus muñecas.

–¿Ya ve? Se lo dije —exclama el joven traficante. La cosa es saber adaptarse. El mundo es de los chingones, no de los pendejos.

–¿Ustedes son los que mandan, entonces?

–El pez grande se come al chico. ¿No dicen eso? Pues es la verdad.

–¿Y el gobierno?

Ríe, otra vez, el Memo. ¿De nosotros, por ingenuos? Es posible. Nadie que esté fuera puede entender cuál es la correlación, en serio, entre las mafias y el poder. Pero para quienes están dentro la cosa es más que clara:

–No nos preocupa. Es parte del juego. ¿O no sabe usted que a los presidentes, y no hablo sólo de México, los hacemos nosotros? Lo que importa es la lucha por el control. Ahí es en donde está lo cabrón. Por eso nos morimos jóvenes. No hay narcos de más de 50 años. Quizá antes sí; ahora, la gloria se acaba más pronto.

–¿Y qué es la gloria, Memo?

–Las viejas, los viajes, los carros, las casas, las joyas. La buena vida, señor. ¿Usted sabe lo que le digo? Despertar sin tener la preocupación de si se va a comer o no. Cogernos a cuantas chavas queramos. No tener límites. A cambio de todo eso, sabemos cuál será el final. No vamos a morirnos de viejos ni por enfermos. Nos vamos a morir por chingones.

Como un corrido, en las voces de Los Tigres del Norte:

Sé que mi vida peligra
pero me gusta lo bueno;
las damas me dan caricias,
la sierra me da dinero;
voy a gozar de la vida:
muriendo nada me llevo.

Así, el Memo y cuantos son como él, supervivientes exitosos de la guerra permanente entre clases sociales. A los narcos les nombran empresarios, integrados a la alta sociedad; en cambio, quienes no alcanzan el estatus económico sólo son las infanterías de la pobreza, resistentes, atados a los salarios que bendicen a quienes tienen una plaza, un sitio en donde laborar y deben estar profunda, eternamente agradecidos por ello.

—¿Sabe usted cuándo se valoran más las cosas? —pregunta el Memo. Cuando no se ha tenido nada. Una vez, cuando estaba chiquillo, vi una película mexicana en la que un cuate bien pobre le vendía su alma al diablo. ¿Y sabe qué? A cambio de ello la chava que quería era suya y también la casa de sus patrones y la riqueza. Por unos años nada más; después llegaban los demonios a cobrarle. ¡Pero ya la había gozado! Se me quedó muy grabada aquí, en la mente. Y es eso lo que hice...

—¿Un pacto con el diablo, en serio?

—No, hombre. Pero sí me metí a la mafia que es como el demonio, ¿o no? Al que se sale se lo lleva "patas de cabra". Siempre supe que esto es lo que yo quería. Ahora a usted le toca escribirme el corrido.

—Pero yo no soy compositor. A lo mejor alguien se inspira cuando lea sus vivencias.

—¿O es que hace falta que me maten para ser famoso? Si es así, hay que esperarse tantito. Porque, ¿le digo una cosa?, a mí no me agarran vivo. No, señor. ¿Para qué? Mejor caigo en la raya, con la frente al sol, antes de pudrirme en una celda. Eso sí debe ser terrible.

—¿Usted nunca ha estado en prisión?

—Sí, dos veces. Pero salí luego, luego. No me hallaron nada. Los jefes se movieron bien.

—Pues ahí lo tiene. Mientras hay vida, hay esperanza. Si lo aprehenden a lo mejor se logra escapar. Es lo que está de moda, ¿no?

El Memo ahora sí no sonríe. Serio, sorprendido, divaga por unos segundos:

—Ahora sí me diste en la madre. Lo que me pasa es que si me agarran yo ya no salgo. Ya comienzo a ser gallo con espolones.

—Otros más conocidos que tú, como Joaquín el Chapo Guzmán Loera, han podido hacerlo. (Se fugó de un penal de alta seguridad, el de Puente Grande, en Jalisco, en enero de 2001.) Y no dejó rastro ni han dado con él.

–Piensa nada más una cosa: por algo será. Nada es gratuito ni es una coincidencia.

–¿Tú lo conoces?

–Quieres saber mucho, periodista. Que te cueste más trabajo. Sólo te digo una cosa: los que suenan no son los que mandan. ¿Me entiendes? Esto se revoluciona a cada rato. Pero ya no voy a hablar más.

–Por allí dicen que se han unificado los carteles. Que el Chapo e Ismael el Mayo Zambada están al frente, al lado de Vicente Carrillo Fuentes, el hermano de Amado.

–Otra vez quieres saber mucho. Nada de lo que les llega a ustedes es cierto. Cuando ustedes saben, nosotros cambiamos. Es la ley.

–Siempre me ha intrigado —retomo la conversación con el Memo—, que la persecución contra el narcotráfico prácticamente termina en cuanto la droga pasa la frontera hacia Estados Unidos. ¿El verdadero líder está allí y es quien habilita el tránsito a pesar de las resistencias policiacas, bastante más efectivas cuando se trata de ilegales que de narcotraficantes?

Vuelve a sonreír el joven operador del cartel de Juárez. Me mira largamente, como si adivinara intenciones ocultas. No ha fumado ni bebido desde que comenzamos a platicar. Sólo hace girar entre sus dedos el plateado encendedor en el que resalta la torneada figura del "Concorde" anglofrancés. Y responde:

–Hay alguien, claro. Muy poderoso. Pero no seré yo quien revele su nombre. ¿Por qué tendría que hacerlo? Es sólo cuestión de lógica y usted la tiene. Bueno, ¿terminamos?

–Déjeme hacerle una última pregunta, Memo. ¿Está vivo Amado Carrillo Fuentes, el Señor de los Cielos?

No hay un gesto de extrañeza. El Memo se levanta y se faja los pantalones de mezclilla, apretándose la nariz como si le hiciera falta un buen respiro. Y, despidiéndose, asevera:

–Está muerto. Todos lo vieron. ¿Para qué seguirle buscando? No se olvide de mi corrido.

—¿Está vivo Amado? —formulo la misma, inquietante duda, al delegado de la Procuraduría General de la República en Ciudad Juárez, el licenciado Héctor García Rodríguez.

El funcionario ni siquiera se sobresalta. Y contesta automáticamente:

—Eso ni siquiera vale considerarlo por cuanto hay declaración formal de su muerte. Contamos, para cerciorarlo, con elementos inalterables.

—¿Y si a pesar de ello, incluyendo el certificado de defunción, está vivo, señor delegado?

—Bueno —ahora sí titubea ligeramente el licenciado García—, sería interesante hacer indagaciones.

La ambigüedad reafirma la sospecha sobre el verdadero destino de quien, a partir de 1993, emergió como el flamante, casi invulnerable, "jefe de jefes" del cartel de Juárez, muerto oficialmente el 4 de julio de 1997 tras una absurda, fallida cirugía plástica. Su supuesto cadáver, con el aval de las corporaciones estadunidenses, fue exhibido si bien, por lo grotesco de las facciones alteradas, resultó difícil comparar la imagen con las fotografías conocidas del legendario capo.

—¿Usted no cree— pregunto al delegado Héctor García Rodríguez— que pueda simularse una muerte para dar inicio a una nueva existencia sin persecuciones de por medio? Como los "testigos protegidos" que son tantos en Estados Unidos.

El funcionario, originario de Durango, medita, brevemente, pero no elude la cuestión:

—Ellos (los capos) cuentan con muchas capacidades. Pero, en esta delegación no tenemos la función de resolver una cuestión como ésa. Ni siquiera contamos con infraestructura que nos permitiera definir cómo se comporta el narco dentro del entorno de Juárez.

—¿Qué hacen entonces?

—Combatimos al narcomenudeo, que ha aumentando de manera considerable, a través de la Unidad Mixta de Atención al Narcomenudeo. Con este organismo formalizamos una estrategia más amplia con el propósito de elevar las acciones preventivas, en combinación con las autoridades estatales. Cerrar el círculo, en pocas palabras.

—¿También mediante la cooperación binacional?

–En ese aspecto estamos en una etapa de inicio con una buena dinámica. Desde El Paso nos apoyan con cursos e intercambios de experiencias.

–Tengo la impresión, señor delegado, que marchan a la zaga si consideramos la capacidad mutante de los mafiosos...

El licenciado García Rodríguez apenas pestañea cuando sentencia, convencido:

–La verdad es que al Estado le alcanzaron los nuevos tiempos, y la violencia, con una infraestructura deficiente. El ambiente social es caótico y nosotros no contamos con elementos para superar todos los desafíos.

–¿El drama social detona una conflictiva incontrolable, entonces?

–Diríamos que la pobreza genera la vulnerabilidad en todos los sentidos. Y el problema más agudo, para nosotros, es la ausencia de empatía de la comunidad con sus autoridades.

–Hay razones, estimo, para la desconfianza, señor delegado. La impunidad, por ejemplo...

–Sí y es la presión social la que obliga a abrir nuevas cartas, posibilidades. Desde que estoy aquí se han producido tres graves incidentes respecto de la actuación de la Agencia Federal de Investigaciones (AFI). Y es que la sociedad es, más bien, la que parece el fiscal. A veces me da la impresión de que todos los funcionarios, sobre todo en la procuraduría, estamos en una especie de "Big Brother" —vanguardista de los espectáculos televisivos enmarcados en el reality show—, bajo las candilejas todo el tiempo.

–Me habla usted como si la sociedad fuera una especie de contraparte de la autoridad.

–Lo que sucede es que la pobreza está relacionada, de manera directa, con la violencia. Mientras nosotros, cada día, tenemos más dificultades para extender el patrullaje y nos faltan vías rápidas para poder movilizarnos con la celeridad pretendida, los hacinamientos crecen y se convierten, de manera natural, en plataformas para los grupos delictivos. Es una terrible realidad que no podemos soslayar a estas alturas.

Toma aire el delegado García Rodríguez. Capto su interés por definir la actuación de su dependencia, y justificarla, ante la andanada de descalificaciones que se percibe por doquier. Más aún cuando, de plano, se ha puesto en duda la solvencia moral de las instituciones, rebasadas por la conflictiva social.

—La descomposición es muy profunda —alega el delegado de la Procuraduría General. En 2004, lo recuerdo como si hubiese sido ayer, un joven de 17 años mató a su papá, a su mamá y a su hermana, ayudado por dos amigos. ¿Por qué? No es fácil entenderlo salvo si asumimos que algo grave, muy grave, está pasando entre nosotros.

El hecho ocurrió el 21 de mayo del año mencionado y las víctimas de sexo femenino fueron Alma Delia Chávez Márquez y su hija, Laura Ivette León Chávez, además del padre de ésta. En el registro oficial se considera la violencia intrafamiliar como causa primaria de los crímenes de los tres presuntos responsables.

—El muchacho aquel —prosigue el delegado García Rodríguez— sólo argumentó conflictos banales como que no querían prestarle el coche familiar para salir con sus "cuates". A estos extremos estamos llegando peligrosamente.

El funcionario cuestiona a los ministerios públicos estatales con dureza:

—Sucede también que hay una gran hipocresía en todo esto. Como cuando aparecieron tres sujetos quemados en un paraje. Por tratarse de hombres no pasó nada, absolutamente, ni las autoridades investigaron ni nadie fue a la cárcel. ¿Es ésta la justicia?

—Percibo, señor delegado, que los llamados feminicidios ocupan toda la atención de las instancias oficiales, los medios de comunicación y las organizaciones no gubernamentales. Y aún así siguen ocurriendo.

García Rodríguez, muy serio, con un gesto de agobio inocultable, exclama:

—Téngalo por hecho: el día que no existan más feminicidios se terminará el quehacer de muchas organizaciones. También su principal razón de subsistencia.

—Es decir, no les conviene. ¿Eso es lo que me quiere usted decir?

—Por supuesto. Así es. Existe también una tendencia, muy arraigada entre quienes nada tienen, a sentirse víctimas por falta de apoyo. Una óptica de abandono que genera otras reacciones.

Sí, asumo ahora, como el proverbial paternalismo tan exaltado entre la clase política que lo ha convertido en *modus vivendi* para garantizar continuidad y estabilidad en un medio copado por las diferencias extremas de clase. Si se rompe este equilibrio, en una nación con tendencia hacia los estallidos como única salida viable a la asfixia colectiva, se quiebra igualmente el sistema. Nada nuevo bajo el sol.

Observo al delegado de la PGR y, ante su disposición a cuestionar seriamente los métodos preventivos, me percibo como un terapeuta listo a escuchar las revelaciones gestadas en los actos de contrición íntimos, cuando el agobio corroe el espíritu y el horror se extiende hacia las apocalípticas pesadillas. Debe ser difícil, muy difícil, conciliar el sueño en estas circunstancias. Quizá por ello todos los involucrados en las indagatorias parecen no haber dormido nunca.

–¿Es factible considerar —pregunto al delegado García Rodríguez— que los asesinatos de mujeres podrían tener un propósito distractor? Digamos una cortina de humo para tapar otros escenarios sobre los que no conviene mantener la atención general. Los narcoterritorios, por ejemplo.

–En todo tiempo y lugar, las coyunturas marcan el rumbo. Sí, es posible.

–Otra más, señor delegado. ¿Es viable que se haya establecido una especie de cacería estimulada por la celebridad que otorga el escándalo? Esto es por la búsqueda de trofeos humanos para exaltar deformaciones íntimas.

–Sí. Los códigos de honor suelen ser muy complejos entre los criminales.

–Más aún cuando se trata de homicidas seriales.

–En este aspecto cabe aclarar que no se presentan casos seriales desde febrero de 2003. Los orígenes son otros. La violencia intrafamiliar, por ejemplo. Muchos crímenes se dan en los hogares y en los hoteles; en estas circunstancias las tareas preventivas no funcionan.

La cortina de humo, sin embargo, existe. ¿No es una "extraña" coincidencia que se sitúe el arranque de las indagatorias sobre los asesinatos de mujeres en 1993, el año marcado por el gran reacomodo del cartel de Juárez y el asesinato, en Cancún, de Rafael Aguilar Guajardo, señalado como el principal de sus cabecillas? Incluso algunos insisten en que la secuela de crímenes desvió la atención de la ciudadanía, de manera paulatina hasta desplazar a cuanto se relaciona con el tráfico

de estupefacientes, antes centrada en las ramificaciones de la mafia colombiana, a través del muy conocido cartel de Medellín, con sus "convenientes" veneros hacia el poder público.

A principios de 1993, Aguilar Guajardo, hijo de un exagente
aduanal, Rafael Aguilar Enciso, y nacido en Ciudad Juárez en 1950 —tenía, al morir, 43 años—, no cesó de lanzar una advertencia, en público
y en privado, a cuantos le escuchaban:

—Me están pisando los talones; pero si caigo yo voy a arrastrar
a muchos otros conmigo.

Dueño de hoteles, antros y distintos negocios que detonaron la
economía de Juárez, Aguilar, durante un amplio ciclo, fue el responsable de la extinta Dirección Federal de Seguridad —la corporación de
inteligencia mexicana dentro de la estructura de la Secretaría de Gobernación a cargo de la política interior del país—, si bien se le señaló,
a lo largo de veinticinco años como uno de los enclaves de los traficantes de cocaína colombiana. Sólo pisó la cárcel en 1986, un breve lapso,
acusado por posesión de drogas.

Los periódicos locales consideraban al personaje un "empresario" próspero, si bien bajo sospecha, dueño entre otros muchos inmuebles del Hotel Silvias asegurado por la Procuraduría General de la
República. Durante los últimos años de su existencia acumuló órdenes
de aprehensión como si se tratara de una colección particular de en-
seres inútiles: ninguna prosperó a pesar de las incontables denuncias
en su contra y de las acusaciones periodísticas, sobre todo de la corres-
ponsal Elaine Thompson, quien en su conocido libro *Desperados* (Lasser
Press, 1989), ligó al personaje con el asesinato del agente estadunidense Enrique "Kike" Camarena Salazar, secuestrado y torturado por los
sicarios del cartel de Guadalajara comandado por Rafael Caro Quin-
tero, en febrero de 1985.

La obra citada pretende ser una alerta para la ciudadanía estadunidense. Incluso Haynes Johnson, en el prólogo, asume casi como
un deber patriótico reaccionar ante la guerra desatada "contra Estados
Unidos" por parte de los zares de la droga:

"Su libro —asume Johnson— es un encantamiento potente y
corrosivo y un llamado a las armas. Ojalá pudieran leerlo todos los estadunidenses."

Bajo la presión internacional, Aguilar Guajardo matizó sus apariciones en público pero no dejó de ostentarse como uno de los glamourosos miembros de la high society de Juárez. A mediados de 1992, con motivo de los 15 años de su hija, no escatimó gastos para convertir la celebración en un evento incomparable e hizo alternar, en el espectáculo montado exprofeso, a la baladista Yuri, entonces de moda, y al cantautor de Juárez por antonomasia, Juan Gabriel. Y se mostró, pleno y feliz, en las narices de quienes aseguraban tenerlo a tiro para paliar la indisposición de las autoridades estadunidenses.

Cito el *Diario de Juárez* (14 de abril de 1993):

El mes de abril del año pasado (1992) en el Juzgado Quinto de Distrito de Ciudad Juárez, la PGR solicitó otra orden de aprehensión contra Aguilar Guajardo, pero la titular del tribunal, María Teresa Zambrano Calero, se negó a dictarla. La petición la originó el supuesto hallazgo de dos plantas de amapola que se descubrieron en la residencia de Aguilar Guajardo, ubicada en la Avenida de la Raza número 5577 de esta ciudad, cuando la finca fue cateada por la entonces subdelegada local de la Procuraduría General de la República, Leticia Navarro Bañuelos.

El lunes 12 de abril de 1993, a las cinco de la tarde, sobre el bulevar Kukulkán de la zona hotelera de Cancún, exactamente enfrente de donde se hallaba el restaurante Gypsys, seis individuos, desde dos vehículos, acribillaron a Rafael Aguilar Guajardo y a su familia, resultando muerto el "empresario" y heridos su esposa, María Teresa Delgado, y el hijo de ambos, José Miguel Aguilar Delgado. En el incidente también fue alcanzada y asesinada la turista estadunidense Georgina Knafel, de quien las autoridades judiciales aseguraron que no tuvo participación alguna en la vendetta.

Pocos minutos después un automóvil Spirit color negro, en donde viajaban tres sujetos, Silvino Aguirre Fierro, de Sinaloa, Edison Linares Villa, del Distrito Federal, y Refugio Chávez Urías, de Chihuahua, este último en posesión de una credencial que lo acreditó como miembro de la Policía Judicial del Estado de Morelos, con dirección hacia el aeropuerto internacional, fue interceptado y asegurado, encontrándose en el mismo armas de alto poder —un rifle nueve milímetros

Heckler MPS, una pistola calibre .45, otra .38, dos granadas de mano, 18 cargadores y 316 cartuchos útiles. Los tres quedaron detenidos.

Dos versiones corrieron entonces y una después sobre los posibles autores intelectuales. En principio se señaló hacia un ajuste de cuentas por parte del cartel del Golfo, encabezado por Juan García Ábrego, rival de Aguilar, en plena guerra de territorios; también se dijo que la ejecución habría podido ser obra del cartel de Medellín, y de sus líderes con el propósito de reacomodar y reorganizar sus estructuras multinacionales reduciendo con ello la presión de las policías estadunidenses. Finalmente, las indagatorias llegaron hasta el propio cartel de Juárez que quedó en manos de quien habría de ser el más legendario de sus cabecillas: Amado Carrillo Fuentes.

Y fue 1993, pese a la muerte de Aguilar, el año del despegue definitivo del cartel juarense, operado por el sinaloense Carrillo Fuentes, gracias al peso de innumerables alianzas soterradas con las autoridades mexicanas de distintos niveles, incluso los más altos. Curiosamente también se sitúa, en ese momento preciso, el inicio de la barbarie política, en la fase terminal de la administración presidencial de Carlos Salinas de Gortari, que confluyó, en mayo del mismo 1993, en el asesinato del cardenal Juan Jesús Posadas Ocampo, y luego, en marzo de 1994, el de Colosio, para rematar seis meses más tarde, en septiembre, con el crimen contra el exgobernador de Guerrero, secretario general del PRI entonces y excuñado de Salinas, José Francisco Ruiz Massieu.

En los primeros días de 1997, los líderes de dos de los mayores carteles con jurisdicción sobre México, Carrillo Fuentes y los hermanos Arellano Félix, cuyo grupo criminal se desarrolló en Tijuana, se encontraron para establecer un "pacto de no agresión" entre ellos y acaso sentenciar de esta manera al poderoso capo del Golfo, Juan García Ábrego, atrapado en Villa de Juárez, Nuevo León, muy cerca de Monterrey, el 14 de enero del mismo año. La causa y el efecto están claros. Por cierto, García Ábrego, según expuso Yolanda Figueroa —quien fuera asesinada junto con su marido y sus hijos semanas después de la aparición de su libro *El capo del Golfo* cuya presentación corrió a mi cargo—, se sorprendió al momento de su captura ante el exagerado dispositivo montado por las distintas policías:

–Señores —les dijo el mafioso según lo publicado en el texto referido—; yo vengo a cumplir un pacto de caballeros; no veo la necesidad de tantas armas y tantos efectivos.

Otra versión me fue confirmada por el general Jesús Gutiérrez Rebollo, nombrado comisionado del Instituto Nacional para el Combate a las Drogas en diciembre de 1996 —encargo que sólo le duraría menos de ochenta días, hasta su confinamiento en febrero de 1997—, cuando le visité en el Penal de Alta Seguridad de La Palma, en Almoloya de Juárez, el 22 de marzo de 2002:

–La realidad es que el general Enrique Cervantes Aguirre —entonces secretario de la Defensa Nacional bajo el mando del Comandante Supremo, el presidente Ernesto Zedillo Ponce de León—, recibió sesenta millones de dólares por proteger el encuentro de los capos y asegurar el buen término de las negociaciones.

También deslizó, como se lo dijo también a la colega Isabel Arvide, que el dinero referido fue "transportado" en una patrulla de la Policía Federal de Caminos asignada al servicio de la residencia oficial de Los Pinos en donde habita la familia del mandatario en turno. La denuncia, por demás directa, pese haber sido canalizada a las instancias oficiales por los abogados del defenestrado general Gutiérrez Rebollo, no ha tenido seguimiento alguno.

En *Confidencias Peligrosas* (Oceano, 2002), en el capítulo "El cartel del paraíso" —por aquello de los "muertos vivientes"— referí lo siguiente:

Tengo en mi poder una copia certificada del oficio número 20516, fechado el 19 de noviembre de 1997, originado en la Dirección de Sentencias de la Dirección General de Prevención y Readaptación Social. El destinatario es el licenciado Nelson Alejandro Ramírez Velásquez, Cor. J.M. Licenciado juez 4º. Militar, con ubicación en el Campo Militar 1-A.

El texto sorprende:

En respuesta a su oficio No. 5812, de fecha 19 de octubre del presente año, relativo a la causa No. 228/97, mediante el cual solicita información sobre antecedentes penales de los señores

Ismael Zambada García y Amado Carrillo Fuentes, se hace de su conocimiento que, después de la respectiva búsqueda en el Archivo de esta Dirección, NO se encontraron antecedentes penales de las personas mencionadas.

–La firma —continúa la cita— es del licenciado Cristóbal Figueroa Ocampo. Copias del documento fueron enviadas al licenciado Luis Rivera Montes de Oca, director general de Prevención y Readaptación Social; al licenciado Jorge Díaz Olvera, subdirector general de Prevención y Readaptación Social, y a la licenciada Silvia Pérezmoreno Colmenero, subdirectora de Sentencia en Libertad.

Una auténtica joya de la administración de justicia en México. Dos de los principales implicados en el "flagelo" de la humanidad en la perspectiva del siglo XXI, uno de ellos oficialmente "muerto" desde julio anterior al oficio de marras, estaban tan limpios como una de esas ropas percudidas tratadas en la televisión para promocionar algún detergente "infalible". Amado, el Señor de los Cielos —quizá porque desde el más allá sigue liderando a su grupo y no precisamente desde el infierno carcelario—, con los pies muy bien puestos sobre la tierra, y el Mayo Zambada, uno de los tres herederos del poderoso cartel —junto con el Azul y Vicente Carrillo Fuentes, hermano de Amado—, el nuevo rostro de la organización criminal en permanente mutación de objetivos, líderes, geografías y complicidades.

La Procuraduría General de la República llegó al extremo el sábado primero de julio de 2005, de aprehender, en el centro comercial Perisur de la ciudad de México al arquitecto Joaquín Romero Aparicio, confundiéndolo con Vicente Carrillo Fuentes. La pifia fue sostenida hasta la conclusión de los exámenes de ADN de los personajes y exhibió la superficialidad con la que actúan los peritos de la PGR siguiendo las líneas prestablecidas por la Presidencia de la República cuyo vocero, Rubén Aguilar Valenzuela (exjesuita y exguerrillero en El Salvador y Nicaragua) difundió la especie subrayando las dudas.

No lo olvidemos: en México, cada sexenio estrena a sus propios narcos. Y los políticos sólo se acomodan a los hechos con una excepcional capacidad de adaptación y en plena fusión de intereses *non sanctos*. ¿Tiene algo que ver con ello la despiadada derrama de recursos, cuyo origen se desconoce, destinada a la exaltación de tantos "aspirantes" a la primera magistratura mucho antes de haberse iniciado los periodos de campaña autorizados por la legislación? La mera interrogante exhibe los vínculos.

De acuerdo con una información del diario *La Jornada*, en su edición del lunes 23 de mayo de 2005, firmada por Alfredo Mendoza Ortiz, el desarrollo de las mafias conectadas con el narcotráfico no sólo no ha sido contrarrestado, como reza la publicidad oficial, sino más bien se disparó a lo largo del lapso presidencial de Vicente Fox:

> Al menos en los últimos cinco años —se lee en la nota—, los carteles mexicanos se han consolidado como los principales introductores de cocaína en el mercado estadunidense, señala la Procuraduría General de la República (PGR) a partir de información de las agencias Central de Inteligencia (CIA) y antidrogas (DEA) de Estados Unidos.

Asimismo, agrega que en el país existen al menos cien bandas y grupos dedicados al narcotráfico, 85% de los cuales operan en la frontera norte, y que entre las principales organizaciones delictivas destacan los carteles de Ciudad Juárez, Sinaloa, Tijuana, del Golfo y del Milenio, así como otros de menor "impacto delictivo", los cuales básicamente operan en el centro y sur del país y se dedican a fomentar el consumo y distribución de drogas entre jóvenes y niños.

ℛ

¿Cortinas de humo? Sí y sólo explicables, claro, mediando sociedades de muy altos vuelos, esto es con conexiones incluso hacia la casa presidencial, como comenzó a dirimirse en febrero de 2005 en lo que pareció una especie de chantaje del entonces procurador, Rafael Macedo de la Concha, contra sus superiores jerárquicos en pleno desfase político que culminó, poco más de dos meses después, con el retiro del mílite de esta dependencia y los posteriores cruzamientos de las dirigencias partidistas que se dijeron acosadas por las conjuras desde la cúpula del poder, cada cual por su lado, lo mismo desde el PRD y el PRI pero también desde el PAN —el presidente nacional de este partido, Manuel Espino Barrientos, se quejó de un propósito malsano de la Procuraduría con la intención de sitiarlo tras la aprehensión y breve confinamiento, desde el 5 de febrero, de Nahum Acosta Lugo, quien fuera funcionario de la Presidencia adscrito a la Dirección de Giras Presidenciales y acusado de sostener vínculos con el cartel de Juárez.

Nada se resuelve, nada se investiga a fondo. Y no sólo en torno a los asesinatos de mujeres. En general. ¿No será esta razón, y no otra, la que impide a la esposa de Vicente Fox, la señora Marta, feminista irredenta según dice, ocupar parte de su valioso tiempo en la cúspide del poder político, así sea muy breve, en el seguimiento de los crímenes, sus orígenes y vertientes? Mientras, un puñado de funcionarias, que no duermen, enfrentan el reclamo público, las descalificaciones por la sostenida impunidad y el reacomodo de las bandas delincuenciales, sirviendo únicamente como filtros para deslizar a través de ellos la explicable indignación colectiva.

¿Cortinas de humo? En Ciudad Juárez se han puesto de moda los simuladores cibernéticos de vuelo. Cualquiera, con un poco de espacio para el ocio, puede acceder a los "juegos" gracias a los cuales se aprende a pilotar aeronaves de todo tipo, igual como lo hicieron los señalados como responsables de los atentados terroristas en Nueva York en el septiembre negro de 2001. Mi amable conductor, pone la cereza del pastel:

—¿Sabe qué? El aeropuerto de Ciudad Juárez —una de las mayores ciudades de la República— no cuenta con radares para el aterrizaje y despegue de los aviones. Lo tenemos confirmado.

—¿Cómo te diste cuenta?

—Gracias al "simulador". Cuando se trata de vislumbrar el campo aéreo de Juárez no hay ninguna guía. Y así es. Los pilotos deben bajar y subir sus aeronaves, comerciales o no, a vuelo de pájaro, es decir de manera manual. Yo le recomendaría mejor utilizar el aeropuerto de Chihuahua aunque tenga que venirse por carretera desde allá.

En el aeropuerto de Juárez, el "controlador", desde la torre y con binoculares, vislumbra el tránsito aéreo y lo va acomodando a simple vista, sin más recurso que su propia intuición. Como si se tratara de señalar, banderola en mano, el fin de una frenética carrera en la meta ansiada.

Hace algún tiempo, en una larga conversación con Jorge Madrazo Cuéllar, cuando fungía como procurador general —desempeñó el cargo entre diciembre de 1996 y noviembre de 2000—, en el adusto despacho del titular de la dependencia, le pregunté acerca de un curioso fenómeno "natural":

–Entre los aviadores, hay claridad de que existen dos "agujeros" sobre suelo mexicano. Uno, en una porción de la península de Yucatán —convertida en plataforma para recibir los cargamentos de cocaína colombiana—, y otro, arriba de Ciudad Juárez. ¿No son éstos, precisamente, los corredores por donde se mueve el narcotráfico?

El funcionario no negó la especie ni dio mayores datos al respecto. Y fue impreciso al contestar:

–Desde luego, lo estamos investigando.

El Señor de los Cielos, por supuesto, le lleva mucha ventaja a los perentorios ocupantes de la oficina del procurador, "abogados de la nación" les dicen, copados por las mafias y las cortinas de humo.

F

–La descomposición de la justicia se revela a partir de hechos evidentes. Por ejemplo, cuanto se relaciona con las narcofosas halladas en Ciudad Juárez en enero de 2004.

Guadalupe Morfín Otero, responsable de la Comisión para Prevenir y Erradicar la Violencia contra las Mujeres en Ciudad Juárez, instancia creada por iniciativa presidencial, bajo la presión social por la imparable secuela de homicidios, y estructurada dentro de la Secretaría de Gobernación como respuesta del gobierno federal, es una mujer sensible al reclamo. Devota de su religión, pende de su cuello una medallita en honor a Santa Teresa de Ávila uno de cuyos pensamientos descansa al pie del escritorio de la funcionaria, en la mesa lateral de la apretada oficina burocrática, con todo el contenido místico de la gran monja española. Estamos, sí, en el vetusto Palacio de Covián, sede de la secretaría encargada de manejar la política interior del país, desde donde, en otros tiempos, se implementaba el espionaje político. Ahora las intendencias han crecido.

–Los espacios policiacos —sostiene la comisionada Morfín— se convirtieron también en lugares de alta inseguridad.

291

El 29 de enero de 2004, sobre la calle Parsioneros de la colonia Las Acequias de Ciudad Juárez, se produjo un hallazgo "escalofriante" —según calificación de la propia comisionada—: doce cuerpos, apilados, con señales claras de haber sufrido torturas antes de sus ejecuciones. De inmediato, el subprocurador de Investigaciones Especializadas con la Delincuencia Organizada de la Procuraduría General de la República, José Luis Santiago Vasconcelos, señaló a trece agentes de la Policía Judicial del Estado de Chihuahua, incluyendo el de mayor rango, el comandante Miguel Ángel Loya Gallegos, con diez años de antigüedad en el servicio, como presuntos responsables de los homicidios. Loya huyó a El Paso, Texas.

Un informante confidencial agrega sobre el particular:

—Cuando se giraron las órdenes de aprehensión contra Loya y los otros doce judiciales, éstos fueron detenidos cuando transitaban por la Avenida de la Raza, en franca huida. Hasta allí llegó el comandante Abelardo Venegas Aguirre quien, sin mediar explicaciones, los dejó irse. ¿Sabes cuál fue el destino de Venegas? ¡Lo designaron —en diciembre de 2004—, director de la Agencia Estatal de Investigaciones de la Procuraduría de Chihuahua! ¿Te das cuenta? Él es ahora el responsable de investigarse a sí mismo sobre uno de los casos más escandalosos de corrupción y complicidad de los últimos años.

En su primer informe de gestión, del lapso entre noviembre de 2003 y abril de 2004, la comisionada Morfín Otero puntualiza:

—Es inevitable preguntar cuántas fosas más o depósitos de cadáveres existen en Ciudad Juárez y hasta dónde llega en las altas esferas la complicidad; cuál es el papel que juegan los organismos y poderes que deben hacer de contrapeso al Ejecutivo del estado, tales como las comisiones de derechos humanos y las contralorías, y cómo se puede ayudar a que sea efectiva la división de poderes.

Y se pregunta:

—Esta institucionalidad que no está funcionando adecuadamente, ¿corresponde a un vacío del Estado de Derecho o es algo más?

Concluye, como respuesta, con una acusación directa, severa, descarnada:

—Lo que el descubrimiento de la narcofosa ha revelado en la frontera es la descarada complicidad de los cuerpos institucionales locales que debían proteger a la población, confundidos ahora como sicarios del narco.

La duda ahora es acerca de la actuación de las instancias federales, a las que la comisionada pertenece por mandato presidencial. Porque a éstas corresponde perseguir, atajar y prevenir cuanto se relaciona con los "delitos contra la salud", es decir los derivados del tráfico de estupefacientes, desbordados bajo las habituales y efectivas cortinas de humo. La aparición del depósito clandestino de cuerpos torturados situó, convenientemente cabría decir, todo el interés de la opinión pública en la burda, incluso torpe, complicidad de los mandos estatales que buscan, ante los hechos incontrolables, llevarse también su propia tajada.

El 9 de febrero, menos de dos semanas después del macabro hallazgo, corrió la versión de que las narcofosas podrían estar relacionadas con los asesinatos y las desapariciones de mujeres. Y se ordenó revisar, a fondo, una fortificada propiedad, conocida como "el búnker", en la calle Luna del fraccionamiento El Pensamiento, en la zona llamada Waterfill, lo mismo que la residencia de Vicente Carrillo Fuentes, visto como la cabeza del cartel juarense, en la colonia Las Granjas. Todos sabían de estos inmuebles y, de pronto, como si aparecieran en la chistera de un mago, afloraron a la vista del público incrédulo.

Mientras ello ocurría, al menos diez telefonemas, anónimos claro, situaron a Loya Gallegos en El Paso, Texas, en donde aprehendieron a varios de los judiciales inodados en el asunto con la "colaboración" de la DEA estadunidense. Finalmente, el 8 de marzo, el procurador estatal, Jesús José Solís Silva, dimitió del cargo sin poder ofrecer una explicación razonable sobre el involucramiento de los judiciales bajo su mando en la tremenda secuela criminal. Sólo se filtró, eso sí, que los jueves por la noche el comandante Loya organizaba festejos orgiásticos en un bar de la ciudad para agasajar a sus jefes y subordinados inmediatos. Las conexiones llegaban hasta la cúspide de la pirámide del poder.

–Otro caso que plantea el desfasamiento de las policías —continúa nuestra conversación con la comisionada Morfín Otero—, fue el del exjefe de Averiguaciones Previas de la Procuraduría estatal, Héctor Armando Lastra Muñoz, quien fue acusado de reclutar y explotar jovencitas poniéndolas a disposición de una red de empresarios con alto nivel económico.

–Una evidente complicidad entre el poder político y el económico, comisionada.

–No sólo eso. El juez penal que conoció del caso determinó que la causa no era grave y por ende no había razón para proceder contra el sujeto. Luego, en una segunda instancia, se ordenó la aprehensión pero Lastra se amparó. En este momento no puedo precisarle en dónde está.

El 27 de febrero de 2004, el entonces subprocurador del estado, el licenciado Jesús Antonio Piñón Jiménez, informó que se había detenido a Lastra Muñoz a quien se le fincarían cargos por el delito de estupro pues utilizaba a una jovencita de 17 años como "gancho" para reclutar a otras menores. La pena prevista podría alcanzar 17 años de prisión. No obstante, el juez sentenció otra cosa y el pájaro de cuenta voló.

El licenciado Piñón explicó al iniciarse la querella contra Lastra —más bien lastre social— lo siguiente:

–Esta persona enganchaba a menores de edad para que fueran una especie de edecanes y modelos; en realidad las jovencitas eran presentadas a personas que las prostituían.

La comisionada Morfín, madre de familia, hace esfuerzos por seguir la conversación, agobiada por la gripe y la falta de sueño. Habla en voz baja aunque no puede evitar reflejar su actitud hiperdinámica, ansiosa. Y trata, en todo momento, de encontrar a los asuntos controvertidos una explicación institucional.

–Comisionada —le digo—, constantemente, cada que aparece un cadáver femenino con signos de violencia, se dice que no se hace nada y por eso no hay resultados. ¿Hasta dónde llega la impunidad?

–Primero debemos esperar una información más confiable sobre cada caso para así definir cuándo puede considerarse resuelto.

–¿Lo dice usted por la estadística oficial en el sentido de que 70% de los asesinatos de mujeres ha sido esclarecido?

–También por eso. Le digo, para que un caso esté de verdad resuelto debe haber reparación del daño y tomar medidas efectivas para evitar la reincidencia. Debe cumplirse con las recomendaciones de la

ONU para que ningún responsable pueda evadir su sanción y ningún inocente pise la cárcel.

Converso con la comisionada el 24 de mayo de 2005, un mes que señala el repunte de los asesinatos contra mujeres. Por la mañana, fueron hallados más cadáveres —uno, el de Estela Berenice González Amézquita, de 18 años, estrangulada y golpeada por su esposo, Roberto Reyes Orquiz, el caso número 14 del año, y otro, de una anciana, María Teresa Tolentino, aparentemente asaltada— y la lista se incrementó. Un día más tarde se encontró el cuerpo de Martha Alicia Meraz Ramírez. Dieciséis ya.

Escucho, de nuevo, decir que nada se ha hecho. Así lo asegura, por ejemplo, el presidente de la Comisión Nacional de los Derechos Humanos, José Luis Soberanes. Y, sin embargo, tengo la percepción de que, como en pocas ocasiones, un puñado de funcionarias, no exentas de valor personal, hace esfuerzos denodados por avanzar sobre las resistencias sociales y la colusión de las infanterías y mandos policiacos. Por una parte, se dilapidan empeños; por la otra, no se rompe el cerco. Y los resultados obtenidos se diluyen ante el peso publicitario de nuevos casos de homicidios con vertientes distintas.

–Es indispensable —apunta la comisionada Morfín— mejorar el trabajo forense. Lo ideal sería crear una institución autónoma especializada en las ciencias penales.

–En un plano realista, comisionada, ¿cuáles serían sus metas específicas?

Se detiene unos instantes y se toma un respiro hondo. Luego, un tanto apurada, bebe de un botellín de agua mineral que contiene una sustancia homeopática para curar el cuadro gripal.

–Quisiera —responde— establecer criterios que arrojen nuevas vías para la actuación de la autoridad en aras de prevenir los crímenes. Y que, a mediano plazo, las instituciones correspondientes realicen las funciones para las que fueron creadas.

–¿No lo hacen ahora?

–Bueno, funcionan para móviles distintos a los que determinaron su creación.

De este punto arrancamos. Pese a los tantos enlaces y promesas de coordinación, cada dependencia se entromete en jurisdicciones ajenas y fiscaliza cuanto se realiza en otros niveles de gobierno. La duplicidad de funciones da pie a los arrebatos y al permanente cruzamiento de reproches. Y la eficacia no llega porque, aunque todos mencionan el drama social como detonante, las hipótesis no desembocan en la praxis.

—Clara Jusidman —abunda la comisionada— elaboró un plan para la acción social concertada a través de su grupo, Iniciativa Ciudadana, en coordinación con el Instituto de Desarrollo Social, por donde habrían de canalizarse fondos y recursos humanos.

—¿Cuáles son las tesis centrales?

—Si no se cuenta con una infraestructura de apoyo para trabajar en las comunidades, los haberes se descuidan (desde los valores morales) y la sociedad va perdiendo cohesión. Es necesario que el modelo de desarrollo sostenido tenga consecuencias palpables en la sociedad.

Una de las deformaciones más profundas tiene que ver con los papeles tradicionales de mujeres y hombres en los planos laborales. Por ejemplo, el hecho de que 70% de las plazas disponibles en las maquiladoras fueran cubiertas, hasta hace muy poco tiempo, por mujeres. Ahora la relación es de 50%.

—Los hombres no pudieron asimilar la nueva realidad —asevera la comisionada Morfín—, al ser desplazados de su papel de proveedores. El cambio no fue suficientemente acompañado. Durante dos décadas se privilegió la oferta de mano de obra femenina al tiempo que los hombres tenían más dificultades para hacerse de una ocupación estable.

La industria maquiladora, observada por los empresarios como factor de desarrollo, prohijó otros dramas sociales igualmente complejos que nunca fueron analizados como tales, siquiera para intentar contrarrestarlos. Al contrario: el éxito de los parques industriales marcó un nuevo nivel de vida en el que, espejismos de por medio, se hizo mayor la pugna entre géneros en una nación con hondos prejuicios machistas. El coctel, desde luego, resultó explosivo.

—¿Cuáles son los argumentos de fondo que se esgrimieron para ampliar la oferta laboral a favor de las damas? —pregunto a la comisionada.

—Se lo consulté a Eduardo Romero, secretario de la Función

Pública, y éste me dio una explicación muy certera. En principio, las mujeres tienen una mayor habilidad para el manejo de microcomponentes y una mejor disposición hacia el aprendizaje. Además, algo muy importante: no hacen "San Lunes", esto es no caen en el ausentismo después de los excesos de los fines de semana.

–Entonces, ¿por qué variaron los porcentajes con el tiempo?

–Por cuestiones técnicas. La industria incluye ahora las plantas ensambladoras de autopartes en donde se requiere una mayor fuerza física. Por otro lado, las maquiladoras se extienden igualmente hacia distintos servicios como la atención a clientes de las compañías telefónicas estadunidenses y la infraestructura de cobranzas a empresas. Cada día se hace indispensable una mayor capacitación; por ejemplo, aumentan los puestos para el personal bilingüe.

Las ocupaciones y los salarios varían por cuestiones del entorno, el geográfico y el físico. En la ciudad de los grandes contrastes, cosmopolita casi de contrabando, pueden alternar las chicas de la noche, en distintos niveles, con un abismo de diferencia entre ellas. Unas, desprotegidas, se habilitan en la prostitución para poder sacar adelante a sus retoños; otras, bajo contratos internacionales, entran y salen de Juárez, del país, sin el menor asomo de preocupación. Entre unas y otras sólo hay el estatus que imponen los bolsillos.

Retomo la conversación con la comisionada Guadalupe Morfín en la ciudad de México. Le hablo de una realidad inquietante: en pocos sitios se observa una miseria tan aplastante como en Juárez, y, de igual manera, no es usual encontrarse fincas urbanas más ricas y extensas que en esta ciudad plena de claroscuros. Por un lado, la exaltación de la industria exitosa; por el otro, el arraigo de la pobreza que impulsa hacia nuevas vertientes de la rebeldía.

–Sí —explica la funcionaria—, la desigualdad es extrema en un mismo hábitat. Hay una indiscutible generación de riqueza pero muy mal distribuida. Ésta podría ser una explicación para entender el drama. La violencia se da en un contexto que ha privilegiado la doble o triple jornada laboral.

Las oportunidades y sus altos costos, pienso, se sustentan en la doctrina de la resignación que se extiende, con toques religiosos, hacia los valores de la conciencia para preservar siempre el bien en un entorno asfixiante hasta ganar la vida eterna, allá en donde los ricos no podrán simular a los bíblicos camellos que no pueden atravesar el ojo de una aguja. La fragilidad de la resistencia humana es el límite, delgadísimo, intangible, entre la paz aparente y el detonar violento.

Pero no es sólo Ciudad Juárez en donde mueren las mujeres por la violencia de género. Lo reconoce así la comisionada Morfín; lo expresan, con vehemencia, las autoridades locales; lo admite, sin recovecos, la exfiscal especial María López Urbina. La señora Morfín insiste en que en otras entidades del país, sobre todo en el Estado de México, alrededor de la capital neurálgica y bajo una compleja red de intereses caciquiles, el número de víctimas es incluso mayor a los registros, tan socorridos y demandados, de los feminicidios en Juárez.

—Propuse —continúa la señora Morfín— que el gobierno federal, a través de la Procuraduría, se atrajera las indagatorias de 100% de estos crímenes.

—¿Por desconfianza hacia las autoridades estatales? Porque en buena medida se trata de delitos del fuero común que deben conocer las instancias de cada entidad soberana.

—Lo que pasa es que si no se investigan bien, como ha venido ocurriendo, cada expediente se convierte en una violación grave a los derechos de las mujeres, como tales.

Una onda expansiva, imparable, sobre una ciudad difamada y un país en donde la misoginia brota como una alergia generada por el machismo, resistente al igual que el drama social mismo, y es cauce hacia la violencia.

—Si el fenómeno de los feminicidios no es exclusivo de Ciudad Juárez, ¿por qué sólo se concentra la atención allí? —interrogo a la comisionada Morfín.

—Bueno... porque en Juárez se comenzó a llevar la cuenta, y porque esta ciudad merece el desagravio. Además, no sabemos si en otros sitios, en otras entidades, en otras urbes, hay el mismo grado de impunidad. También en Juárez se han diseñado fórmulas que pueden servir en otros lugares.

Me detengo en esta respuesta y en el simplismo que entraña. Por razones de estadística bien llevada se asume que es menester desagraviar a una ciudad aunque en otros estados de la república las vejaciones contra mujeres sean mayores y más frecuentes. ¿El fiel de la balanza es la correcta numeración? Sorprende igualmente que la impunidad sea también pauta... porque no se sabe, a precisión, si la negligencia policiaca se sitúa en el mismo plano fuera de Ciudad Juárez. Insisto: si la atención se vuelca sobre la urbe fronteriza, en donde no se escatiman instancias ni estructuras ni fiscalías para intentar atajar la vergüenza de los crímenes de género, ¿qué puede esperarse en otras regiones que no son recipiendarias de la atención general? Esta enorme, gigantesca simulación ¿a dónde lleva?

–Señora comisionada, ¿no se ha planteado que los asesinatos de mujeres en Juárez, que atrapan la curiosidad pública, pudieran tener como origen común distraernos a todos respecto de otros flagelos, el narcotráfico entre ellos? Una cortina de humo, para decirlo claramente.

Guadalupe Morfín atiende brevemente su irritación gripal y gana unos segundos de íntima reflexión. Y no elude el fondo del asunto:

–Sí, es una hipótesis que debe considerarse respecto de los asesinatos. Esto es, mensajes difundidos, cifrados, sobre los cuerpos de las mujeres muertas para distraer la atención.

El año 1993 señaló el arranque del listado acaso porque, desde entonces, los homicidios de género se hicieron sistemáticos y comenzó a llevarse la cuenta. El 27 de mayo de ese año, Felipe Javier el Negro Lardizábal Hernández, un agente encubierto habilitado por Francisco Barrio, entonces gobernador, para investigar a la red del narcotráfico que se extendía por Ciudad Juárez, desapareció sin dejar rastro. Lo último que se supo de él es que el primer comandante de la Policía Judicial del Estado, Jesús Buil Issa, le dio un "aventón" al Hotel Montecarlo aunque no lo conocía como el mismo jefe de policía confirmó.

Cuenta Rosa María Lardizábal, hermana de Felipe Javier, exregidora del Ayuntamiento de Juárez y responsable, en 2005, de la atención ciudadana de la Dirección de Servicios Públicos Municipales:

–Unos días antes de que el Negro desapareciera ocurrió el asesinato del cardenal Juan Jesús Posadas Ocampo en Guadalajara —exactamente el 24 de mayo. Recuerdo que cuando vimos las noticias, a él y a mí se nos hizo curioso el gran parecido que tenía, Felipe Javier claro, con un moreno al que se veía en el video, muy cerca del automóvil baleado del cardenal.

299

–¿Le dijo algo al respecto Felipe Javier?

–¿Sobre el asesinato del cardenal? Sí, que era cosa de narcos. Lo sorprendente es que, unas horas después de la desaparición de mi hermano, un visitador de la Comisión de Derechos Humanos, al que habíamos acudido, le dijo a la esposa de mi hermano, Guadalupe Valdés: "si declaras que él participó en el asesinato de Posadas tu marido va a aparecer, golpeado pero vivo".

–¿Cuál es el nombre del visitador?

Guadalupe, hermana menor de Rosa María y Felipe Javier, quien permanece callada durante la mayor parte de nuestra charla, interviene, al fin:

–Dile lo de la carta. Es que el de Derechos Humanos quería que le diéramos una carta en donde responsabilizábamos al Negro por lo del cardenal. No era un embuste: la cosa iba en serio.

–Pero, ¿de quién se trata?

Rosa María retoma el hilo de la conversación:

–Hay cosas que no podemos decirle[...] porque debemos protegernos. Somos puras mujeres las que quedamos. Mi marido, luego de dieciocho años de casada, se divorció porque no quise dejar de reclamar justicia. Me dijo: tu hermano o yo. Y se fue. Han sido muchas las amenazas pero resisto porque si me callo entonces estaré más expuesta, ¿no cree?

El gobernador Barrio, tiempo atrás, llamó a Lardizábal, a quien le tenía confianza, para hacerle una petición:

–Ayúdeme —le dijo— a limpiar de narcos Chihuahua. No se apure, vamos a tenerlo protegido[...] pero si algo pasara nosotros responderemos por su familia.

Lardizábal sólo dejó, en casa de su madre, Consuelo Hernández, bibliotecaria, una maleta con ropa y un portafolio con llave. Cuando lo abrieron, inquietas porque nadie daba con el paradero de Javier, sólo encontraron, en un sobre cerrado, un documento de cuatro hojas y unas cuantas tarjetas con nombres diversos, desconocidos para ellas. También había una nota en la que pedía entregar todo, en caso de que él faltara, a Arturo Chávez Chávez y sacar copias para dárselas a Javier Corral Jurado, uno de los más cercanos colaboradores de Barrio.

Chávez Chávez, delegado entonces de la Procuraduría General

300

de la República en Juárez, fue designado fiscal especial para conocer del caso Lardizábal y años después, pese a las sospechas de su sesgada actuación, recibió el nombramiento de procurador estatal durante la administración del panista Barrio. Es el mismo a quien Sharif Sharif, el Egipcio, desde la prisión, señala como autor de la trama para fabricar, con él, un culpable y redimir con ello a su jefe de la negligencia evidente. ¿Una simple coincidencia?

–Fue Barrio —insiste Rosa María Lardizábal— quien se inventó el historial de Felipe Javier. Que si era faltista, que si era distribuidor de cocaína. Mi hermano fue un agente encubierto y eso lo sabía el propio Barrio. De haber sido narco, digo, algo nos habría dejado, y murió con las manos vacías, sin un peso.

–¿Cuál es su percepción, Rosa María? ¿Por qué murió Javier?

–Porque tocó intereses que no convenía. Mire, Barrio, para decirlo de una vez, es un hijo de la chingada. ¡Líbrenos Dios de que llegue a la presidencia!

Guadalupe tercia de nuevo:

–Un día me invitó a desayunar un elemento ligado a la Policía Judicial. Yo le había pedido que, si sabía, me dijera quién era el responsable de cuanto le pasó a Felipe Javier. Cuando nos vimos, sólo me pasó una tarjeta y me dijo: "léela y luego rómpela". Sólo tenía un nombre escrito: Amado Carrillo Fuentes.

–Usted ya sabía de quien se trataba, ¿no?

–No, señor. En esos días ese nombre ni se mencionaba. Estaba reacomodándose, haciéndose del mando. En abril, un mes antes, mataron a Rafael Aguilar Guajardo en Cancún. Y todos los ajustadores de Rafa Aguilar empezaron a desaparecer.

El 16 de noviembre de 1993, el año terrible, el cadáver de Felipe Javier Lardizábal, el Negro, apareció en el Lote Bravo. Una excavadora que removía la tierra dio con él. El cuerpo estaba esposado, con los ojos vendados y podía apreciarse que había recibido el "tiro de gracia". En la autopsia se determinó asimismo que fue golpeado, quebradas sus rodillas y torturado hasta el estallamiento de los pulmones. Tenía 33 años al morir.

–Por intermediación de la Comisión de Derechos Humanos de Chihuahua —finaliza Rosa María—, nos ofrecieron 40 mil dólares. El titular del organismo era entonces Ricardo Vázquez Santiesteban. Publicaron que nos habían entregado el dinero pero no fue así. No lo aceptamos.

Rosa María no cree en la justicia. Habla como una especie de expiación personal para sentirse viva aunque su voz sea clamor en el desierto, en este desierto en donde las confabulaciones no terminan. Le asalta una duda:

—¿Qué quería Barrio, de verdad, cuando lo mandó a investigar encubierto?

No tiene la respuesta, sobre todo porque, tras la denuncia de la desaparición de Felipe Javier, como era de esperarse, el entonces procurador, Francisco Molina Ruiz, negó que fuera agente al servicio del gobierno estatal. Pese a ello, quien fungía como subjefe de la Policía Judicial del Estado, Javier Benavides, fue el último que lo vio con vida: con él habló Lardizábal en el Hotel Montecarlo antes de su desaparición. Después vino el silencio, el cartel de Juárez se fue para arriba y comenzaron las cortinas de humo que acaso también sirvieron para esconder algunas negociaciones políticas de altos decibeles. La historia, dicen, la escriben los vencedores, y, en Juárez, los narcos.

Hay otra cuestión de fondo, escasamente explorada. Y así se lo planteo a la comisionada Morfín Otero, en la fase terminal de nuestra conversación:

—La frontera implica dos lados, dos polos. No sólo Ciudad Juárez. Desde Texas es muy sencillo acceder a territorio mexicano, mucho más que en sentido contrario. Cualquiera puede cruzar alguno de los puentes, desfogarse en México al amparo de la protección de su gobierno, y volver a territorio estadunidense. ¿Qué hay de esto?

La funcionaria parpadea, inquieta —"no estoy nerviosa, subraya, sólo agripada"—, y matiza su respuesta:

—Claro, todo esto (incluyendo los asesinatos de mujeres) es un asunto de connotación bifronteriza. Es necesario mejorar la coordinación con el FBI, Interpol y la DEA. Y con las autoridades de El Paso. Debe formalizarse una agregaduría de la Procuraduría General en consonancia con los organismos estadunidenses.

La historia no se detiene en las mojoneras ni en los vados del río Bravo aunque, del otro lado, se soslaye toda responsabilidad bajo el alegato de una seguridad citadina, en El Paso, colgada con alfileres. Más ahora cuando lo que importa, en la perspectiva estadunidense, es atrapar terroristas, no narcotraficantes ni asesinos de mujeres, seriales o no. La hipersensibilidad delata a los poderosos vecinos del norte.

El 13 de febrero de 2003, con motivo de la inminente invasión de Estados Unidos a Irak, los diarios publicaron un cable de Inter Press Service que contenía una amenaza velada para México:

> El gobierno de Estados Unidos puede llegar a aplicar represalias contra México, su vecino y socio comercial, si éste resiste las presiones para que apoye sus planes de ataque a Irak, según observadores. México, miembro permanente del Consejo de Seguridad de las Naciones Unidas (ONU), se opone a una acción bélica unilateral estadunidense contra Irak y, como señaló este jueves el presidente Vicente Fox, aún guarda esperanzas de que se produzca un arreglo diplomático que evite la guerra.

El 10 de abril del mismo año, consumada la toma de Bagdad por las fuerzas militares de la unión americana, el embajador de Estados Unidos en México, Antonio O. Garza Jr., firmó como tal un artículo difundido por el diario *Reforma*, de la ciudad de México con la siguiente reflexión:

> Cualquiera que haya visto las imágenes de ciudadanos iraquíes regocijándose en las calles y derribando estatuas de Saddam Hussein comprenderá por qué buscamos liberar a Irak. Esas imágenes demuestran que el pueblo iraquí, y las casi cincuenta naciones que apoyan nuestra coalición, comprendieron nuestra misión. A lo largo de este conflicto, el pueblo iraquí quizá se haya preguntado cómo es posible que todas esas naciones e individuos que dicen estar de su lado pudieron oponerse a una intervención contra un régimen tan opresivo como el de Saddam Hussein.

La alusión no podría ser, en el lenguaje diplomático, ni más directa ni más amenazadora en un mundo en donde la hegemonía estadunidense no reconoce más libertad ni igualdad que las por ellos dictadas. Sobre el particular, el martes 15 de abril, en la columna "Desafío", intenté hacer un análisis de la postura de Garza bajo el título de "El señor embajador":

> En un mundo sin contrapesos, me queda claro, la globalización consolida la injerencia de los fuertes y anula la dignidad de los débiles. Y es esto lo que estamos atestiguando desde la caída de Bagdad, los crímenes contra la población civil —como la bárbara andanada contra el sitio en donde equivocadamente se propuso estaría Saddam hasta devastarse un conjunto urbano, sin piedad alguna ni el menor rubor—, y las mantenidas afrentas contra la prensa no totalmente controlable por los ejércitos de la llamada "coalición" que demostraron cómo pueden valorarse hechos similares, como el trato a los prisioneros de guerra, bajo medidas y ópticas distintas. Lo dicho: la guerra moral la perdió Estados Unidos[...]

Y concluí:

> Las imágenes que, en verdad, se quedaron con nosotros fueron las de la familia de Basora obligada a salir con los brazos en alto, incluyendo a los niños aterrorizados, y las de cientos de desesperados llevándose hasta tibores de gran tamaño a vista y paciencia de los soldados estadunidenses que sonreían a su paso. También la de una joven señora, una sola, que enfrentó los tanques estadunidenses invasores y los hoscos gestos de los marines, señalándolos como asesinos y bastardos; desde luego esta secuencia sólo pudo apreciarse a través de Televisión Española y no de la CNN manipuladora.

¿Cómo puede alcanzarse tal grado de cinismo y, para colmo, pretender amedrentar a los mexicanos y su gobierno, chantajeándolos abiertamente, desde una posición diplomática que se considera invulnerable puesto que hasta lo evidente puede tergiversarse en aras del injerencismo?

La respuesta fue dada por medio del entonces cónsul general de Estados Unidos en Ciudad Juárez, Maurice S. Parker, y difundida por el *Diario de Juárez* el 17 de abril:

Permítame decirle que encuentro el artículo del señor Loret de Mola ofensivo e insultante. Se reduce a un poco más que un ataque personal sobre el carácter, profesionalismo e integridad del embajador de Estados Unidos en México, señor Antonio O. Garza. Aparentemente el señor Loret de Mola es incapaz de ofrecer una crítica constructiva de la política extranjera de Estados Unidos, basada en evidencia y capacidad intelectual, por lo que sustituye con un ataque infantil al señor embajador. Francamente me divierte la habilidad superficial del señor Loret de Mola de desahogar [*sic*] su rencor por escrito sobre una persona a la que probablemente nunca ha conocido.

Los adalides de la democracia y la libertad, la igualdad también, se exaltan con desmesura ante la crítica que no coincide con sus postulados centrales. ¿Rencor? El cónsul Parker, quien salió de Juárez semanas después de suscribir la misiva en cuestión —lo sustituyó Donna M. Blair—, asumió que no había contacto personal entre el embajador y el columnista lo que acentuó el absurdo de un rechazo visceral y torpe. Pero, además, no responde a la tesis de fondo: la ominosa vulnerabilidad del débil en un mundo sin contrapesos.

El cónsul Parker finalizó su escrito con una cordial invitación:

El embajador Garza visitará Ciudad Juárez en un futuro cercano y aprovechará la ocasión para conocer la prensa local. Estoy seguro de que una vez que la población de Ciudad Juárez tenga la oportunidad de conocer personalmente al embajador de Estados Unidos, comprenderá la razón por la que los comentarios hechos por el señor Loret de Mola son deliberadamente confusos.

El encanto persuasivo del diplomático debió ser visto, a su entender, como arma definitoria de cualquier controversia. Un ejercicio pleno de democracia e igualdad. Así se fincan las distancias entre el poderoso y una nación satélite a la que no puede permitírsele, siquiera, un rasgo de dignidad, uno solo, ante la exigencia, de gobierno a gobierno, de un actuar incondicional para reafirmar alianzas políticas, auxilios comerciales y oxígeno financiero. Con este razonamiento puede concluirse que los argumentos sólo son válidos cuando los sostienen los fuertes.

Con el mismo criterio resulta de lo más fácil situar todos los horrores, toda la corrupción, toda la impunidad, en el lado mexicano, a cambio de observar, en el estadunidense, la generosidad inmensa de los policías del mundo. La flexibilidad es sólo para quienes entienden la alianza como claudicación a favor del poderoso.

Confirma la comisionada Guadalupe Morfín:

–Sí, es cierto. Tenemos informes precisos de que, en 2001, había 756 agresores sexuales viviendo en El Paso, trasladados desde distintas prisiones de Estados Unidos. Luego, en 2004, en el Departamento de Policía de El Paso, me dijeron que la cifra había disminuido situándose entre 600 y 700 los agresores con residencia allí.

En su primer informe de gestión, la comisionada explica cómo obtuvo tal estadística:

"Estos datos los proporcionó a la comisionada la académica Alicia Gaspar de Alba, directora del Centro de Estudios Chicanos de la UCLA, en entrevista el 13 de noviembre de 2003. A su vez, ella los obtuvo de la detective Andrea Baca, del Departamento de Policía del Condado de El Paso, y fueron corroborados por la misma comisionada en entrevista que sostuvo en ese Departamento el día 12 de febrero de 2004 con la sargento Dianne Kirk, el sargento Hinojosa y el detective Terrones".

–¿Por qué en El Paso? —pregunto, finalmente, a la funcionaria Morfín Otero.

La comisionada, con un esbozo de sonrisa en los labios, explica:

–Porque allí han instalado algunas casas de terapia.

–Pero, ¿por qué allí, precisamente, frente a una ciudad tan hollada por los crímenes de género y tan sensible ante su propia vulnerabilidad?

–Bueno... quizá porque en El Paso la vida es más barata —finaliza.

Y en Ciudad Juárez, desde la misma perspectiva, no tiene valor alguno. La verdad será la que el gigante determine. Siempre.

La puerta

Salimos. La angustia nos acompaña. Es como si, de pronto, las historias que perfilan a Ciudad Juárez, ayer y hoy, fueran cautivas de las emociones íntimas. Llevo conmigo algunas respuestas pero no es sencillo finalizar la experiencia, separándonos de un entorno agitado por el drama histórico, manipulado por el drama político y profundamente agredido por el drama social. Estamos ante la puerta, otra vez, y no puedo decir que quiero irme. Al contrario: percibo que, entre tantos relatos y tantas vivencias, el alma de la urbe fronteriza comienza apenas a mostrarse.

¿Queda algo por contar? Quizá la fuerza de las miradas acariciadas por el silencio de las voces que sufren y escarnecidas por el rumor escandaloso de las que medran con el dolor. También la oscuridad de las pasiones que deforman las conciencias y las vuelven mercancías, y la luz de quienes quieren creer y se detienen por los lastres que arrojan los simuladores. Sobre todo, la amargura de aquellos que no pueden hacerse valer ante el escepticismo, el monstruo de las mil ingratitudes, de cuantos desdeñan hechos y crónicas con la suficiencia de los ahítos.

¿La verdad? Descúbranla, si no lo han hecho ya, los lectores. Pero no asuman que la razón es exclusiva con el habitual maniqueísmo de las facciones partidistas, siempre tendenciosas y por ende invariablemente mentirosas. Ciudad Juárez, en cada caso, es espejo de unos y otros, de cuantos se digan y sientan mexicanos ante la bifurcación cultural prohijada por la conquista de los poderosos. Éste, sin duda, es el verdadero drama que persiste y se proyecta más allá de la polémica circunstancial y el martirologio exaltado comercialmente.

La realidad confirma nuestros asertos. El 29 de julio de 2005, el embajador estadunidense en México, Tony Garza, anunció el cierre temporal del consulado de su país en Nuevo Laredo, Tamaulipas, explicando que las vendettas entre narcotraficantes ponían en riesgo a la representación diplomática. La medida sólo duró unas horas porque, desde la Secretaría de Gobernación, el flamante titular de la misma, Carlos Abascal Carranza —quien sustituyó en el cargo a Santiago Creel—, urgió a negociar la reapertura para no ahondar en las diferencias.

Con idéntica mecánica unilateral, el viernes 12 de agosto, el gobernador de Nuevo México, William "Bill" Richardson, decretó el estado de emergencia en cuatro condados fronterizos, Doña Ana, Luna, Gran e Hidalgo, colindantes con Chihuahua, como consecuencia de la "violencia contra la policía" por parte de narcotraficantes e inmigrantes. Cuatro días más tarde, Janet Napolitano, gobernadora de Arizona, secundó la medida colocando bajo emergencia a los condados de Yuma, Santa Cruz, Pima y Cochise, limítrofes con Baja California y Sonora.

Las reacciones fueron variopintas: el gobierno de México observó exageradas tales posturas al tiempo que algunos legisladores señalaron las mismas como intentos de la administración Bush por controlar la franja fronteriza en desdoro de la soberanía mexicana sin reparar que los veneros del narcotráfico no se detienen en las aduanas y confluyen hacia el gran mercado de consumo estadunidense sin mayores resistencias. Y se consideró de preocupantes las declaraciones del embajador Garza respecto de que se había "castigado" al gobierno de Fox con el cierre temporal al consulado neolardense.

Tales hechos, en esencia, plantean la ominosa dependencia del débil con respecto al fuerte y la vulnerabilidad de las instituciones mexicanas frente a las estrategias expansionistas de la gran potencia, dispuestas también a señalar el destino político de una nación avasallada por la simulación. Éste podría ser el epílogo de nuestra historia, la que contamos en esta obra y la que proyecta la nueva perspectiva universal bajo la hegemonía estadunidense. No es, desde luego, el punto final.

Hacia dentro, varios de los actores citados durante el largo peregrinar del escritor por Juárez no están ya en sus sitios. Murió el obispo Manuel Talamás Camandari sin rendir el testimonio final; María López Urbina, la fiscal agobiada por la soledad, fue reubicada en Villahermosa por la Procuraduría General de la República; Joaquín Díaz Rivera, el intolerante administrador de la Aduana, fue sacado el 18 de julio de

2005 de Ciudad Juárez apenas se anunció el retiro de Francisco Barrio, de la carrera por la sucesión presidencial, y Héctor García Rodríguez, delegado de la Procuraduría General, recibió diez días antes, sin mayores explicaciones, su orden de traslado a otra plaza, la de Campeche. A los dos últimos los sustituyeron Rodolfo Torres Herrera, en la Aduana, y Rolando Álvarez Navarrete, en la delegación de la procuraduría.

Como si se tratara de limpiar el escenario de huellas y enlaces para posibilitar el arribo de otros dispuestos a elevar prestigios partiendo de cero otra vez en una inagotable concatenación de complicidades, valores entendidos y, por supuesto, demagogia, el factor central de la política mexicana elevado desde el paternalismo atávico hacia la "nueva aristocracia" que devino de la primera alternancia en la Presidencia de la República.

¿Y la sociedad? Todavía expectante, entre el permanente fuego cruzado de las celebridades que reclaman jurisdicciones antes de ofrecer resultado alguno. Por un lado, el centralismo asfixiante; por el otro, el regionalismo que aísla. Los extremos se tocan a cada rato.

Salgo de Juárez, al fin, con una alforja llena de inquietudes; también de desenlaces difíciles de asimilar. Falta tan sólo que de los hilos conductores descubiertos surjan nuevas opciones para entender cuanto pasa en la frontera en donde las diferencias son tales que la cercanía geográfica entre dos naciones, separadas por raíces y cultura, sólo las ahonda, mancillando a los débiles, protegiendo a los fuertes. Ésta es la más dura de las lecciones asimiladas.

Ciudad Juárez, como experiencia vital, marca. Otra es nuestra visión a partir de este momento cuando cruzamos de nuevo la puerta en busca de un resquicio para asimilar lo aprendido y lo sufrido. No será fácil. Los valladares están a la vista y crecen a la par con las intenciones ocultas de quienes, al sentirse responsables, matizan la realidad y exaltan las confusiones.

Pero si, como espero, ustedes y yo conocemos Ciudad Juárez y podemos tomarle el pulso a sus hijos, desde cada espacio de la urbe difamada, no seremos más reos de la perversidad política que extiende sus garras y mancilla cuanto toca. De ser así, habremos acertado.

Atrás va quedando Ciudad Juárez, no su reclamo de justicia. Al mirarla, desde otra perspectiva, la palpamos más nuestra. Será porque

311

los seres humanos somos así, amor y odio, resumen de violencia y pasividad, dolor y placer, claroscuros permanentes. Quien lo entienda, claro, estará más cerca de trazar su propio destino.

Rafael Loret de Mola

ÍNDICE DE NOMBRES

314

Ciudad Juárez,
escrito por Rafael Loret de Mola,
es un espejo de la bifurcación cultural
de una ciudad prohijada
por la conquista de los poderosos,
y nos muestra el alma de la urbe fronteriza
entre relatos y experiencias vitales
que huellan.
La edición de esta obra fue compuesta
en fuente newbaskerville y formada en 11:13.
Fue impresa en este mes de septiembre de 2005
en los talleres de Litográfica Ingramex, S.A. de C.V.,
que se localizan en la calle de Centeno 162,
colonia Granjas Esmeralda, en la ciudad de México, D.F.
La encuadernación de los ejemplares se hizo
en los talleres de Ediciones Pegaso, S.A. de C.V.,
que se localizan en la calle de Centeno 162,
colonia Granjas Esmeralda, en la ciudad de México, D.F.

Certificado No. 02-2082